Günter Stachel

Gebet – Meditation – Schweigen

Günter Stachel

Gebet – Meditation – Schweigen

*Schritte
spiritueller Praxis*

Herder
Freiburg · Basel · Wien

Umschlagmotiv: Alexej Jawlensky, Johannes der Täufer (K 920), 1936.
Privatbesitz. © VG Bild-Kunst, Bonn

Völlig überarbeitete und ergänzte Neuausgabe

Alle Rechte vorbehalten – Printed in Germany
© Verlag Herder, Freiburg im Breisgau 1993
Herstellung: Freiburger Graphische Betriebe 1993
ISBN 3-451-23182-4

Inhalt

Vorwort	6
1 Gotteserfahrung	9
1.1 Gotteserfahrung – Du-Erfahrung	9
1.2 Gotteserfahrung als Nicht-Erfahrung	18
2 Gebet	33
2.1 Spiritualität: Gebet, Gottesdienst und Meditation, aber nicht ohne Praxis	33
2.2 Gebet als Bittgebet	38
2.3 Gebetsformeln oder freies Beten?	46
3 Meditation	69
3.1 Meditation – was ist das?	69
3.2 Die Aufgabe der Sammlung	76
3.3 Meditation der Schrift: Beim Schriftwort bleiben	81
3.4 Unsere Praxis der Schriftmeditation	109
3.5 Vorschläge zur Psalmen-Meditation	129
3.6 Die Seligpreisungen der Bergpredigt – Von der Zukunft der Armen	138
3.7 Zusammenfassung zur Schriftmeditation	145
4 Schweigen	149
4.1 Kontemplation und Stille	149
4.2 Kontemplation/Schweigen/Nichts	164
4.3 Kontemplation üben	176
4.4 Zazen – im Sitzen kontemplieren	181
5 Mystik	198
5.1 Marguerite Porete – Das Aufleuchten	198
5.2 Meister Eckhart – Der leere Tempel der Seele	212
5.3 Nikolaus von Kues – Schweigen vor Gott	239
5.4 Johannes Scheffler – Der lesende und dichtende Mystiker	267

Vorwort

Ist Gott „erfahrbar"? Dieses Buch fragt nach der Nähe Gottes in der Liebe und im Unglück. Welche „Erfahrung" einer macht, hängt freilich von seiner Spiritualität ab. Spiritualität kann und soll man „üben".

Die grundlegende Übung ist das *Gebet*. Es ist selten geworden. Die Gründe, weshalb Menschen nicht mehr beten können, werden genannt und bedacht. Es hat dennoch Sinn „zu beten". Auch ist es ein guter Brauch, sich an Gebetsformeln zu halten. Die Liturgie tut das seit jeher. Vom „Vater unser" und den Psalmen ist eigens die Rede.

Gebet lebt auf der Basis von *Meditation*. Der Inflation von Meditationen (New Age) wird die auf die Bibel selbst und die ältesten Mönche zurückgehende Meditation der Schrift, das stete Wiederholen auswendig gekonnter Worte der Schrift gegenübergestellt. Diese Übung kann zur „Erleuchtung" führen. Sie macht es möglich, „unablässig zu beten". Wie können wir heute eine solche Praxis erlernen, wie damit beginnen? Es kommt darauf an, Zeiten und Räume für Meditation zu schaffen!

Die Meditation führt an die Grenze der „Geheimnisse" Gottes. Dort wird sie zur Kontemplation, zum *Schweigen vor Gott*. Auch dieses Schweigen kann und soll geübt werden. In ihm wird das Ich mit seinem Wollen „zunichte", um von Gott „erfüllt" zu werden. Das ist das Thema der *Mystik*, wie sie in allen Weltreligionen begegnet. Die Zen-Meditation ist eine besonders reine Form der Mystik. Aus den großen christlichen Traditionen der Mystik werden Marguerite Porete, die 1310 in Paris verbrannte Begine, und Meister Eckhart vorgestellt, beide mit in sich geschlossenen

Texten, die übersetzt und interpretiert werden. Beide Mystiker, die vor fast siebenhundert Jahren gelebt haben, sind wieder aktuell geworden: der Brennpunkt ihrer Botschaft für uns ist „Friede über allem Frieden", den derjenige hat, der in Gottes Gegenwart versetzt wird, weil er sich selbst verlassen hat.

Der auf S. 8 abgebildete Corpus eines Kruzifixes repräsentiert europäische Geschichte, die mir als Zwanzigjährigem begegnet ist. Es stand verstaubt auf der unbenutzten Empore der Kathedrale von Smolensk. Der Dekan der Kirche, den ich aufsuchte, sagte mir, dieses Kreuz sei im Antireligionsmuseum, als welches die Kathedrale bis 1941 gedient hatte, mit zahlreichen anderen Kultgegenständen ausgestellt gewesen. Er habe es auf die Empore gestellt, weil in der russischen Kirche nur Ikonen, aber keine Plastiken erlaubt seien. Es dürfe sich um ein Stück handeln, das im polnisch-russischen Krieg von 1920 „erbeutet" worden sei. (Axthiebe und Brandspuren scheinen das zu belegen.) Da ich der erste katholische Theologe sei, der bei ihm vorspreche, nehme er die Gelegenheit wahr, dieses Dokument katholischer Frömmigkeit über mich der katholischen Kirche zurückzugeben.

Um den Corpus verpacken und beim Transport von Smolensk nach Athen auf einem oberschlesischen Bahnhof nach Hause aufgeben zu können, mußte ich die Arme an der Stelle abnehmen lassen, wo sie vom Bildhauer angesetzt waren. Auf dem Speicher eines Restaurators in Halle gingen im ersten Nachkriegswinter die Arme verloren. Jener hatte das Stück – dem Zeitgeschmack folgend – für eine wertlose Bauernarbeit erklärt. Erst später erfuhr ich, welch bedeutendes Kunstwerk mir da übergeben worden war. Ich sehe in ihm ein Symbol wehrloser, aber allen Vernichtungswillen überdauernder Spiritualität. Im Tod Jesu wurde seine Göttlichkeit offenbar: „Wahrhaftig, dieser Mensch war Gottes Sohn!" (Mk 15,39).

1

Gotteserfahrung

1.1 Gotteserfahrung – Du-Erfahrung

Kann ein Mensch „Gott erfahren"? Soweit die Füße – auf der „Fahrt" durch diese Welt in diesem Leben – den Menschen tragen, erfährt er eben diese Welt: als Landschaft mit Berg und Tal, als Wald und Wiese, als Stadt und Land, als Natur und Kultur, als Mensch und Gesellschaft, besonders eindrucksvoll als „Kunst", aber auch als Nacht und Tag, im Glanz des Mondes und der Sterne, im Sonnenschein und im Dunkel der Wolken, bei Regen und Gewitter, in klirrendem Frost und dörrender Hitze. Das sind alles Erfahrungen von „Raum und Zeit". Und recht bedacht – nämlich in einer jahrtausendealten philosophischen Anstrengung – sind Raum und Zeit und alles, was sich in ihnen zeigt, „Bewußtseinstatsachen", das heißt, der Mensch erfährt sich selbst auf all seinen Fahrten. Und prüft man solche Selbsterfahrung auf ihren tragenden Grund, so gäbe es gar keine Möglichkeit, „ich" zu sagen, wenn es nicht lange vorher ein „Du" gegeben hätte. Das Lächeln eines Kindes ist ja eine Antwort auf das Lächeln der Mutter oder des Vaters. Das lächelnde Kind „erkennt" das „Du". Diese Erkenntnis ist der Kristallisationskern, an den all die Erfahrungen sich assoziieren können, die im Umgang mit Menschen, Tieren, Pflanzen, ja mit Steinen, mit all dem, was es gibt, gemacht werden: Kein Ich, ohne daß es durch ein Du zum Erkennen gelangt; kein Wir, das nicht auf ein Ihr bezogen wäre. Sind das nicht besonders wichtige Erkenntnisse, die auf (unbewußten) Erfahrungen beruhen? Das sind freilich noch nicht Erfahrungen in dem Sinn, daß eine erkannte Welt (der Menschen, der Natur, der Kultur) im Menschen Struktur gewinnt, also noch keine Erfahrungen im strengen Sinn der Erkenntnispsychologie. Das Du lächelnd zu erkennen, ist die Erkenntnis, die aller Erkenntnis vorausliegt, die Ur-Erfahrung, in der alles noch eines ist, aus der sich alles entfaltet und immer wieder zur Einheit zurückfindet. Ist Gott derjenige, der sich in dieser Ur-Erfahrung zeigt und sein Geschöpf „anlächelt"? Dann wäre die lächelnde Nähe der Mutter (des Vaters) das „Ur-Sakrament" des Neugeborenen, ein wirksames Zeichen des Handelns Gottes an seinem Geschöpf. Dann ließe sich Gott zuallererst über den Menschen erfahren, der ein Kind liebt. Und seine Abwesenheit würde schmerzlich spürbar und böte Anlaß zum Weinen, wenn Ferne und Distanz erlebt werden, ohne die ja Nähe gar nicht als nah erlebt werden könnte. Beides muß sein – Nähe und Ferne –, damit der Mensch in einer Welt sich orientieren kann, die sein Bewußtsein als Raum und als Zeit erkennt und benennt.

Wer es lernt, seinem Du nahe zu sein, mit ihm eines zu sein und von ihm fern zu sein, nach ihm zu schreien, wenn es abwesend ist, der lernt etwas für unser Denken und Handeln Grundlegendes: er lernt die Zweiheit, das Geteiltsein, die Trennung von Subjekt und Objekt. Er gelangt notwendig auf den Weg, sein Gegenüber zu objektivieren und entwickelt die Fähigkeit, mit ihm zu handeln, ja, es zu „behandeln". Nicht alle Kulturen haben an der Möglichkeit gleichen Anteil, Mensch und Natur zu behandeln, jene grausame Technik, von der wir leben und die zugleich unser Leben stört, vielleicht es „zerstört".

Wenn das Erkennen sich nicht zufrieden gibt mit dem, was es an Fakten gibt, so sucht es die „Einheit" wiederzugewinnen. Das ist dann nicht mehr die unbewußte Einheit des Neugeborenen, sondern – wie das Denken des Ostens es formuliert – die „adwaita". Da es sich um ein Wort des Sanskrit, also um ein Wort unserer eigenen Sprachfamilie handelt, kann es der sprachlich geschulte Europäer ohne weiteres lesen: „a-dwa-ita" = Nicht-zwei-heit. Das Ich und das All, das Erkennen und das Erkannte, sind nicht zwei (aber auch nicht eines und dasselbe).

Hier liegt vielleicht das fundamentale Problem, wenn von Bede Griffiths und Raimondo Pannikar die „Einheit der Weltreligionen" gesucht wird: Kann der Glaube des Alten und Neuen Testaments darauf verzichten, das Du Gottes anzurufen – dankend/preisend und flehend, was im Buddhismus gar nicht möglich ist? Oder führt der Weg zueinander über die schon in den „Confessiones" des Augustinus belegte Erfahrung: Gott ist in mir präsent (und ich in ihm) und wartet auf mich, daß ich ihn in mir finde (mich in ihm finde), ihn ‚höre' und mich ihm ganz anheimgebe. „Ich wäre also nicht, mein Gott, ich wäre überhaupt nicht, wenn du nicht in mir wärest. Oder richtiger: ich wäre nicht, wenn ich nicht in dir wäre, aus dem und durch den und in dem alles ist' (Röm 11,36)? Ja so, Herr, ja so! Wo rufe ich dich denn an, da ich ja in dir bin? Oder von wo kämest du in mich (hinein)? Wohin denn zöge ich mich zurück – außerhalb von Himmel und Erde, daß von dort in mich (hinein)käme mein Gott, der gesprochen hat: ‚Himmel und Erde – ich, ja ich erfülle sie' (Jer 23,24)" (Confessiones I,2). Augustinus bleibt bei der Du-Anrede Gottes. Aber er weist auf, daß sie gegenüber der Wirklichkeit Gottes in mir und meines Aufgehens in ihm ein grammatikalischer Notbehelf ist. Das hebräische Verbum drängt auf den Dialog, und so auch die Übersetzungen der Bibel. Andere Sprachen verschweigen mehr. Auch in der Mystik des Spätmittelalters (Eckhart) geht die Anrede Gottes zurück, erscheint oft nur als Schlußformel der Predigt. Vielleicht sind die Rede des Hinduismus vom *atman* (das unsterbliche Selbst) und *brahman* (das absolute Bewußtsein) und das Nichtreden von

Gott, aber von der Buddha-Natur in den Wesen (die unveränderliche, ewige, der Erleuchtung fähige Natur) im Mahayana-Buddhismus Ausdruck gleicher Einsicht auf der Basis verschiedener Sprache, also verschiedenen Denkens? – Wer jedenfalls theistisch glaubt, kommt nicht daran vorbei, Gott mit „du" *anzureden*, was zugleich richtig und falsch ist, bis er vor (in) Gott *schweigt*.

Die „Zweiheit" des Gebets (Gott und der Beter) unterstreicht Kardinal Danneels (Christus oder Wassermann? Einsiedeln 1991): „Gebet ist nie ein bloßes Versinken in sich selbst, ein Einswerden mit dem tiefsten Ich, und mit ihm allein. Gebet setzt Zweiheit voraus, heißt, sich frei hinstellen in Andersheit, Anbetung und Danksagung, Bitte und Gehorsam." Wie aber, wenn das Einswerden mit Gott geschenkt wird und das Ich sich preisgibt? Hat Danneels für einen solchen Vorgang den Verständnishorizont?

Kehren wir zum „Lächeln" zurück. Ist das Lächeln, auf das das Kind lächelnd antwortet, Gottes Lächeln? Macht er es erst möglich, daß ein Mensch das kleine Du des neugeborenen und immer aufs neue zu „stillenden" Wesens anlächelt und ihm Nähe, Nahrung und Sicherheit schenkt? Das sind keine modernen Fragen. Darüber nachzudenken und zu reden war schon immer nötig. Gehen wir zweitausend Jahre zurück zu den „Zehn Hirtengedichten" Vergils. Hirtengedichte beginnen damit, die Natur zu besingen, beginnen mit der Buche, dem Schatten, dem Klang der Flöte, der Heimat, den Wäldern. Aber im vierten Gedicht (der „vierten Ekloge") wird Vergil (wie Theodor Haecker festgestellt hat) „prophetisch": *„paulo maiora canamus* – größere Dinge wollen wir singen", nämlich von der Rückkehr der „Jungfrau", dem „neuen Sproß", dem „Kind, das geboren wird". Das mußten die Christen, als sie die Geschichte von dem „neugeborenen Kind" erzählten, das der verheißene Erlöser werden sollte, doch wohl typologisch auslegen: das Kind des Vergil als Vorausahnung des göttlichen Kindes.

Die letzten vier Zeilen dieser vierten Ekloge wollen wir zitieren und wörtlich übersetzen. Reinhold Schneider klagt (in: Verhüllter Tag): „Unglücklicherweise war ich, statt ins Gymnasium, in die Realschule gegeben worden, weil von ihr die Erziehung für das viel gerühmte, von mir so sehr gefürchtete ‚praktische Leben' erwartet wurde ... Erst sehr spät erkannte ich, daß ein lebendiges Verhältnis zur echten, nicht idealisierten Antike, zu dem grandiosen Spiel zwischen Athen, Rom und dem Orient ... die beste Vorbereitung auf unser im wesentlichen geschichtliches Dasein ist."[1] Was Schneider als spät bezeichnet, war auf jeden Fall nicht *zu* spät und könnte in einem Unterricht in alten Sprachen, der nicht gut genug ist, leicht auch zu *früh* kommen. Aber ohne „Rückgriff" auf die antiken Antworten „griffen" wohl unsere Fragen nach dem Menschen (und seinem Gott) „zu kurz". Lassen wir also Vergil zu Wort kommen:

Incipe, parve puer, risu cognoscere matrem –
matri longa decem tulerunt fastidia menses –,
incipe, parve puer: cui non risere parentes,
nec deus hunc mensa, dea nec dignata cubili est.

Fange an, kleines Kind, am Lächeln die Mutter zu kennen –
deine Mutter, die dich zehn Monde beschwerlich getragen –,
fange an, kleines Kind: wem nicht die Eltern gelächelt,
den würdigt nicht der Gott des Mahls und nicht die Göttin des Lagers.[2]

---

[1] Köln ⁴1956, 36f.
[2] Die Übersetzung von Dietrich Ebner (Leipzig 1982, Vergil. Hirtengedichte. Lateinisch und deutsch, S. 39) muß man bestaunen, so weitschweifig und falsch ist sie:
„Richte, mein Junge, mit Lächeln den forschenden Blick auf die Mutter – brachten zehn Monate ihr doch mancherlei arge Beschwerden–:
Wer nicht als Kind durch sein Lächeln den Eltern ein Lächeln entlockte, speist nie an göttlichem Tische und teilt nie ein göttliches Lager."

Zweimal beginnt ein Vers mit „Fange an" und verweist auf ein erstes Ereignis, dem große Bedeutung zukommt, nämlich: *„risu* – am Lächeln" die Mutter, die Eltern zu erkennen, jene erste Erkenntnis des Kindes, auf der alles folgende aufruht. Auch die vorgeburtliche Prägung wird nicht übersehen, wenn sie auch nur als zehn Monde währende „Last" der Mutter benannt wird. Die letzte Zeile des Gedichts sagt uns, wofür das Lächeln die unabdingbare Voraussetzung ist, so daß es dem nicht geschenkt wird, dem „die Eltern nicht gelächelt haben": der Tisch (das Mahl) und das Lager als die beiden großen Orte und Zeiten mitmenschlicher Einheit: eins um den Tisch – einer in den Armen des andern. Das Mahl ist geeignet, zum Gedächtnis für „die vielen" eingesetzt zu werden: eine göttliche Stiftung, auch dort, wo Menschen „nur" die Gemeinschaft des Essens und Trinkens vollziehen und nicht Eucharistie feiern. Wo es kein Mahl gibt, kann man nicht leben. Mahlhalten ist Würde und Gnade: Vergil gebraucht das Wort, mit dem das Hochgebet der Messe beginnt: *„dignata* – gewürdigt". Das Mahl ist ein noch jedermann zugängliches Symbol, das gottgeschenktes Leben in von Gott gestifteter Gemeinschaft bedeutet. Es zu halten und nicht zur Nahrungsaufnahme zu degradieren, ist spirituell bedeutsam, auch dort, wo es kein Tischgebet mehr gibt (das freilich zum Symbol des Mahls dazugehörte!), sondern man nur gut ist zueinander und es sich (dankbar) schmecken läßt.

Das Geschenk des Lagers ist das Symbol der Einheit von Frau und Mann, die ein Geheimnis (ein *mysterion* oder Sakrament) ist im Blick auf Christus und die Kirche. Davon spricht der Epheserbrief (5,30) unter Berufung auf den Schöpfungsauftrag, daß sich Mann und Frau zu „einem Fleisch" verbinden (Gen 2,24). Die Ehe wird zum Symbol für ihren eigenen Sinn und für die Einheit der Glaubenden mit Christus. Im „Lied der Lieder" steht die sinnenhafte Freude der Liebe von Mann und Frau nicht nur im Vordergrund, sondern im Zentrum des Gedichts. Aber dieses Lied wäre nicht in die Heilige Schrift eingegangen, wenn nicht eben in solcher Liebe sich mehr enthüllte, als Menschen können. Die wirkliche Erfahrung, geliebt zu werden und lieben zu können (die vielleicht seltener wird, wo man nicht mehr warten kann), gibt die Gewißheit (oder doch die Ahnung) der Anwesenheit Gottes, der Liebe ist und uns liebesfähig geschaffen hat. Man kann so geliebt werden, daß die Größe der Liebe schon unverdient ist. Und unverdiente Liebe ist Gottes Liebe.

Vergil nennt „das Lager" ein Geschenk der Göttin. Lächelnde, das heißt: liebende Eltern bereiten auf dieses Geschenk vor, das wiederum der Beginn sein kann für neues Lächeln und Widerlächeln und für neues „Erkennen" von Kind und Eltern, ohne das das Geheimnis des Lebens vergessen würde oder doch übersehen werden könnte.

Lächelt Gott im Lächeln der Mutter? Wir bedienen uns einer anthropomorphen (menschenartigen) Sprache, die naturgemäß den nicht erkennt, der jenseits unserer Sprache „ist". Aber gerade weil Bilder nicht die Eindeutigkeit von Begriffen haben, von der man absehen muß, will man Gott „benennen", leiten sie uns besser bis an „die Mauer des Paradieses" (Nikolaus von Kues), hinter der – für uns unzugänglich – Gott wohnt.

Der Psalm 131 gibt uns eine Antwort, indem er die von uns gestellte Frage umkehrt. Wie erfahre ich die Nähe Gottes? Wenn ich bei ihm bin, wie das gestillte Kind im Arm der Mutter! In den gebräuchlichen Übersetzungen dieses Psalms ist vom „entwöhnten" Kind die Rede (Zürcher Bibel, Martin Buber und Luthers Original), oder es wird ausweichend übersetzt „kleines Kind" (Einheitsübersetzung, revidierte Lutherbibel). Zur richtigen Übersetzung gelangt man über den Blick auf die Realität von Entwöhnen und Stillen und durch sorgfältige Überprüfung des hebräischen Textes.[3] Das im Urtext verwendete Verbum „*gamal*" bedeutet „fertig machen". Im Zusammenhang mit Kindern bedeutet es gewöhnlich „entwöhnen". Aber das entwöhnte Kind (im Alter von damals drei bis vier Jahren) ist nicht „auf seiner Mutter" = an seiner Mutter, sondern es springt und läuft herum, es spielt und ist nicht „ruhig gemacht und zum Schweigen gebracht". Ruhig hingegen ist das „gestillte" Kind im Arm seiner Mutter. So übersetzt, gibt Psalm 131 einen guten Sinn, wird er zum Symbol des Menschen „im Arm Gottes".

1 „Jahweh, nicht hoch ist mein Herz
und nicht hoch sind meine Augen.
Und nicht gehe ich herum mit Dingen
zu groß und zu wunderbar für mich.
2 Fürwahr, ich habe ruhig gemacht und zum Schweigen gebracht meine Seele.
Wie das gestillte Kind auf (dem Arm) seiner Mutter,
wie das Gestillte auf mir ist meine Seele
(= ist meine Seele in mir).

So übersetzt, wird ein schlichtes und klares Bild vor uns hingestellt: Der Beter – wenn die von Gottfried Quell[4] vorgetragene Vermutung richtig ist: die Beterin – hat keine hohen Gedanken (das hebräische „Herz" ist der Sitz des Denkens!) und blickt nicht nach Hohem aus. Er hat nicht Dinge im Sinn, die zu groß und zu wunderbar sind. Das sagt er (sie) „Jahweh", mit welchem Namen der Gott angerufen werden darf, der sich dem Mose gezeigt hat. Der zweite Vers beginnt mit einer Schwurformel: „Wenn nicht", dann soll mir das und das geschehen! Es handelt sich um eine Feststellung, die mit großer Entschiedenheit vorgetragen wird und für deren

---

[3] Für letztere danke ich meinem evangelischen Kollegen Diethelm Michel.
[4] In: Beihefte „Zeitschrift für alttestamentliche Wissenschaft", Bd. 105, auch: Stuttgarter Bibelstudien, 108, 1982.

Richtigkeit derjenige sein Leben setzt, der sie ausspricht: So ist es und nicht anders. [5] Ruhig und zum Schweigen gebracht ist die Seele. Das Wort für Seele *(näphesch)* hat nicht den Sinn unseres von der griechischen Philosophie bestimmten Denkens: das, was den Leib regiert, was unsterblich ist usw. Es bedeutet „Atem, Hals, Begierde". Ganz still ist das Begehren oder Atmen. Es gibt nichts „Aufbrausendes". Wie das gestillte Kind auf dem Arm seiner Mutter, so still ist das Begehren, das Atmen (= der kleine atmende Mensch). „Wenn ich nicht die Wahrheit sage, dann ..."

Jede Mutter, die sich beim Stillen Zeit läßt, und jeder Vater, der zum Zuschauen Zeit hat, kennt das. In den ersten Wochen schläft das Kind beim Stillen oder gleich nach dem Stillen ein. Die Mutter hält es dennoch solang im Arm, bis es aufstößt. Wenige Wochen nach der Geburt nimmt das gestillte Kind seine Mutter wahr; seine Augen ruhen in ihren Augen; und wenn die Anstrengung des Aufstoßens vorbei ist, schaut das Kind reglos die Mutter an. Die Mutter lächelt, und das Kind lernt das Lächeln von der Mutter. Später nimmt es durch zarte Laute, die sein Mund formt, zusätzlich stimmlichen Kontakt auf zur Mutter.

Das ist eine einprägsame und eindrucksvolle Metapher für den von hohen Gedanken und Begierden „gestillten" Menschen bei Gott. „Ich schaue Gott an, und er schaut mich an", sagt der Bauer Chaffangeon, den der Pfarrer von Ars jeden Morgen in der Kirche hat. „Was tust du denn so lange?", ist er gefragt worden. [6] – „Ohne Wollen, ohne Begehren" [7], in „reinster und klarster Armut" [8], sagen die Mystiker.

So fängt das Leben des Neugeborenen an, das Du zu sehen und in diesem Du und in seinem Lächeln Gott zu erfahren als in einem ersten Symbol seiner „fernen Nähe",

---

[5] Wir übersetzen die „Schwurformel" mit „fürwahr".
[6] F. Trochu, Der heilige Pfarrer von Ars, deutsch: Stuttgart 1952, 156 f.
[7] So häufig bei Marguerite Porete, Der Spiegel der einfachen Seelen.
[8] Meister Eckhart, Predigt 52 *(Beati pauperes)*.

noch gänzlich unbehindert vom ich-bezogenen Denken und frei von jeder Reflexion und Wertung. Die Beterin von Psalm 131 hat zu dieser gedanken- und begierdelosen Nähe bei Gott zurückgefunden. Sie war eine Mystikerin. Denn Mystik ist nichts anderes als Einheit mit Gott und deshalb mehr als Ekstase oder Vision.

1.2 Gotteserfahrung als Nicht-Erfahrung

Am Ende seines Lebens hat der große Freiburger Theologe und Religionsphilosoph Bernhard Welte „Gedanken" zu den Gedanken Meister Eckharts formuliert und danach als sein letztes Buch „Das Licht des Nichts" geschrieben.[9] Dabei bezieht er sich auf einen Reim, den der Philosoph Wilhelm Weischedel kurz vor seinem Tod aufzeichnen ließ:

> Im dunklen Bechergrund
> erscheint das Nicht des Lichts.
> Der Gottheit dunkler Schein
> ist so: das Licht des Nichts.

Welte gibt dem folgende Deutung: „Der dunkle Bechergrund ist offenbar ein Rest des zu Ende getrunkenen Lebens. Er ist dunkel, weil er sich dem ‚Nichts des Lichts' gegenüber sieht, also dem völligen Mangel an Licht, dem reinen Dunkel des Nichts. Aber dieses Nichts *erscheint*, das heißt, es gibt sich zu erfahren. Es ist ein ‚dunkler Schein', und dieser dunkle Schein ist das Scheinen der Gottheit. Und von hierher bekommt die Erscheinung des Nichts einen positiven Sinn, und so wird sie erfahren als das Licht, das heißt, das Lichtende und Aufhellende des erfahrenden Nichts."[10]

---

[9] Düsseldorf 1980.
[10] In: G. Stachel u. a. (Hrsg.), Sozilisation – Identitätsfindung – Glaubenserfahrung, Zürich u. a. 1979, 130. Wahrscheinlich ist „erfahrenden" Druckfehler, und es ist zu lesen: „des erfahrenen Nichts".

Meine eigene Lektüre des Reims Weischedels hört vor allem den Klang schmerzlichen Abschieds: Der Becher ist leer getrunken, kein Lichtschein dringt von seinem Grund hervor. Wer *stirbt*, tritt ins Dunkel hinein. Wer an den Tod denkt, hat im Bedenken seines Schicksals die Grenze des Aussagbaren erreicht. Nichts kommt mehr zum Vorschein. Wer *dem Sterben* eines lieben Menschen *beiwohnt*, muß in der Anwesenheit des Körpers des Gestorbenen gerade seine eben eingetretene Abwesenheit erfahren: Der, den ich noch sehe und berühren kann, ist nicht mehr da. Das stellt den Sinn des Lebens in Frage. Danach ist nichts mehr selbstverständlich sinnvoll. Das eigene Leben geht zwar weiter, aber es ist wie ein Gang über eine Brücke, die über einen Abgrund führt, und diese Brücke hat kein Geländer mehr, an dem man sich festhalten könnte. Auch ist nicht abzusehen, wohin sie führt. Führt sie in das „Nicht des Lichts", so heißt das ja nicht, daß Gott als Ziel entgegenleuchtet, sondern daß er nicht leuchtet. Wenn etwas erscheint, so ist es „der Gottheit dunkler Schein". Weischedel folgt der Sprache der Mystiker, die, was sie sagen, durch Hinzufügung des Gegenteils wieder aufheben. Sie haben, wie Dionysius Areopagita (um 500) als erster formuliert hat, eine apophatische (= verneinende) Sprache [11]: der Schein ist dunkel; das Licht hat ein Nicht.

---

[11] Griechisch *apophasis* heißt: Verneinung. Neben die positive Theologie tritt eine negative, verneinende Theologie, in der die von Gott gemachten Aussagen wieder aufgehoben werden, weil sie – so positiv, wie sie gebraucht werden – nicht stimmen.

Kurt Ruh, Geschichte der abendländischen Mystik, Band I, München 1990, widmet Dionysius Areopagita das erste Kapitel (30–82). Ich kenne nichts zum Thema, das auch nur annähernd so gehaltvoll und eindrucksvoll wäre und das Verständnis des Dionysius so tiefsinnig erschlösse. Sich das Werk Ruhs zu besorgen (Band II erscheint 1993) und als Ganzes zu studieren brächte eine angemessene Vertiefung der Lektüre meines Buchs. Das Kapitel über Dionysius erschließt ein Verständnis, das hier nicht vermittelt werden kann.

Aber gerade wer so aporetisch (= ausweglos) oder widersprüchlich redet, zeigt an, daß er von etwas nicht schweigen will oder darf, über das zu sprechen dennoch unmöglich ist. Dies ist ein untrügliches Zeichen einer Mystik, die nicht mit Gefühlsseligkeit, mit Visionen oder Ekstasen gleichgesetzt werden sollte.

Zeigen die Aporien mystischer Sprache etwas an, so ist dies eine in vielfacher Hinsicht gute Anzeige. Gerade wer in einer atheistischen Umwelt von Gott reden will (und soll), erfährt, daß ihm die Worte fehlen, die Überzeugungskraft haben. Es zeigt sich, daß es keine Sprache gibt, in der man „von Gott" reden kann. Der „Zeuge" Gottes muß sich den Verdacht gefallen lassen, daß seine Rede sinnlos ist. Die Bereitschaft und die Möglichkeit, das Reden von Gott zu verstehen, ist bei vielen Menschen nicht mehr gegeben, nicht aufgrund fehlenden guten Willens, sondern weil seit der Aufklärung eine umgreifende soziale Veränderung eingetreten ist.

Wo Gott abwesend ist, können ihn Worte nicht herbringen. Da ist es redlich, zunächst seine Abwesenheit festzustellen. John Henry Newman hatte als eines seiner Lieblingsworte den Vers Jes 45,15: „Wahrlich, du bist ein verborgener Gott!" Gott ist in besonderem Maß im Tode Jesu „verborgen". „Mein Gott, mein Gott! Warum hast du mich verlassen?" ruft der Gekreuzigte nach Markus und Matthäus, bevor er stirbt. Mit diesem Ruf beginnt der Psalm 22, der den Evangelien zur Deutung dessen gedient hat, was in der Passion Jesu geschehen ist. Zwar schließt der Psalm, nach Art der Klagelieder eines einzelnen, mit Hoffnung und Preis Gottes, damit soll aber im Evangelium nicht gesagt werden, Jesus sei voller Hoffnung gestorben. „Jesus, von allen Menschen verlassen, mußte auch in diese letzte Verlassenheit von Gott hinein, um an Gott festhalten zu können. Obwohl von Gott verlassen, richtet er die Gebetsklage an ihn und bekundet damit, daß er Gott nicht aufgibt!" (Joachim

Gnilka). [12] Wir sollten bei der Auslegung eines so sparsamen, kargen Berichts von der Kreuzigung und vom Tod Jesu nicht viel mehr tun, als diesen Bericht zu vernehmen, um einen lebenslangen, erfahrenden Umgang mit ihm zu ermöglichen. Die Karwoche stellt uns jährlich diesem unbegreiflichen Geschehen gegenüber. Dabei zeigt sich, inwieweit unser tieferes Verstehen und Werten gewachsen ist und unser Glaube das Geheimnis annimmt, ohne es „anzupassen". Sich von Gott verlassen zu finden, wird dann als Realität oder doch als Möglichkeit wahrgenommen, ohne daß die Hoffnung auf Gott verlorengegangen ist. Sie hat sich nur – wie Paulus es an Abraham entdeckt – zu „einer Hoffnung gegen die Hoffnung" gekräftigt (Röm 4,18).

Es ist zweifellos eine andere Gottverlassenheit, ob ein Mensch im Konsum erstickt (eine dumpfe, unerkannte Verlassenheit), ob er zürnt und flucht (aber sich an ein Gegenüber seines „Zorns" richtet) oder ob einer in seiner Verlassenheit zu Gott ruft. Freilich wird die Abwesenheit Gottes beim Tod durch den Ruf des Sterbenden nicht aufgehoben.

Wer es nicht erträgt, Jesus am Kreuz als von Gott verlassen zu erblicken, der kann auch nicht die Geschichte des einzelnen Menschen und der ganzen Menschheit, die Geschichte der Folter, der Morde, der Lager und der Verzweiflung der Überlebenden als solche erkennen. [13]

Wenn das Kreuz Erlösung für alle gestiftet hat, dann, weil es nichts gibt, das furchtbarer wäre als die Verlassenheit Jesu

---

[12] EKK, II, 2, Das Evangelium nach Mk, Zürich u. a. 1979, 322. – Rudolf Pesch, Das Mk-Evangelium, Teil 2, Freiburg 1977, 494 f. „unterstellt ..., daß Jesus den ganzen Psalm zu beten beginnt" und sich darin eine „Vertrauensäußerung, seiner äußersten Not angemessener Ausdruck seines unerschütterlichen Glaubens (sic)! Im Dunkel der ‚Gottverlassenheit' wendet er sich im Gebet an Gott!"

[13] Was die Überlebenden angeht, so denke ich besonders an Elie Wiesel, Gesang der Toten, Freiburg 1987.

am Kreuz. Erst muß sich zeigen, wie „schwach" Gott ist, damit zum Vorschein kommt, „daß, was töricht ist an Gott, weiser ist als die Menschen und, was schwach ist an Gott, stärker als die Menschen" (1 Kor 1,25). Der Glaube darf nicht daran „Ärgernis" nehmen (1 Kor 1,23), daß Gott seinem Sohn nicht hilft und vielen nicht hilft, die ohne Hilfe zugrunde gehen [14]. Anderseits gilt: Wenn heutige „Gläubige" über Gott reden, wird meist zu viel geredet und gewußt. Ist es – angesichts der menschlichen Wirklichkeit – nicht (meist) besser, „vor ihm" zu schweigen?

In einem Aufsatz von 1968 entfaltet Karl Lehmann „die Frage nach einer Schuld der Christen" am gegenwärtigen Unglauben. Eine „Zugangsmöglichkeit zum Ungläubigen" sieht er im solidarischen Dialog, zu dem wir uns zuallererst durch die Erfahrung und „die konkrete Humanität" des Lebens von Ungläubigen „herausfordern" lassen müssen. (Gedacht ist also nicht an jenen Unglauben, der sein selbstbezogenes Leben führt und seinen Vorteil wahrnimmt, weil Gott für ihn nicht einmal mehr eine Frage ist.) „*Wo* der heutige Mensch lebt und wie er sein Dasein versteht", ist schwer zu erheben – jedenfalls, so möchte ich zu Lehmanns Gedanken hinzufügen –, wo der eigene Glaube noch nicht durch die Kritik hindurchgegangen ist, die seit der Aufklärung den sozio-kulturellen Kontext der westlichen Menschheit bildet (= den Raum sprachlicher und bildlicher Kommunikation, in dem wir leben). Solche Kritik kann den Glauben zerstören, aber auch – wie Maurice Blondel als erster entdeckt hat – zur ‚zweiten Naivität' führen. Zu den, wie Lehmann sagt, „Reinigungen des Gottesbildes" gehört es, daß Gott „in eine je größere Unbegreiflichkeit hinein" entschwindet. Der glaubende Zeuge muß zur Kritik auch gegenüber den Formen

---

[14] Auf der Basis sorgfältiger Analyse von Schrifttexten, moderner Literatur und Theologie wird das Problem („Theodizee") ernstgenommen und verdeutlicht bei: W. Groß / K.-J. Kuschel, „Ich schaffe Finsternis und Unheil." Ist Gott verantwortlich für das Übel?, Mainz 1992.

und Institutionen seiner eigenen Tradition fähig sein. Insofern Glaube „auf das Wort angewiesen ist", hat die „Zweideutigkeit unseres Sprechens, die Vernutzung unserer Worte" etwas Entlarvendes: „da gewinnt das verantwortliche Umgehen mit der Sprache eine ganz besondere Bedeutung". Von Gott so zu reden, daß seine Souveränität und Freiheit zugunsten einer so doch nicht erfahrbaren „Zärtlichkeit" aufgegeben wird, ihn zum „Lückenbüßer" von Zusammenhängen zu machen, die innerweltlich unerklärbar sind, das heißt, ohne Verantwortung mit der Sprache umzugehen. Gott ist kein Lückenbüßer, aber unser Leben und die Vorgänge in der Gesellschaft haben „Lücken". Angesichts solcher Lücken etwas sagen zu können, setzt religiöse, ja mystische „Erfahrung" voraus, die im „Lesen und der Meditation ... der Heiligen Schrift" (siehe unten) zu leisten sind. Wer sich „nicht Erfahrungen vorgeben läßt, wird unfähig sein und bleiben, intellektuell wahrhaftig und ursprünglich von Gott Zeugnis geben zu können". Die Verknüpfung überlieferter Erfahrung mit eigener Glaubenserfahrung wäre durch Katechese zu leisten, aber eben nicht in verschulter, sondern in „mystagogischer" Form, das heißt, im lebendigen Vollzug des unsichtbar anwesenden Geheimnisses (wie mir scheint: auch der Passion!). Das ist kein reflexer Vorgang, ist „nicht identisch mit ... Enthusiasmus oder einem unkontrollierbaren, unartikulierten und genießerisch (un)frommen Selbstgefühl. Wer sich umwendet, um dieser Erfahrung habhaft zu werden, wird sie nicht fassen können, da er sie nicht einholen kann und sie sich ihm gerade dort entzieht, wo sie wesentlich ist."[15]

Bei Simone Weil trifft man auf die Mystik des Unglücks,

---

[15] Karl Lehmann, Die Heilssorge der Kirche und der moderne Unglaube, in: Handbuch der Pastoraltheologie, III, Freiburg 1968, 636–677, v.a. 652–660.

welches sie als ein Geschenk der Gottesliebe versteht.[16] Dennoch ist sie nicht imstande, das Unglück des Menschen und die Vollkommenheit Gottes zusammen zu denken, denn Gott ist im Unglück für den Unglücklichen abwesend. Begründet liegt dies darin, daß die Schöpfung Gottes Verzicht auf seine Allgegenwart einschließt und zwischen ihm und seinen Geschöpfen verschieden große Abstände schafft: ein Rückzug aus Liebe, der den Geschöpfen Raum und Zeit für Existenz läßt. Verständlich und erträglich werden solche Gedanken für Weil freilich nur unter steter Bezugnahme auf das Kreuz. Der Schrei der Gottverlassenheit Jesu am Kreuz zeigt, wie weit sich Gott von Gott entfernt hat. Weil hätte sich übrigens nichts sehnlicher gewünscht als die Gnade, neben Jesus gekreuzigt zu sein.

Sind das Vorstellungen einer kranken Seele? Oder ist es nicht vielmehr so, daß hier eine Denkerin und Mystikerin sich jeden Ausweg verstellt, der an den grausamen Realitäten vorbeisieht oder vorbeiglaubt? Wer an die Nähe Gottes und das Ur-Sakrament seiner Liebe zu uns glauben will, darf die Gottverlassenheit des Todes, die oft schreckliche Abwesenheit Gottes nicht aus dem Blick verlieren. „Gott und die Natur lieben nicht zärtlich", sagte Goethe (in unbewußter Nähe zu Teresa von Avila).

„Das Unglück läßt Gott auf eine Zeit abwesend sein, abwesender als ein Toter, abwesender als das Licht in einem völlig finsteren Kerkerloch. Eine Art von Grauen überflutet die ganze Seele. Während dieser Abwesenheit gibt es nichts, das man lieben könnte. Das Schreckliche ist, daß, wenn die

---

[16] Die Sammlung von Schriften, die französisch unter dem Titel „Attente de Dieu = Erwartung Gottes" publiziert wurde, hat in der deutschen Übersetzung Friedhelm Kemps den Titel „Das Unglück und die Gottesliebe" erhalten, München 1953. – Heinz Flügel stellt das „Unglück" in die Mitte seiner Erwägungen über Simone Weil, in: Tendenzen der Theologie im 20. Jahrhundert, Stuttgart u. Olten (hrsg. v. H. J. Schultz), 565–570, hier: 568 f.

Seele in diesen Finsternissen, wo nichts ist, das sie lieben könne, aufhört zu lieben –, daß dann die Abwesenheit Gottes endgültig wird. Die Seele muß fortfahren, ins Leere hinein zu lieben, oder zumindest lieben zu wollen, sei es auch nur mit dem winzigsten Teil ihrer selbst. Dann eines Tages naht sich Gott selbst und zeigt sich ihr und enthüllt ihr die Schönheit der Welt, wie dies bei Hiob der Fall war. Hört aber die Seele auf zu lieben, so stürzt sie schon hienieden in etwas hinab, das fast der Hölle gleichkommt."[17] „Ich kann mir niemand vorstellen, der mit all ihren Ansichten übereinstimmte oder bei einigen nicht sehr heftig anderer Meinung wäre. Aber Zustimmung und Ablehnung sind zweitrangig, es kommt darauf an, mit einer großen Seele in Berührung zu kommen", sagt T. S. Eliot in seinem „Vorwort" zu „Das Unglück und die Gottesliebe". Mir scheint es weniger auf die „große Seele" anzukommen als auf die von Simone Weil geleistete Bewältigung eigenen Unglücks. „In dem Werk einer solchen Schriftstellerin muß man darauf gefaßt sein, dem Paradox zu begegnen." Es ist das Paradox des Kreuzes, das Weils mystische Theologie des Unglücks inhaltlich bestimmt. Das Unglück kann, aber es muß nicht, die Liebe töten. Im Unglück weiterzulieben, das ist Solidarität mit dem Gekreuzigten und seinem Schrei der Verlassenheit; er ist „zu einem Fluch gemacht worden um unsertwillen". „Ebenso fühlt jeder Unschuldige im Unglück sich verflucht", sogar noch diejenigen, die ihm „wieder entrissen wurden, wenn der Biß des Unglücks nur tief genug war". Es ist nicht zu verstehen, „daß Gott dem Unglück die Macht verliehen hat, die Seele selbst der Unschuldigen zu ergreifen und sich zum unumschränkten Herrn und Meister über sie aufzuwerfen"[18].

Vom Fluch des vergangenen Unglücks ist schwer „zu be-

---

[17] Weils Gedanken zum Thema finden sich in der kleinen Studie „Die Gottesliebe und das Unglück", a. a. O., 110–137, hier: 114f.
[18] Weil, a.a.O.

freien. Das kann nur Gott allein. Doch selbst die Gnade Gottes heilt hienieden nicht die unheilbar verletzte Natur. Der verklärte Leib Christi trug die Wundmale." Wenn aber Gott seine Schöpfung „aus Liebe" und „um der Liebe willen" erschaffen hat, darunter Kreaturen „in allen möglichen Abständen von sich selbst", dann mußte er (im Kreuzestod Jesu) „bis in ... den unendlichen Abstand von sich selber hinausgegangen" sein. Eine Welt von Raum und Zeit ist von Gott unendlich fern, allerdings ist auch der „Abstand zwischen Gott und Gott" unendlich. Die vollkommene Liebe des verlassenen Christus überbrückt diesen Abstand.

Für uns ist es nötig, daß Gott „wie ein Bettler" zu uns kommt. Lassen wir ihn ein, so legt er ein Samenkorn in uns ein. Das Unkraut zu tilgen, das neben Gottes Samen hochwächst, ist schmerzhaft, denn es ist „innig mit unserm eigenen Fleisch verwachsen". Der „edle Baum", der da aus Gottes Samenkorn in uns hochwächst und „den kein Wald hervorbringt", der „schönste aller Bäume", ist doch – Weil bleibt paradox – „grauenerregender ... als ein Galgen", nämlich das Kreuz.

Das Unglück ist eine „Notwendigkeit". „Ein Geschöpf kann nicht nicht gehorchen. Die einzige Wahl, die dem Menschen ... offensteht, ist die Entscheidung darüber, ob er diesen Gehorsam begehrt oder nicht begehrt." Wer einwilligt, verrichtet „nicht die nämlichen Handlungen" wie derjenige, der ohne Einwilligung gehorcht; „in der Notwendigkeit kostet er die unendliche Süßigkeit des Gehorsams. Sobald wir diesen Gehorsam mit unserm ganzen Wesen empfinden, sehen wir Gott", durchqueren wir „das All ..., um zu Gott zu gelangen". (An dieser Stelle redet Weil mit anderen Begriffen von demselben mystischen Geschenk, das für Eckhart mit dem „Zunichtewerden der Seele" verbunden ist und bei Marguerite Porete der „*ame adnientie* = der vernichteten Seele" zukommt: die Fülle göttlicher Gegenwart!) Die Notwendigkeit, der man sich im Gehorsam zu ergeben hat und die so zu

„Gott erhebt", das ist – wiederum im Bild der Kreuzigung – der Nagel, der „in die Seele ... hineingetrieben wird". Die ganze Kraft des Schlags, die den breiten Kopf des Nagels trifft, wird über die Spitze weitergeleitet. „Der Mensch, dem dergleichen geschieht, hat nicht den geringsten Anteil an dieser Operation. Er sträubt sich wie ein Schmetterling, den man lebendig in ein Album aufspießt. Aber er kann durch das Grauen hindurch den Willen zur Liebe bewahren"; Liebe ist hier nicht „ein Zustand der Seele", sondern „eine Richtung". Weil bietet an dieser Stelle eine Phänomenologie der Notwendigkeit des Unglücks und der durchgehaltenen Liebe, die den Kompaß der Seele stets die Richtung zu dem „fernnahen Gott" (Marguerite Porete) anzeigen läßt.

Von der grausamen Notwendigkeit gilt paradoxerweise, daß sie „zum Gegenstand der Liebe" wird. „Nichts ist so schön wie die Schwerkraft", die sich in den Wellenbergen und Wellentälern des Meers und den Faltungen der Gebirge abbildet. Der Notwendigkeit des Unglücks gehorchend, wird die Seele geläutert. „Das Wort Gottes", dessen „Erklingen" die ganze Schöpfung ist, ist wie wenn „Musik in ihrer größten Reinheit uns durch die Seele dringt", so daß „wir durch sie hindurch vernehmen. Wenn wir gelernt haben, das Schweigen zu hören, so ist es dies, was wir, noch vernehmlicher, durch es hindurch erfassen."

Man muß sich daran erinnern, daß es für Weil drei Arten realer Präsenz Gottes in der Welt gibt: die Schönheit der Welt, die Reinheit der Musik des Gregorianischen Chorals und die Nächstenliebe (wenn sie nichts tut, als auf den Leidenden in seinem Unglück hinzublicken).

Diese mystische Lehre vom Unglück ist nicht weltverachtend, sondern weltverändernd. Sie akzeptiert das Irdische, um es auf den Weg des Transzendierens zu bringen. Der unendliche Abstand ist durch Liebe zu überwinden, die noch unendlicher ist. Vorher aber muß man den Gehorsam lernen (den nach Hebr 5,8 auch Christus gelernt hat). „Das ist wirklich eine Lehre. Wie jede Lehre erfordert sie Anstrengung und Zeit." Auch bei Eckhart erscheint das „Durchbrechen" als etwas, das man in der Analogie zum Lesen- und Schreibenlernen (so auch bei Simone Weil) lernen kann und muß.

Auf die Gotteserfahrung, die über das Unglück gemacht wird, zu blicken (welchen Blick Simone Weil in ihrem Unglück großartig vermittelt hat), war notwendig, weil Gott sich gerade auch von denen „sehen" lassen will, die dem Leiden nicht entrinnen können.

Das ist freilich nicht jedem Unglücklichen geschenkt. Reinhold Schneider verbrachte sein letztes Lebensjahr in tiefer Verzweiflung, lehnte auch den Glauben an eine Auferstehung der Toten, ein Weiterleben ab: Winter in Wien, [1]1958. Ges. Werke, Bd. 10, [1]1978, 410: „Die Vernunft zerstört den Glauben keineswegs; viel ernster zu nehmen ist die Arbeit des Schmerzes am Fels, vernichtende Erosion."

Nun glaube ich, daß es auch im Schmerz, der Gottverlassenheit markiert und als Glaubenserosion erscheint, Hintergründe gibt, die nicht wahrzunehmen sind. Der Leidende ist Gott anders nah und dem normalen Reden über ihn ferner als derjenige, dem es gut geht. Ich denke daran, wie mir in einem fünften Schuljahr einer oberschwäbischen Hauptschule im Gespräch über „Jakobs Kampf mit Gott" ein Mädchen sagte (man muß wissen, daß sie zur Sonderschule angemeldet war): „Vielleicht ist Gott ganz anders als wir denken!" Er ist auf jeden Fall „größer als unser Herz" (als unser Denken, unser Lieben und unsere Vorstellung von seiner Liebe): „Gott ist größer als unser Herz und er kennt alles" (1 Joh 3,20).

Nun sollte hier freilich weder einem Pathos des Gottesschmerzes, noch überbordender Begeisterung das Wort geredet werden. Martin Buber mußte es wieder verlernen, „in die Finsternis des Geheimnisses ... mit ihren Blitzen" zu gelangen und „der Fülle ausgeliefert" zu werden, um ganz der Gerechtigkeit und Liebe zur Verfügung zu stehen, die für die mitmenschliche „Verbundenheit" nötig ist. Darüber spricht er in „Autobiographische Fragmente" unter 15: „Eine Bekehrung"[19].

„In jüngeren Jahren war mir das ‚Religiöse' die Ausnahme. Es gab Stunden, die aus dem Gang der Dinge herausgenommen wurden. Die feste Schale des Alltags wurde irgendwoher durchlöchert. Da versagte die zuverlässige Stetigkeit der Erscheinungen; der Überfall, der geschah, sprengte ihr Gesetz. Die ‚religiöse Erfahrung' war die Erfahrung einer Anderheit, die in den Zusammenhang des Lebens nicht einstand. Das konnte mit etwas Geläufigem beginnen, mit der Betrachtung irgendeines vertrauten Gegenstands, der dann aber unversehens heimlich und unheimlich wurde, zuletzt durchsichtig in die Finsternis des Geheimnisses selber mit ihren Blitzen. Doch konnte auch ganz unvermittelt die Zeit zerreißen – erst der feste Weltbau, danach die noch festere Selbstgewißheit versprühte, und man, das wesenlose Man, das man nur noch war, das man nicht mehr wußte, wurde der Fülle ausgeliefert. Das ‚Religiöse' hob einen heraus. Drüben war nun die gewohnte Existenz mit ihren Geschäften, hier aber waltete Entrückung, Erleuchtung, Verzückung, zeitlos, folgelos. Das eigene Dasein umschloß also ein Diesund ein Jenseits, und es gab kein Band außer jeweils dem tatsächlichen Augenblick des Übergangs. Die Unrechtmäßigkeit einer solchen Aufteilung des auf Tod und Ewigkeit zuströmenden Zeitlebens, das sich ihnen gegenüber nicht anders erfüllen kann, als wenn es eben seine Zeitlichkeit erfüllt, ist mir durch ein Ereignis des Alltags aufgegangen, ein richtendes Ereignis, richtend mit jenem Spruch geschlossener Lippen und unbewegten Blicks, wie ihn der gängige Gang der Dinge zu fällen liebt.

Es ereignete sich nichts weiter, als daß ich einmal, an

---

[19] Aus: Paul Arthur Schilpp/Maurice Friedman (Hrsg.), Martin Buber, Stuttgart 1963, 21–23.

einem Vormittag nach einem Morgen ‚religiöser' Begeisterung, den Besuch eines unbekannten jungen Menschen empfing, ohne mit der Seele dabei zu sein. Ich ließ es durchaus nicht an einem freundlichen Entgegenkommen fehlen, ich behandelte ihn nicht nachlässiger als alle seine Altersgenossen, die mich um diese Tageszeit wie ein Orakel, das mit sich reden läßt, aufzusuchen pflegten, ich unterhielt mich mit ihm aufmerksam und freimütig – und unterließ nur, die Fragen zu erraten, die er nicht stellte. Diese Fragen habe ich später, nicht lange darauf, von einem seiner Freunde – er selber lebte schon nicht mehr (er fiel zu Anfang des Ersten Weltkriegs) – ihrem wesentlichen Gehalt nach erfahren, erfahren, daß er nicht beiläufig, sondern schicksalhaft zu mir gekommen war, nicht um Plauderei, sondern um Entscheidung, gerade zu mir, gerade in dieser Stunde. Was erwarten wir, wenn wir verzweifeln und doch noch zu einem Menschen gehen? Wohl eine Gegenwärtigkeit, durch die uns gesagt wird, daß es ihn dennoch gibt, den Sinn.

Seither habe ich jenes ‚Religiöse', das nichts als Ausnahme ist, Herausnahme, Heraustritt, Ekstasis, aufgegeben oder es hat mich aufgegeben. Ich besitze nichts mehr als den Alltag, aus dem ich nie genommen werde. Das Geheimnis tut sich nicht mehr auf, es hat sich entzogen oder es hat hier Wohnung genommen, wo sich alles begibt, wie es sich begibt. Ich kenne keine Fülle mehr als die jeder sterblichen Stunde an Anspruch und Verantwortung. Weit entfernt davon, ihr gewachsen zu sein, weiß ich doch, daß ich im Anspruch angesprochen werde und in der Verantwortung antworten darf, und weiß, wer spricht und Antwort heischt.

Viel mehr weiß ich nicht. Wenn das Religion ist, so ist sie einfach *alles*, das schlichte gelebte Alles in seiner Möglichkeit der Zwiesprache.

Hier ist Raum auch für die höchsten Gestalten. Wie wenn du betest und dich damit nicht von diesem deinem Leben entfernst, sondern eben dieses Leben meinst du betend, und sei es auch nur: es herzugeben, so auch im Unerhörten und Überfallenden, wenn du von Oben angerufen wirst, angefordert, erwählt, ermächtigt, gesandt: du mit diesem deinem sterblichen Stück Leben bist gemeint, dieser Augenblick ist nicht davon herausgenommen, er lehnt sich ans Gewesene an und winkt dem noch zu lebenden Rest, du wirst nicht in einer unverbindlichen Fülle verschlungen, du wirst gewollt für die Verbundenheit."

Mit diesem Ausscheiden aus der „Ekstasis" und dem „in Anspruch genommen werden" geht die Erfahrung Gottes nicht verloren. Gott ist näher denn je, nur die Metaebene, das Reflektieren auf sein Dasein ist preisgegeben.

So versteht die Bultmann-Schule unter Preisgabe der (selbst-) bewußten exegetischen Anstrengung die Ankunft des Wortes Gottes als eine Ankunft Gottes, ein Beim-Angeredeten-Sein, wodurch der Angeredete bei Gott ist. Da sind nicht mehr wir es, die das Wort Gottes auslegen, sondern Gottes Wort legt uns aus. Dieser uns im Wort gegebenen Auslegung haben wir uns selbst zu stellen: im aufmerksamen Hinhorchen, in der ertragenen, gläubig bewältigten Erfahrung des Lebens. Solche Rolle der „Erfahrung" findet sich bei Fuchs wiederholt in einzigartiger Eindringlichkeit herausgestellt: „Zuerst sollst du leben! Und in deinem Leben sollst du auf die Erfahrungen achten, die du mit der Liebe machst. Und wenn dir das abgeht, weil dich niemand zu lieben scheint, dann achte auf die Erfahrungen, die deine Nachbarn mit der Liebe machen ..., nicht auf die bösen ..., sondern auf die guten Erfahrungen ist zu achten."

Solche Liebe hat „immer eine Geschichte". Sie macht mithin das Glauben an Gott (der ja Liebe ist) zur „natürlichsten Sache"[20].

---

[20] Ernst Fuchs, Das Neue Testament und das hermeneutische Problem, a. a. O., 183f.

Nun braucht es freilich ein Kriterium dafür, daß ich es mit *dieser* Liebe zu tun habe, die für sich selbst garantiert. Es besteht nach Simone Weil darin, daß nur auf das Unglück des Unglücklichen geblickt wird, anders gesagt: daß jede Selbstbestätigung, jedes Eigeninteresse verschwindet. Gott wird dort erfahren, wo der Mensch sich preisgegeben hat.

2

Gebet

2.1 Spiritualität:
Gebet, Gottesdienst und Meditation, aber nicht ohne Praxis

Das Wort Spiritualität leitet sich von dem lateinischen Begriff *spiritus* = *Geist* ab und könnte mit „Geistigkeit" übersetzt werden. Damit ist aber keineswegs ein Verhalten gemeint, das sich auf die geistigen Vorgänge beschränkt und die sichtbare, sinnenhafte Welt, einschließlich unseres eigenen Körpers, außer acht läßt. Spiritualität ist freilich dem entgegengesetzt, was bei Paulus „Fleisch" genannt wird und in den Bereich des Ungehorsams und der Sünde gehört. So sagt Paulus in Röm 8,9: „Ihr aber seid nicht im Fleisch, sondern im Geist, wenn denn der Geist Gottes in euch wohnt." Da es um den Geist geht, der Jesus von den Toten auferweckt hat, also auch um den Geist, der Jesus belebt und erfüllt (und der mit Jesus eins ist), ist Spiritualität des Evangeliums, das Paulus verkündet, im Geist Jesu zu leben, von seinem Geist „geführt": „Die vom Geist Gottes geführt werden, die sind Gottes Söhne (und Töchter)" (Röm 8,14).

Solche Führung des Geistes Gottes zeigt sich natürlich auch und gerade darin, daß der Glaubende Jesus nachfolgt oder (wie ein holländischer Theologe gesagt hat) daß wir „in der Spur Jesu" gehen. Die Praxis gläubigen Lebens geht aus der Spiritualität notwendig hervor: der „Geist des Herrn" wirkt sie. Und solche Praxis wirkt ihrerseits auf die Spiritualität zurück. Die gute Praxis des Glaubenden (für die wir den Namen verwenden, den Aristoteles der rechten Praxis gegeben hat, nämlich *„eupraxia"*[1] steht zur Spiritualität in einer notwendigen, aus deren Leben gespeisten und sie belebenden Wechselbeziehung. Aber die Praxis der Nächstenliebe, der Hingabe für den andern und der Veränderung der Gesellschaft, ist nicht selber Spiritualität.

Wegen des heute häufig vorgetragenen Verdachtes auf falsche „Innerlichkeit" und der sich daraus gelegentlich ergebenden Gottesdienstkritik oder Abwertung von privatem Gebet und Meditation, muß auf den Zusammenhang von Spiritualität und Praxis eingegangen werden. Spiritualität wurzelt in der Tiefe des Menschen, ist, um ein Wort Meister Eckharts zu gebrauchen, im „Grund der Seele" beheimatet. Weil wir als Gemeinschaft glauben, drückt sie sich natürlich auch in vielfältigen liturgischen Formen aus. Die „eupraxia" ist im sozialen Raum am Werk. Eupraxia drückt sich aus in der Natur (vor allem im behutsamen Umgang mit ihr), in der Gestaltung der Welt, im sozial und politisch wirksamen Handeln. Und sie gewinnt ihre Kraft aus der Spiritualität des Glaubens. Durch den Glauben erst wird sie zu einer radikalen Praxis.

Es wäre ein Mißverständnis und hätte üble Auswirkungen, wenn wir die „Innerlichkeit" als individualistisch abwerteten. Das unterscheidet uns ja gerade vom Marxismus, daß dort politische Praxis ohne Innerlichkeit proklamiert wird. Der Marxismus hat keine Spiritualität und kann keine haben. Durch die Praxisorientierung des Marxismus und Neomarxismus und bestimmte Aussagen politischer Theologen wird Innerlichkeit als Bürgerlichkeit abgewertet.

Dabei sollte doch gerade die Erfahrung in der Zeit des Nationalsozialismus belegen, daß die Praxis christlicher Spiritualität es erst möglich macht, die sinnlos-brutale Macht-

---

[1] Die sprachlichen Neubildungen Orthopraxie oder Orthopraxis sind wohl überflüssig.

anwendung zu überstehen und ihr zu widerstehen. Die Praxis der „Theologie der Befreiung" in Lateinamerika ist in all ihren konkreten Erscheinungsformen, die mir bekannt sind, eine an Spiritualität, also auch an Innerlichkeit gebundene Praxis.

Eindrucksvoll ist, was ein zweifellos sozial und politisch engagierter, „linker" Bischof, nämlich Dom Helder Camara, in einem Interview gesagt hat: „... ich trage ein Kloster in mir. Vielleicht gibt es wenig Mystisches in mir, und auch in meinen direkten Begegnungen mit Christus bin ich unbefangen, so wie Christus es will. Aber es gibt immer wieder Augenblicke, in denen ich mich von der Welt abschließe wie ein Mönch. Jede Nacht um zwei wache ich auf, stehe auf, ziehe mich an und setze all die Stücke zusammen, die ich während des Tages verstreut habe: einen Arm dahin, ein Bein dorthin, den Kopf wer weiß wohin. Ich setze mich wieder zusammen, ganz, ganz allein; ich denke, schreibe oder bete und bereite mich auf die Messe vor." – „Wenn Sie wüßten, was ich empfinde, wenn ich die Messe feiere, wie sehr die Zwiespältigkeit meiner Person zu einer Einheit wird! Die Messe ist für mich Kalvarienberg und Auferstehung zugleich, eine wahnsinnige Freude ... Ich wurde geboren, um Priester zu sein." – „Am Tage bin ich ein karger, mäßiger Mensch. Ich esse wenig, ich verabscheue Ringe und wertvolle Kreuze, wie Sie sehen, und erfreue mich an Dingen, die auf der Hand liegen: an der Sonne, dem Wasser, den Menschen, dem Leben. Das Leben ist schön ..."

So steht die Theologie der Befreiung, dort, wo sie praktiziert wird, nicht gegen Innerlichkeit. Wohl aber steht gegen sie die Herrschaft, auch wenn sie „heilige Herrschaft" (Hierarchie) heißt. Sie hat in Recife und anderswo die Befreiung der Armen beendet, indem sie das Unrecht der Besitzenden anerkannte und diese ermunterte, es zu praktizieren. An der Praxis des Unrechts gegenüber den Besitzlosen partizipieren wir Besitzenden in der „ersten Welt". Das Gerede von „politischer Mystik" hat weder der dritten Welt geholfen, noch unsere ökonomische Praxis der Ausbeutung beeinflußt. Das ist nun nicht der Mystik (sofern es sie gibt), schlichter geredet: der „Spiritualität" anzulasten, außer sie depraviert zu tatenlosen, frommen Vollzügen, die niemanden ändern.

In Taizé gibt es das *„prier et partager"*, Beten und Teilen. Jeder, der Ostern betend mitfeiern will, findet sein Lager und sein Essen. Ein Religionslehrer (Pfarrer) und seine Schüler nahmen die Taizé-Lieder mit, wurden zur Christlichen Schülergemeinschaft „Jubilate Deo", deren Gottesdienste („Konzerte") Bewegung auslösen. Hier und im Schulalltag sammeln sie für Projekte in Indien, halten mit den Menschen dort Kontakt. In sechzehn Jahren brachten sie DM 120.000,– zusammen.

1. Wenn die Einheit von Spiritualität und Eupraxia beschrieben werden soll, darf Eupraxia nicht auf politisches Handeln beschränkt werden.
2. Die Beschreibung der Praxis des Glaubens sollte im Realitätsbezug erfolgen. Man sollte von dem sprechen, was der andere sehen, hören, erfahren kann. Das Reden von Praxis sollte nicht enthusiastisch theoretisiert werden. Freilich muß es Handeln aus Glauben als Zeugnis für den Glauben geben. Sonst verlöre ja der Glaube seine Glaubhaftigkeit.
3. Spiritualität darf nicht, bevor man sie wirklich zur Kenntnis genommen hat, als eine Privatisierung des Glaubens diffamiert werden, die nicht mehr zeitgemäß ist. Zur Realität der großen Mystiker gehört auch ihr gesellschaftliches Engagement beziehungsweise ihr Dienst für den Bruder.
4. Bei der Bestimmung der Eupraxia darf nicht vergessen werden, daß die Verheißung des Evangeliums grundsätzlich eschatologisch ist, das heißt, sie sagt uns, daß Gott selbst sein Reich herstellen wird, es ist zwar schon „mit-

ten unter uns", und wir dürfen an ihm mitwirken, wie Lukas sagt: als „Gewalttäter", aber dennoch wird es den Menschen nicht gelingen, es zu errichten. Eine gerechte Welt bleibt unser Ziel, aber wir werden das Ziel nicht erreichen.

5. Die Gefahr einer atomaren und/oder ökologischen Katastrophe darf nicht aus dem Auge verloren werden. Es ist durchaus nicht pessimistisch, wenn Kenner der Materie sagen, für die Abwendung einer ökologischen Katastrophe sei es fast schon zu spät. Wie aber steht es mit der Ökologie des inneren Menschen? Was bewirken die „Neuen Medien" und die Werbung?

6. Daraus folgt nun natürlich gerade nicht, daß hier und jetzt nichts getan werden solle, daß unser Glaube unwirksam bleiben dürfe und wir mit einer abgestorbenen Sprache ein unglaubwürdiges Zeugnis von ihm ablegen dürften. Dem Hoffen auf Gottes „endzeitliche Tat" ist es auch keineswegs gleichgültig, wenn Kirche den Menschen vorwiegend in Machtausübung und in einem Ineinander von Hierarchie und Bürokratie begegnet.

7. Spiritualität der Christen geschieht in einer Welt, deren Gestalt vergeht; in dem Leben von Menschen, deren jeder sterben wird; in einer Zeit, die schon von Gottes Jetzt umgriffen ist. Der Spirituelle gibt sich preis, um für alle und alles dazusein, was er freilich nur aus *der* Kraft heraus leisten kann, die Gott schenkt. Gott schenkt auch die Hoffnung gegen alle Hoffnung, die „hoffnungslose Realitäten" erträgt und innerhalb ihrer nicht zu glauben und zu handeln aufhört.

2.2 Gebet als Bittgebet

Bei allen Religionen und allen Völkern begegnet das Gebet.[2] Dem aufgeklärten Menschen bereitet es jedoch Schwierigkeiten zu beten. Ist es nicht überholt, sich einen Gott vorzustellen, den man anreden kann? Bedarf er unseres Lobes und kennt er nicht unsere Bedürfnisse schon, bevor wir sie aussprechen?[3] Das Bittgebet ist besonders problematisch geworden, auch für Christen, die am Leben ihrer Kirche aktiv teilnehmen.

Das Problem des Bittgebets stellt sich gewissermaßen von selbst: Beim Abschied in einer fernen Stadt sagt die Großmutter zu ihren Enkelkindern: „Ich werde euch nicht mehr wiedersehen." Der sechsjährige Enkel antwortet: „Weine nicht, Großmutter. Wir werden beten, daß du wieder gesund wirst." Aber nach einer Pause fügt er hinzu: „Aber beten hilft ja nichts, denn als der Großvater krank war, haben wir jeden Abend für ihn gebetet, und er ist doch gestorben." Muß man auch beim Gebet mit Kindern schon stets hinzufügen, daß es sein kann, daß Gott es nicht für gut hält, unsere Bitte zu erfüllen? Oder ist es vielleicht so, daß er gar nicht gegen die Gesetze der Natur (zum Beispiel der Krebserkrankung) handeln will, weil er sich als Schöpfer selbst einer Distanz und Begrenzung seiner Freiheit unterworfen hat?

Wer das Bittgebet übt, praktiziert eine Urform von Be-

---

[2] Eine nach wie vor eindrucksvolle Zusammenstellung der Breite des Gebets in allen Kulturen leistet Friedrich Heiler, Das Gebet, München 1919, ⁵1923. Seine Auffassung, die ursprünglichste Form des Betens sei die naive, freie Formulierung von Anrufung, Klage oder Bitte, findet allerdings neuerdings Widerspruch, so zum Beispiel in dem Artikel „prayer" in „The Encyclopedia of Religion" (11, 1987, 489–494), die den Nachweis zu führen sucht, daß ältestes Beten in geprägten Formeln erfolgt.

[3] Von solchen angestrengten Überlegungen ist der praktisch-theologische Schlußteil des großen Artikels „Gebet" (Peter Constantin Bloch) in der Theologischen Real-Enzyklopädie, 12, 1984, 95–103, gekennzeichnet!

ten, die überall begegnet, gerade auch in der Heiligen Schrift des Alten und Neuen Testaments. Jesus selbst fordert ja dazu auf, daß wir beharrlich bitten sollen, und verheißt die Erfüllung von Bitten, die in „seinem Namen" an den Vater gerichtet werden. Auch für die Liturgie ist das Bittgebet selbstverständlich, wenn es dort auch guter Brauch ist, so zu beten, daß Gott die Art und Weise, wie er auf unser Bitten erfüllend eingeht, überlassen wird.

Warum hilft Beten nicht? Anders gesagt: Warum werden Gott so viele Bitten vorgetragen, die er nicht erfüllt? Etwa, weil wir nicht genug gebetet haben? Oder weil Gott besser weiß, was wir brauchen, als wir selbst? Oder (so bei den Juden, die das Schicksal ihres Volkes reflektieren: Elie Wiesel und Isaak Singer) weil Gott nicht helfen kann oder will? Wo die Vorstellung nicht mehr nachvollzogen werden kann, Gott sei fähig und bereit, auf unsere Bitten hin zu handeln (weil es sich hier etwa um ein überholtes antikes Gottesbild handelt: Gert Otto), da kann Beten überhaupt nur noch einen anthropologischen Sinn haben. Sinnvoll sind dann nur noch Gebete, die beginnen mit „Wir besinnen uns ..."; „wir erinnern uns an ...". So beginnen in der Tat die Gebete (Sutren), die in den Klöstern des Zen-Buddhismus rezitiert werden, einer Religion, die ja keine Vorstellungen und Aussagen über Gott kennt.

André Dodin von der katholischen Universität in Angers stellt sich in dem Artikel „Christliches Gebet"[4] drei Fragen, das Bittgebet betreffend:
1. Will und kann das Gebet Gottes Pläne beeinflussen?
2. Gibt es zwischen zwei so verschiedenen Realitäten, wie Gott und Mensch, Beziehungen? Wenn ja, so können sie

---

[4] Dictionnaire des Religions, Paris 1984, *prière chrétienne*, 1352–1358. Für ihn löst sich das Problem, wenn Gebet als Vereinigung mit dem Willen Gottes unter der Führung des Heiligen Geistes realisiert wird.

doch nur analog sein, das heißt, anders als unsere Sprache das meint, so wie wir sie gebrauchen.
3. Ist das Beten und Bitten, wie es uns vom Alten und Neuen Testament aufgetragen wird, nicht ganz verschieden von dem „menschlichen Gebet" der Religionen?

Es gibt einen Konsens gegen das Bittgebet, der von Jean Jacques Rousseau („Mit Gott reden, seiner Wohltat sich freuen, aber nie um etwas bitten!")[5] über Immanuel Kant (Religion innerhalb der Grenzen der bloßen Vernunft) bis Dorothee Sölle (Atheistisch an Gott glauben) reicht.

Eine Erklärung für diese aufklärerische Ablehnung des Bittgebets gibt C. H. Ratschow im ersten Teil des bereits zitierten Artikels „Gebet"[6], in dem er auf den solchem Denken eigenen Utilitarismus (das Nützlichkeitsdenken) verweist. Für ihn ist Gebet in allen Religionen und immer Bittgebet, allerdings nicht utilitaristisch: Wenn die Bitte nicht erfüllt wird, so tritt beim Beter keine Enttäuschung ein.

Bereits bei Augustinus findet sich die vollkommen vergeistigte Interpretation des Sinns des Betens: „Es betet der Mensch nicht, damit Gott instruiert wird, sondern damit er selbst konstruiert wird." Das Bittgebet dient also der Realisierung unserer Bedürftigkeit, und nicht der Information Gottes. Das Gebet bewirkt also eine qualitative Veränderung des Lebens. In seinem Kommentar zu Joh 16 interpretiert Augustinus „das Bitten in meinem (Christi) Namen", das die „volle Freude" schenkt, als das Bitten um eben jene volle Freude. Sie ist naturgemäß keine „fleischliche", sondern eine geistliche Freude, und voll ist sie, wenn ihr nichts mehr hinzugefügt werden kann. Eine solche volle Freude ist aber identisch mit der „Gnade Gottes, nämlich dem ewigen Leben". „Wird um etwas anderes gebetet, so wird nicht ge-

---

[5] Emile, IV, 1762.
[6] TRE, a. a. O.: Gebet, religionsgeschichtlich, 31–34.

betet: nicht weil es überhaupt keine andere Sache gäbe, sondern weil im Vergleich zu einer so großen Sache (wie sie die göttliche Gnade ist) nichts bedeutet, was immer anderes begehrt werden mag." – Ist damit die fast naive Aufforderung des synoptischen Jesus richtig verstanden, der uns rät, uns Gott gegenüber derart zu verhalten, wie es derjenige tut, der Brot braucht, dem sein Freund aus dem Innern des Hauses, an dessen Tür es klopft, zur Antwort gibt, er könne nicht mehr aufstehen, weil seine Kinder bereits mit ihm zu Bett gegangen seien. „Ich sage euch, wenn er auch nicht aufsteht und es ihm gibt, weil er sein Freund ist, so steht er auf wegen seiner Zudringlichkeit und wird ihm geben, was er braucht. So sage ich auch euch: bittet, und es wird euch gegeben werden, suchet, und ihr werdet finden, klopft an, und es wird euch aufgetan!" (Lk 11,5–10)? Es muß allerdings darauf geachtet werden, daß 11,13 von der Gabe des „Heiligen Geistes" die Rede ist.

Kann ein moderner Pfarrer mit gutem Gewissen beim Wettersegen um gutes Wetter bitten? Kann und soll der Kranke um Genesung bitten, oder darf wenigstens ich, wenn ich schon beim Bittgebet meine eigenen Interessen weglasse, um die Genesung des andern bitten? Zum Beispiel um die einer Mutter, die von ihren Kindern gebraucht wird?

Die katholische Religiosität scheint traditionell nicht so sublim geprägt, wie das bei Augustinus zum Vorschein kommt:

In der Biographie des heiligen Pfarrers von Ars ist die Rede davon, daß ihm das Getreide auf dem Speicher, das für die Waisenkinder da war, zu Ende ging. Es hatte eine Mißernte gegeben. Der Pfarrer heißt Frau Chanay, sich mit ihm niederzuknien und zu beten. Nach einiger Zeit fordert er sie auf, auf dem Speicher nachzusehen. Sie kann die Speichertür kaum aufdrücken, denn der Speicher ist voll von Korn.[7]

---

[7] Trochu, a. a. O., 173.

Man muß die intensive und farbige Gebetsfrömmigkeit vor der Grotte von Lourdes oder in der Basilika Pius' X. selber miterlebt haben, um die Glaubhaftigkeit dieses Vollzugs bestätigen zu können. Heilungen sind dort natürlich eine seltene Ausnahme. Wie aber, wenn der Autor dieses Textes, als er noch in Ravensburg wohnte, Zeuge dessen war, daß eine im ärztlichen Befund den Röntgenbildern nach todkranke Frau, die gegen den Rat der Ärzte auf einer Bahre in den Pilgerzug nach Lourdes gestellt wurde, geheilt zurückkam?

Der Glaube des Betenden richtet sich nicht notwendigerweise und nur auf die jenseitigen Güter. Es geschieht, daß auch Bitten für dieses Leben erfüllt werden, wenn der Glaube gegeben ist. Könnte es sein, daß Bittgebete deshalb so selten erfüllt werden, weil die Betenden gar nicht mehr glauben, daß Gott Bitten erfüllt? Die Abwesenheit von Utilitarismus (Nützlichkeitsdenken) und Egoismus ist natürlich vorausgesetzt, und wo wirklich geglaubt wird, steht die Bitte auch immer unter dem Vorbehalt, daß der Wille Gottes geschehen soll.

Es gibt auch eine Erfüllung von Bitten, die darin besteht, daß die Mitbetenden oder die Zuhörer des Gebets verändert werden. Der anglikanische Bischof Stephen Neill erzählt davon, wie stark er dadurch geprägt und verändert worden sei, daß er dem Gebet seiner Eltern für ihre Kinder und für ihn selbst zugehört habe, als er, weil es Gäste gab, im elterlichen Schlafzimmer einquartiert war und sich schlafend stellte, um ihrem Gebet zuhören zu können.[8] – Gibt es das, daß Menschen für Gott sprechen (und das gerade ist ja der Auftrag des Propheten!), warum können und sollen dann Menschen nicht auch für Gott hören? Dann hat die in der Gemeinschaft vorgetragene Bitte des einen auch den Sinn, daß andere als „Gottes Ohr" diese Bitte hören.

---

[8] Anglikanisches Bewußtsein, Würzburg 1962, 22.

Nicht unbedenklich finde ich es, Kindern das Gebet als einen Dialog („ein Gespräch") mit Gott zu vermitteln. Es verlangt tiefere Einsicht, bis ein Mensch versteht, inwiefern Gott ein „Dialogpartner" ist und wie er Antwort gibt. In dem schlichten Gebetsverständnis eines Kindes, auch in dem eines Jugendlichen, kann man das noch nicht voraussetzen. „Was nützt mir ein Freund, der mir keinen Rat gibt, wenn ich Rat brauche?" sagt ein Vierzehnjähriger, als im Religionsunterricht von dem Wort der Abschiedsreden des Johannesevangeliums die Rede ist: „Ich nenne euch nicht mehr Knechte, sondern Freunde." Der „verborgene Gott", der ferne Gott, entzieht sich der Anrede und gibt keine Antwort, beziehungsweise: der Beter vernimmt keine Antwort. Wird Gott aber als nahe erkannt, so ist er dem Beter näher als das Gebetswort, das er spricht. Gebet wird dann als „Selbstgespräch" Gottes mit Gott in mir empfunden. Die Mystik des Islam sagt, „daß Allah im Gebet mit sich selbst redet"[9]. Da wird der Betende zum Hörenden. Stille und Aufmerksamkeit tritt ein, und die Einheit mit Gott wird erfahren. Das Problem eines Dialogs mit Gott löst sich dann auf, wenn der ganz andere Gott zugleich der Nicht-Verschiedene ist, das heißt, wenn ich aus meiner Verschiedenheit von ihm dadurch heraustrete, daß ich selbst „zunichte werde" (Meister Eckhart).

Zum Schluß dieses Kapitels sollen die Voraussetzungen noch einmal zusammengefaßt werden, unter denen das Bittgebet sinnvoll ist:

1. Das Bittgebet ist dann sinnvoll, wenn wir vorher und im Vollzug der Bitten selbst unsern Egoismus überwinden. Man soll eher für andere beten als für sich selbst. Unter den Bitten für sich selbst ist die einzige, die bleiben wird, daß wir den rechten Weg finden und zum rechten Ziel ausschreiten.

---

[9] TRE, 12, 33.

2. Bitten werden stets so vorgetragen, daß ihre Erfüllung dem Willen Gottes überlassen bleibt.
3. Das Bittgebet ist von Utilitarismus freizuhalten. Bitten werden nicht durch Erfüllung „nützlich" (und sind nicht ohne diese unnütz). Das Bittgebet steht nicht in einer Aufwand-Nutzen-Relation.
4. Das Bittgebet „lohnt sich auch dann", wenn die Bitte nicht erfüllt wird. Der Bittende hat sich ja in seinem Bitten selbst als bedürftig erkannt und damit in die rechte Verfassung gebracht: so bin ich, daß mir vieles fehlt, daß ich meinen Weg nicht kenne, daß ich – auf mich allein gestellt – versage, daß ich von Gott abhänge.
5. Die Abhängigkeit von Gott bedeutet auch, daß ich Gottes Hilfe wirklich brauche. Diese Tatsache wird nicht recht erkannt, wenn gesagt wird, das Bittgebet solle nicht ein „Eingreifen Gottes" erwarten, „so als ob für den Menschen zusätzliche Hilfe nötig ... wäre."[10] Er *habe* sie ja schon erhalten, wird gesagt, wenn er seine Bitte ausspricht.[11] Wenn ich bitte, so ist der Ernstfall eingetreten, das heißt, ich brauche Gottes Hilfe, sonst würde ich ja nicht bitten. Es würde der Erfahrung der Religionen und besonders dem Glauben des Alten und Neuen Testaments widersprechen, wenn wir von Gott so dächten, daß er in die physikalisch-biologischen Kausalzusammenhänge eingebunden sei (weil er als Schöpfer selbst diese Kausalität gestiftet habe). Natürlich kann Gott Wunder wirken!
6. Das für mich nötigste Wunder ist allerdings, daß mich

---

[10] Hans Schalk, Gebet, in: Neues Handbuch theologischer Grundbegriffe, 2, München 1984, 26–34.
[11] Mk 11,24 gebraucht (vermutlich) den „futurischen Aorist". In diesem Fall ist nicht zu übersetzen: „Bei allem, was ihr im Gebet erfleht, sollt ihr glauben, daß ihr es schon empfangen habt – und es wird euch zuteil werden" (so Schalk), sondern: „Alles, was ihr bittet und fordert, glaubt, daß ihr es empfangen werdet (oder: „daß ihr es empfangt"), und es wird euch zuteil werden."

seine Gnade vom steten Selbstbezug, von der Geteiltheit und Zerrissenheit, von der Ferne (in der ich zu ihm stehe) befreit. Auch das naturkausale Denken ist ein Denken in der Geteiltheit. Ursache und Wirkung sind für Gott nicht eine Zweiheit, also auch nicht für den Menschen, der sich – auf dem Weg der Mystik – zur Nicht-zwei-heit führen läßt. „Alles ist möglich dem, der glaubt" (Mk 9,23). Und Glaube (klein wie ein Senfkorn) könnte einen Berg von der Stelle bewegen (Mt 17,20) – ein Bild, denn dem Glauben liegt nichts an einer Veränderung der Landschaft, aber unser Zusammenleben, unsere Ungerechtigkeit, unsere Lieblosigkeit sind vom Glauben her in Bewegung zu bringen.

7. „Glauben tut man zusammen", sagt der Holländische Erwachsenenkatechismus. Auch das Bittgebet spricht man zusammen. Kommen wir im Bitten überein, so ist die Erfüllung uns verheißen und beginnt schon darin, daß uns das gemeinsame Bitten verändert.

8. In der Liturgie zu bitten ist der rechte Ort. Also sind die gemeinsamen Fürbitten wichtig. Werden sie von der Gemeinde, die Eucharistie feiert, frei formuliert, sollte die Tradition der Fürbitten nicht vergessen werden, zum Beispiel die Fürbitten der Liturgie der Ostkirche oder der römischen Karfreitagsliturgie: Hier werden die großen Anliegen genannt, und es wird Gott überlassen, was er tut. Frei formulierte Fürbitten sind an manchen Orten und für manche, die sie sprechen, zur „Belehrung" der andern geworden. Der Bittende nimmt die Gelegenheit wahr, seine bessere Ideologie zu verbreiten. Das sollte nicht so bleiben.

9. Das rechte Bittgebet in der richtigen Abfolge ist uns im Vaterunser übergeben worden. Besser wird nie gebetet werden, als es uns Jesus gelehrt hat: zuerst das Reich Gottes, dann das, was wir brauchen – das Brot, die Befreiung von Schuld und die Errettung vom Bösen.

2.3 Gebetsformeln oder freies Beten?

Für Friedrich Heiler war das Gebet an seinem Ursprung als „naives" oder „primitives" Beten frei formuliert. Dem freien Beten stellt er die „rituelle Gebetsformel" und den „Hymnus" (= das Gebetsgedicht, der Gebetsgesang) gegenüber. Heidnische Formen des Betens werden dabei nicht vernachlässigt. Das Hauptaugenmerk Heilers gilt freilich „der individuellen Frömmigkeit der großen religiösen Persönlichkeiten", unter denen die großen Beter des Alten Testaments, des Neuen Testaments (Jesus und Paulus) und der Kirche(n) bevorzugt behandelt werden. Heiler entdeckt zwei „Haupttypen" der persönlichen Frömmigkeit: das „mystische Gebet" und das „prophetische Gebet". In den Nachträgen von 1923 ersetzt er den Begriff „prophetisches Gebet": „Noch zutreffender und einfacher ist der Terminus ‚Glaubensfrömmigkeit'." Die scharfe Grenzziehung von 1919 ist ihm durch weitere Studien fließend geworden: „... desgleichen haben manche von den christlichen Mystikern eine ausgesprochen ‚prophetische' Wirksamkeit entfaltet, wie Bernhard von Clairvaux, Birgitta, Katharina von Siena."[12] „*Das Leben der größten Mystiker ist ein Doppelleben von reinster Beschauung und stärkster ethischer Wirksamkeit.*"[13]

Bei allen Unterscheidungen und (zum Teil überflüssigen) Kontroversen ist es hilfreich, sich an eine Aussage des Ni-

---

[12] Heiler, ⁵1923, 586.
[13] Ebd., 592. Der junge Karl Barth hat übrigens Heilers Buch „Das Gebet" als „erschütternd ... profan ..., nahe ... dem gänzlich Absurden" bezeichnet, wogegen sich Heiler zur Wehr setzt, indem er Barth einen „krankhaft übersteigerten ‚Objektivismus'" vorwirft. – Um die im Evangelium verheißene Gnade zu erlangen, genügt für Barth ein kurzes Gebet, die rasch ausgesprochene Bitte. – Bei den Katholiken seiner Zeit begegnet Heiler hingegen dem Vorrang des Opfers (der Messe) vor dem Gebet. Was für Klassifikationen angesichts der schlichten Tatsache: „Wo das Gebet stillsteht, endet auch das Verständnis" (Reinhold Schneider)!

kolaus von Kues zu erinnern[14]: Die Menschen sind von Gott verschieden (und unterscheiden sich deshalb in der Art, wie sie Gott sehen), aber Gott ist nicht von den Menschen verschieden. – Das bedeutet doch wohl: Findet der *eine* Glaubende im Gebet die Einheit mit Gott, so gibt es Verschiedenheiten seines Gebets, verglichen mit dem Gebet *anderer*, weil wir Menschen unvollkommen sind.

Unter dem Begriff der Mystik wird sehr Verschiedenes verstanden, und wir müssen weiter unten eine Bestimmung dessen versuchen, was hier unter Mystik verstanden werden soll. Aber es gibt doch wohl einen Unterschied zwischen einer auf die Erfahrung der Gottesnähe ausgerichteten Frömmigkeit und einer „Glaubensfrömmigkeit", die ihre volle Aufmerksamkeit auf das Wohl des andern richtet, der mir anvertraut ist, wobei nicht übersehen werden darf, daß die Aufmerksamkeit für den andern durch die Stille grundgelegt und ermöglicht wird, die im Gebet und in der Meditation vor Gott erlangt wird. Daß es einen Unterschied gibt, belegt das im vorigen Kapitel zitierte autobiographische Fragment von Martin Buber.[15]

Buber schließt das Fragment mit dem schönen Satz: „... du wirst gewollt für die Verbundenheit." Diese Verbundenheit mit dem Willen Gottes ist es, was nach Bubers Ansicht Abraham ausgezeichnet hat. Abraham hatte einen Glauben, der ihn, wie Buber unter Verwendung eines mittelhebräischen Wortes sagt, zu Taten wahrer *kawwana* befähigte.[16] Auch die großen christlichen Mystiker erstreben die volle Einigung mit dem Willen Gottes, mit der Liebe

---

[14] De visione Dei, VI.
[15] S. 30f.
[16] Vgl. Buber, Briefwechsel aus sieben Jahrzehnten, III, 1938–1965, Heidelberg 1975, 617 f. Das Wort *kawwana* begegnet im Traktat der Segnungen (Berakhot 13[ab]) und bedeutet dort: *das ungeteilte Hinlenken der Gedanken* auf das große Gebot, nämlich das „Sch\^{e\}ma", das „Höre, Israel" von Dtn 6,4f.

Gottes. Aber es klingt doch etwas anders, wenn Mechthild von Magdeburg formuliert:

> „Du sollst lieben das Nicht,
> du sollst fliehen das Icht (= etwas)
> du sollst alleine stehn
> und sollst zu niemand gehn,
> du sollst sehr unmüßig sein
> und von allen Dingen bleibe frei."[17]

Von einem Zeitgenossen Antonius' des Großen, der ihm ähnlich gewesen sei, einem Arzt in der Stadt, wird in der Sammlung „Sprüche der Väter" erzählt, daß er den Armen gibt und „den ganzen Tag über mit den Engeln das Dreimalheilig singt"[18]. Bei diesem Christen des vierten Jahrhunderts haben wir die vollkommene Verbindung von Mystik und Glaubensfrömmigkeit. Wenn jener Arzt den ganzen Tag das Dreimalheilig betet, so rezitiert er mit dem Mund oder im Herzen eine Formel der Liturgie, die aus der Heiligen Schrift herkommt.

Nun ist gerade auch in der Frühzeit des Alten Testaments das spontane Beten vorzufinden, eine „erstaunliche Direktheit im Umgang mit Gott"[19]. Claus Westermann verwies auf den Aufschrei der Verzweiflung oder der Freude, der sich unmittelbar an Gott wendet. Diese sei das typische Gebet der Bibel.[20] Als sich in Rebekkas Leib (Gen 25,22) die Söhne Esau und Jakob stoßen, aus welchen Söhnen sich zwei Völker entwickeln werden, die Krieg miteinander führen, ruft die verzweifelte Rebekka: „Wenn so, warum dann lebe ich?"[21] – Den Ruf der Freude dessen, der bekommen

---

[17] Offenbarung, I 35.
[18] Weisung der Väter. Apophthegmata Patrum, hrsg. v. Bonifaz Miller, Freiburg 1965, 21: Antonios, 24.
[19] TRE, 12, 38 f.
[20] Vortrag vor der Katholischen Akademie in Bayern.
[21] Die Übersetzung „Wenn das so ist, was soll dann aus mir werden?" (Einheitsübersetzung) scheint mir nicht gerade treffend.

hat, was er sich wünscht, stößt der Knecht Abrahams, Eliezer, in Charan aus, der am Brunnen vor der Stadt auf ein Mädchen wartet, das unaufgefordert ihm zu trinken anbietet und seinen Kamelen schöpft. Als sich Rebekka als die Gesuchte erweist, ruft er: „Gesegnet Jahweh, der Gott meines Herrn Abraham" (Gen 24,27). Aber dieser Ruf hat bereits etwas von einer Gebetsformel und findet in der Liturgie Israels und später der Kirche seinen festen Platz. So beginnen die Psalmen 103 und 104 mit dem Ruf: „Segne meine Seele Jahweh", und das „Preiset Jahweh – Halleluja" ist zu *der* liturgischen Freudenformel geworden.

Schon sehr früh haben sich im Ritual, im Kult, in der biblischen und kirchlichen Liturgie Gebetswortlaute verfestigt, denen zusätzlich bestimmte Haltungen und Gebärden zuwuchsen. Das sind nun gerade nicht tote Formulare oder starre Verrichtungen. Aus solchen Worten, die mit Gebärden verbunden sind, bildet sich ein Teil des Schatzes der Symbole, die für die Weitergabe des Glaubens unerläßlich sind.[22] Im Mitvollzug der Liturgie wird katholische Spiritualität grundgelegt. Die Eucharistiefeier ist *der* Ort des Gebets. Ihre Texte sind aus der Sprache der Heiligen Schrift erwachsen. Ohne zum Gebrauch dieser Sprache zu gelangen, hat man auch *die Sache* der Schrift nicht. Wie wir daheim miteinander essen und wie wir in unsern Gemeinden die Eucharistie feiern, so geben wir Humanität und Glauben weiter oder unterlassen die Weitergabe. Die Feier der Liturgie ist ein katechetischer Ort von großer Bedeutung. Verlieren junge Menschen das Interesse an unserer Liturgie, so liegt das wohl begründet in „ästhetischem Versagen" und wirkt sich negativ aus auf den „ästhetischen Bereich", nämlich den Bereich der Wahrnehmung, über den wir Zugang

---

[22] Darauf hat hingewiesen A. Lorenzer, in: Das Konzil der Buchhalter, indem er (mit teilweiser Berechtigung) auf den Symbolverlust aufmerksam macht, der durch die Liturgieform sich vollzogen habe.

zu den „präsentativen Symbolen" haben, *den Symbolen, die sich den Sinnen zeigen,* deren Bedeutsamkeit schon erfaßt wird, bevor wir über sie nachdenken. In der „Liturgischen Bewegung" wurden die sinnenhaften Vollzüge ernst genommen. Dabei ging es nicht darum, daß die Schönheit der Liturgie und sonstiger Vollzüge des menschlichen Lebens „genossen" wird. Einer recht verstandenen Ästhetik geht es nicht ums Genießen und überhaupt nicht ausschließlich oder vorwiegend um das Schöne und Angenehme, sondern um die Wahrnehmung, die den Menschen in der Tiefe zu verändern vermag. Im Plädoyer für das Ernstnehmen der Ästhetik, also auch des rechten Vollzugs der Liturgie, geht es um die Feier der Liturgie mit allen Sinnen. Die liturgische Formen haben ihre Bedeutung. Katholische Spiritualität bewegt sich nicht in Abstraktionen, hat keine Inhalte unabhängig von den Formen der Sprache und des körperlichen Ausdrucks. Es gibt kein Sakrament ohne sinnenhaftes Zeichen, also auch keine liturgischen Vollzüge ohne sinnenhaft-körperlichen Ausdruck. Da sollten zunächst einmal Stimmen wohl klingen und Gebärden schlicht und überzeugend sein.

Das sind keine Äußerlichkeiten. Wir erinnern uns daran, daß für Simone Weil beim Anhören des Gregorianischen Chorals (nämlich des Gesangs, der in den lateinischen Choralbüchern notiert ist, den wir im Gotteslob bei vier lateinischen Messen finden und der mit seinem Gebrauch der Kirchentonarten, die anders klingen als Dur und Moll, hinter verschiedenen deutschen Messen im Gotteslob steht) die Gegenwart Gottes erfahrbar wurde. Weil hat ihn in den Kartagen und am Osterfest in der Benediktiner-Abtei Solesmes erlebt. Ähnliche Erfahrungen der Faszination liturgischen Singens werden heute in Taizé gemacht; und wenn im Gottesdienst die Taizé-Lieder gut gesungen werden, so haben sie eine gemeinschaftstiftende und belebende Wirkung. – Im Zusammenhang mit den liturgischen Reformen ist in vielen Gemeinden die mehrstimmige Messe, vorgetragen vom Kirchenchor und – eventuell – begleitet von Instrumenten, verschwunden. Es ist aber nicht nur ein Urteil persönlichen Geschmacks, ob man im direkten Vergleich das Kyrie einer Missa brevis von Haydn oder Mozart auf der einen Seite mit den musikalisch langweiligen und oft auch vom Text her kaum erträglichen Kyrie-Rufen des Gotteslobes vergleicht und sich dann für das eine oder andere entscheidet. Der schnell sich gebende, schlichte Reim in Verbindung mit biblischen Begriffen von Gewicht, die an ihrem Ursprungsort eine bedeutsame Aussage machen wollten, ist keineswegs gleichgültig. Hier sinken wir auf ein Niveau herab, das für eine große Kirche mit über eineinhalbtausend Jahren Tradition im Sprechen und Singen einfach unzulässig ist.[23] Zwei Jahrzehnte Erfahrung mit frei gesprochenen Einschüben in die Eucharistiefeier (früher war das ja verboten) zeigen deutlich, daß es seinen Sinn hat, die Gebete, auch den Kanon, in liturgischen Formularen festzulegen.

Die Möglichkeit für den Gruß und die unmittelbare Ansprache an die Gemeinde soll bleiben. Aber an den entscheidenden Stellen kommt es so sehr darauf an, daß das richtige Wort gesprochen wird, daß die Sätze stimmen und der Inhalt in seiner sprachlichen Form für jedermann zugänglich ist, daß die Sprache eindrucksvoll bleibt, ohne sich zu sehr ins Momenthaft-Persönliche zu verlieren! Dann gilt eben, daß die festgefügte Form besser ist als der spontane Einfall.

Die besten Gebete, über die wir verfügen, stammen aus einer alten Tradition und werden nicht mehr verändert: das Vaterunser, die Psalmen (die Jesus selbst gebetet hat und de-

---

[23] „Der uns aufstrahlt im Gericht, der uns heimführt in sein Licht, Christus, Herr, erbarme dich!" – Wo auf diesem Niveau gedichtet und gesungen wird, geht die Möglichkeit, zu erschüttern und zu faszinieren, verloren. Soll aber in der Liturgie Gottes Anwesenheit erfahren werden, so müssen Sprechen und Gesang von Ehrfurcht und Freude erfüllt sein.

ren Ablösung durch Hymnen, wie sie in den ersten Jahrhunderten christlichen Glaubens sich zu bilden anfingen, eben nicht gelungen ist), liturgische Gesänge von besonderer Schönheit wie das Exultet der Osternacht[24], oder das in der Ostkirche gesungene große, alte Lied an die Gottesmutter, das den Namen „Akathistos Hymnos" trägt. Wer von uns kann und will bessere Texte sprechen und schönere Lieder singen? Ist es nicht auch so, daß die Kunst als Dichtung oder als musikalische Komposition ihre großen Leistungen jetzt vorwiegend außerhalb der Kirchen erbringt?

Spontaneität beim Gebet muß erhalten bleiben oder wiedergewonnen werden. Das kann aber nur gelingen auf der Basis der Gebete, in denen eine Religion (ein Glaube) sich verbindlich so ausgedrückt hat, daß man den Inhalt von der Form nicht mehr trennen kann. Die Sutren buddhistischer Mönche können ebensowenig abgeschafft werden wie das rituelle Gebet (Salāt), das der Moslem (in verschiedener Form) mehrmals täglich verrichtet, oder wie das Kaddisch des Juden und das Vaterunser des Christen.

Die zuletzt genannten drei Gebete sollen uns im folgenden beschäftigen. Schauen wir uns ihren Wortlaut nacheinander an.

> *Unser Vater*
> (Unser) Vater (im Himmel)[25],
> dein Name werde geheiligt
> dein Reich komme,
> (dein Wille geschehe
>   wie im Himmel, so auf
>   der Erde).
> Gib uns heute das Brot,
>   das wir brauchen.

---

[24] Deutscher Beginn: „Frohlocket, ihr Chöre der Engel".
[25] In Klammern gesetzt werden die Worte, die in der (wahrscheinlich) älteren Form des Gebets bei Lukas (11,2–4) fehlen. Das Vaterunser, wie wir es beten, findet sich bei Matthäus (6,9–13).

Und erlaß uns unsere Schulden,
  wie auch wir sie unseren
  Schuldnern erlassen haben
Und führe uns nicht in Versuchung,
  (sondern rette uns vor dem
  Bösen).

Kaddisch
Verherrlicht und geheiligt werde sein
  großer Name
in der Welt, die er nach seinem Willen
  schuf.
Er lasse herrschen seine Königsherrschaft
zu euren Lebzeiten und zu euren Tagen
und zu den Lebzeiten des ganzen Hauses
  Israel in Eile und Bälde.
Gepriesen sei sein großer Name.

Salāt = ‚rituelles Gebet')
Gott ist der Größte *(alahu akbar)*
Lob sei Gott, dem Weltenherrn,
  dem Erbarmer, dem Barmherzigen,
  dem König am Tag des Gerichts!
Dir dienen wir und zu dir rufen um Hilfe wir;
  leite uns den rechten Pfad,
  den Pfad derer, denen du gnädig bist,
  nicht derer, denen du zürnst, und nicht
  der Irrenden.
...
Erhöre, Gott, den, der dir lobsingt.
...
Friede und Erbarmen Gottes über euch.

Alle drei Formeln stimmen darin überein, daß Gott angeredet wird und daß es die wesentliche Bitte ist, es möge seine „Königsherrschaft" (sein Reich) anbrechen. In der islamischen Salāt wird das als feststehendes Ereignis bekannt: Gott ist „König am Tag des Gerichts". Auch in der Würde dessen, was gesagt wird, und in der verehrungsvollen Anrede Gottes kommen die drei Texte überein. Jedoch fällt alsbald auf, mit welcher Schlichtheit das Gebet Jesu Gott anredet, während das Gebet des Islam die Größe und die Herrschaft Gottes in den Vordergrund stellt und den Abstand des Beters zu ihm betont.

Im folgenden sollen zu jedem der drei Gebete hinführende und erläuternde Bemerkungen gemacht werden.

Das *Vaterunser* wird uns bei Lukas und Matthäus überliefert. Meine Übersetzung aus dem Griechischen weicht nur geringfügig von dem ökumenischen Text des Vaterunsers ab: in der ersten Zeile stelle ich das „Unser" voran, weil wir in unserer Umgangssprache so reden und die Nachstellung des Fürworts eine heute nicht mehr übliche Übernahme der griechischen Wortstellung ist. Bei der ersten Bitte wurde „dein Name" vorangestellt, damit deutlich wird, daß alle drei Bitten die gleiche Syntax (= die gleiche Abfolge von Subjekt und Prädikat) haben. Bei der Brot-Bitte und der Bitte um Schuld-Vergebung folge ich der Einheitsübersetzung.

Der Text des Lukas ist kürzer und wohl ursprünglicher als der des Mattäus. Die Hinzufügungen im Mattäusevangelium sind als sachrichtige Interpretationen des ursprünglich kürzeren Textes zu verstehen.[26] Die letzte Bitte „sondern rette uns vor dem Bösen" sucht wohl das in der Bibel (besonders in den Psalmen) übliche „zweigliedrige Sprechen" herzustellen.

Die ersten drei Bitten haben den gleichen Inhalt: Es geht darum, daß Gott das endzeitliche Heil wirkt. Dies besteht darin, daß sein Reich anbricht, nämlich alle seinen Willen erfüllen, wodurch der Name Gottes als heilig erwiesen wird. Dieser, wie man sagt „eschatologische (endzeitliche) Charakter" hebt das Vaterunser von dem jüdischen Kad-

---

[26] Vgl. Dieter Zeller, Kommentar zur Logienquelle, Stuttgarter kleiner Kommentar, NT 21, 1986.

disch ab. Von „euer himmlischer Vater" ist im Mattäusevangelium auch sonst die Rede. Das ist überhaupt das Besondere an dem Gebet Jesu, daß Gott mit Vater angesprochen wird. Jesus verwendete dabei die vertraute Anrede „Abba" aus seiner aramäischen Muttersprache. Setzt man dafür das bei uns gebräuchliche „Papa", so klingt das ein bißchen gewöhnlich. Zu sagen „Väterchen", erinnert an die Übersetzungen russischer Romane ins Deutsche. Wer die Vertrautheit der Anrede wiedergeben will, sollte vielleicht „lieber Vater" sagen. Ein Vergleich der „Vater-Anrede" Jesu mit dem Namen, den der Gott der Väter dem Mose offenbart (Ex 3,15): Jahweh, geschrieben (wie in semitischen Sprachen üblich, ohne Vokale) JHWH, zeigt eine inhaltliche Nähe. JHWH heißt wahrscheinlich „der *da* ist", nämlich: der *für euch* da ist, wenn ihr ihn braucht und zu ihm um Hilfe ruft. Leider ist in der griechischen und lateinischen Bibel und folglich auch in der deutschen Übersetzung das Wort „Herr" an die Stelle von JHWH getreten; denn die Überlieferer des hebräischen Textes haben die Vokale von Adonaj (= Herr) darunter geschrieben, damit niemand versehentlich diesen geheiligten Namen JHWH gegen das Verbot gebraucht („Du sollst den Namen JHWH's, deines Gottes, nicht mißbrauchen", Ex 20,7). Die ständige Anrede Gottes mit „Herr" ist inhaltlich falsch. Sie weckt bei der jungen Generation Widerwillen, weil Herren, Herrschaft und herrschen viel geschadet haben. Es ist gut, daß wir Gott in der Tradition Jesu mit „Vater" anreden.

Die Bitten für Wohlergehen und Heil des Menschen folgen auf die Bitten um die Ankunft des Gottesreiches. Damit entspricht das Gebet der Weisung Jesu: „Suchet zuerst das Reich Gottes und seine Gerechtigkeit, und alles andere wird euch hinzugegeben werden" (Mt 6,33). Die Brot-Bitte ist schwer zu übersetzen, weil das im Griechischen dem Wort Brot hinzugefügte Beiwort fast „unübersetzbar" ist. In allen griechischen Texten, über die wir verfügen, kommt es nur an dieser Stelle des Neuen Testaments und sonst noch auf einem in Ägypten gefundenen Papyrus vor. Manche meinen, es werde um das morgige Brot gebeten, andere sprechen von dem nötigen Brot. Im Wörterbuch zum NT von Walter Bauer wird unter anderm die Ableitung von einem Zeitwort „epiénai" vorgeschlagen, das „hinzukommen" bedeutet. Dann sollte man übersetzen: „das gehörige Brot". Die Einheitsübersetzung hat mit „das Brot, das wir brauchen" eine richtige, verständliche und eindrucksvolle Form gefunden. So erinnert die Bitte auch daran, daß *wir* mehr Brot haben, als wir brauchen. Also können wir aufrichtig dieses Gebet nur sprechen, wenn wir für die Hungernden tun, was wir können. Es ist wohl auch nur so möglich, in der Eucharistiefeier aufrichtig „Dank zu sagen". Am Schluß des Gebets Jesu stellt sich der Bittende vor Gott als ein Sünder, der gegenüber Gott und seinen Mitmenschen schuldig geworden ist, der Verzeihung braucht und selber Verzeihung gewährt hat (die Vergangenheitsform: „erlassen haben" wird von den beiden ältesten und besten Handschriften des Neuen Testaments verwendet und ist darum wohl die ursprüngliche Form der Bitte).

Das Vaterunser erweist sich als eine schlichte Anrede Gottes, die in einfachen Bitten ausspricht, was wir von Gott erwarten sollen und erwarten dürfen.

Im *Kaddisch* fallen zunächst die Übereinstimmungen mit dem Vaterunser auf. Auch hier ist vom Namen, vom Willen, von der Herrschaft (dem „Reich") Gottes die Rede. Aber es fehlen die Bitten des brotbedürftigen und sündigen Menschen. Auch erwartet dieses Gebet den Anbruch der Herrschaft Gottes „zu euren Lebzeiten und zu euren Tagen". Eine derartige Erwartung findet sich auch in den späteren Psalmen des Alten Testaments, zum Beispiel in Ps 37. Dort wird den Gerechten (die sich den Bösen gegenübergestellt sehen und unter ihnen leiden) fünfmal verheißen: „... sie werden das Land erben." Diese Verheißung finden wir wieder in den Seligpreisungen der Bergpredigt (Mt 5,5): „Selig die Sanften, denn sie werden das Land erben."[27] Im Gesamt der Verkündigung Jesu gewürdigt, scheinen auch die Seligpreisungen auf ein von Gott gewirktes, in der (angebrochenen!) Endzeit geschehendes Heilsereignis zu verweisen. Das würde den Glauben Jesu von dem seiner jüdischen Umwelt abgrenzen. Dennoch sind wir uns mit den Juden im Gebet darin einig, daß Gottes Herrschaft „in Eile und Bälde" anbrechen soll.

Zum jüdischen Gebet gehört auch, daß dreimal täglich das „Höre, Israel" rezitiert wird. Darin wird das Dtn 6,4 vorgetragene Gebot der Gottesliebe memoriert: „Und lieben sollst du Jahweh, deinen Gott, mit deinem ganzen Herzen, mit deiner ganzen Seele, mit deiner ganzen Kraft!" Dieses Gebot, das auch von Jesus als das größte Gebot bezeichnet wurde, ist vielen Christen seinem Wortlaut nach gar nicht mehr bekannt. Eine Umfrage in Realschul-Klassen der Stadt Mainz, auch solchen, in denen Abiturienten und ehemalige Realschüler unterrichtet werden, ergab, daß kein einziger Schüler dieses Gebot kannte. Warum lernen wir die Zehn Gebote und kennen das Gebot der Nächstenliebe, aber nicht das „Große Gebot", das ihr Fundament ist? Da für uns die Juden nicht mehr die Ungläubigen und Treulosen sind (wie sie in den Karfreitags-Fürbitten vor der Liturgiereform bezeichnet wurden), sondern wir Respekt haben vor dem Glauben, den sie in mehr als einem Jahrtausend der Verfolgung bewahrt haben, sollten wir auch hier von ihnen lernen.

Der Islam kennt das individuelle Gebet, das jeder selbst formuliert, und das rituelle Gebet, das den Namen *Salāt* trägt. Es gibt verschiedene Arten „ritueller Gebete". Fünfmal täglich hat jeder Moslem das „rituelle Gebet" zu ver-

---

[27] Die Einheitsübersetzung sagt interpretierend: „Wohl denen, die keine Gewalt anwenden, denn sie werden das Land erben."

richten. Es ist seine spirituelle Nahrung. Beim Gebet des Moslems wird noch deutlich gezeigt, daß Körper *und* Herz beten müssen. Im Salāt erfolgt Anbetung, übergibt sich der Moslem Gott, verspricht er, seinem Willen zu gehorchen, Gerechtigkeit auszuüben und barmherzig zu sein gegenüber den Armen, wie Gott selber barmherzig ist.

Diesem Gebet geht eine Waschung voraus. Der Betende soll ein einfaches Gewand tragen und sein Gebet möglichst an einem geheiligten Ort verrichten. Der zum Gebet ausgerollte Teppich stellt diesen heiligen Ort dar. Es soll möglichst in Gemeinschaft gebetet werden und in Richtung auf das Heiligtum des Islam in Mekka.

Die feierliche Einleitungsformel „alahu akbar" kommt im Gebet etwa weitere zwanzigmal vor. Der „größte Gott" des Islam erinnert an den alttestamentlichen Gottesnamen „höchster Gott". Diesem höchsten Gott diente der Priesterkönig von Jerusalem, Melchisedek, und mit der Eroberung Jerusalems durch David fing auch Israel an, Gott mit diesem Namen anzurufen. – Die einzige dem Moslem erlaubte Bitte lautet: „Führe mich auf dem rechten Weg" oder „Leite mich auf dem rechten Pfad".

Bei der Schlußformel des Gebets „Friede und Erbarmen Gottes über euch", die zweimal gesprochen wird, wendet sich der Betende zuerst nach links und dann nach rechts.

Es fällt gegenwärtig nicht leicht, dem Islam positiv gegenüberzustehen. Aber gerade dort, wo durch Fundamentalismus und Aggressivität Antipathie hervorgerufen wird, sollte sich ein Christ darauf besinnen, welche ernsthafte Frömmigkeit und welche Mystik und was für ein radikaler Glaube an den einen Gott den Islam charakterisieren.

An der zitierten Salāt lassen sich die Bezüge zum Alten Testament leicht erkennen. Die Barmherzigkeit Gottes ist das zentrale Thema der Psalmen, und hiervon ist die Botschaft Jesu zutiefst geprägt. Auch daß wir Gott loben und um seine Hilfe rufen, haben wir mit den Moslems gemeinsam. Schließlich segnen wir, wie auch sie, mit dem Friedenswunsch. Ps 128 schließt mit dem Segensruf: „Friede über Israel." Der Friedenswunsch des auferstandenen Jesus, der seinen Jüngern erscheint, ist in die Liturgie der christlichen Kirchen eingegangen.

Zusammenfassend läßt sich sagen, daß dem geformten Gebet oder, wie für *Salāt* gesagt, dem rituellen Gebet große Bedeutung zukommt. Ohne die bleibende Orientierung an den Riten unserer Kirche wäre unsere persönliche Frömmigkeit gefährdet, könnte leicht banal und oberflächlich werden.

Dennoch bedarf es nicht nur des gemeinsamen Betens in der Gemeinde, wenn diese die Liturgie feiert, sondern ebensosehr des persönlichen Gebets in der Familie und des Gebets, das einer allein spricht. Da ist in der letzten Generation viel verlorengegangen. Können wir es zurückgewinnen? Ohne das Gebet in der Familie und das persönliche Beten gerät der Glaube in unserm Land in Gefahr, einzutrocknen und auszusterben.

Beten lernt man als Kind, indem man zunächst beim Gebet der Eltern dabei ist und die körperliche Geste, das „Aufheben der Hände" oder „Händefalten" mitvollzieht. Ein Kreuz auf die Stirn gezeichnet zu bekommen und später selber das Kreuzzeichen zu schlagen, ist keine Äußerlichkeit. Als ein Laie, der die Kinder im Gottesdienst seiner Pfarrei betreute, anfing, jedem von ihnen am Schluß des Gottesdienstes ein Kreuz auf die Stirn zu zeichnen, spielte sich wie von selbst ein, daß am Schluß jedes Gottesdienstes die Kinder zu ihm nach vorn drängten, um sich diese Zeichen geben zu lassen. Sie mögen darin persönliche Annahme, Zärtlichkeit, Abschied und segnende Begleitung für das Weggehen in den Tag und in die kommende Woche erfahren haben. – Wenn Mutter oder Vater dem Kind ein Kreuz auf die Stirn zeichnen, deuten sie damit an, daß sie nicht in der Lage sind, es selber zu beschützen, und es deshalb unter den Schutz Gottes stellen. Auch drücken sie damit ihren Glauben an das Kreuz und ihre Hoffnung auf das Kreuz aus, die Mitte unseres Glaubens, der auch der Glaube der Kinder werden sollte. Kinder, die beim Gebet zunächst nur dabei sind, lernen alsbald das Gebet mitzusprechen. Was sie zunächst nicht verstehen, gelangt im Lauf der Jahre zur Kenntnis.

Es gibt noch Familien, in denen Eltern und Kinder gemeinsam frühstücken, aber das ist sicher die Ausnahme. Wenn solche Familien mit einem gemeinsamen Morgengebet den Tag beginnen, so ist das eindrucksvoll und schön. Warum nehmen wir uns am Abend so viel Zeit für den Konsum und haben am Morgen keine Minute frei, uns mit Körper und Herz vor Gott zu stellen? Es kommt ja nicht darauf an, daß viel gesprochen wird, und auch nicht so sehr, daß überhaupt gesprochen wird, sondern daß der Beginn des Tages den eigentlichen, bleibenden Sinn unseres Lebens für einen Augenblick zum Ausdruck bringt. Wir leben vor Gott, unser Leben ist ein Auftrag und ein Dienst, in dem die Gottesliebe, zu der wir aufgerufen sind, im Dienst an den andern verwirklicht wird. Wir übernehmen diesen unsern Auftrag und wollen ihm – mit Gottes Hilfe – an diesem Tag entsprechen.

Für regelmäßiges gemeinsames *Beten am Morgen* sollte man sich eine Sammlung von Texten zusammenstellen. Dabei nutzen wir die Hilfe guter Gebetbücher.[28] Vielleicht ist es aber auf die Dauer besonders schön, einen Psalm im Wechsel zu sprechen. Wenn die Einheitsübersetzung des Alten Testaments zur Verfügung steht, wird sie benutzt. Der Text aus der Lutherbibel oder der Zürcherbibel ist aber mindestens ebenso gut und kann gerade in einer konfessionsverschiedenen Ehe oder Familie gebraucht werden.

---

[28] Z.B. Wir beten. Gebete für Menschen von heute, hrsg. v. M. Seitz u. a., Gladbeck [9]1984.

Wir stellen eine Liste der Psalmen zusammen, die sich besonders als Morgengebet eignen. Einige von ihnen sind zu lang oder enthalten Stellen, die schwer verständlich sind. Deshalb werden Kürzungsvorschläge gemacht, indem die Verse genannt werden, die sich zum gemeinsamen Gebet besonders eignen:

Ps 8; Ps 19; Ps 23; Ps 65 (evtl. gekürzt: 7–14); Ps 85,8–14; Ps 92,2–7.13–16; Ps 98; Ps 100 (bes. sonntags); Ps 103, 1–5.13.14.19–22; Ps 108,2–7; Ps 113; Ps 146; Ps 150.

Das *Tischgebet* beim gemeinsamen Mittagessen oder Abendessen ist in manchen Familien erhalten geblieben. Hier ist wohl auch die Stelle, an der man am ehesten ansetzen kann, um wieder gemeinsames Gebet zu praktizieren. Die Möglichkeit ist gerade dann auch sinnvoll zu nutzen, wenn die Kinder und Enkel zu Besuch kommen, die selber zu Hause vielleicht nicht mehr beten, aber dies nicht, weil sie keinen Glauben hätten oder nichts mit Gott zu tun haben wollen, sondern weil sie den Mut dazu nicht finden und die falsche „religiöse Diskretion" nicht zu überspringen vermögen. Außer den üblichen und weithin noch bekannten Tischgebeten eignen sich auch sehr Psalm 128 oder Psalm 145,1–3.10–17.21. Aus dem Psalm 145 ist auch eines der verbreitetsten Tischgebete entnommen.

Wenn sich nach Tisch nicht alles „auflöst", sondern man das Mahl gemeinsam beendet, wäre das gemeinsam gesprochene Vaterunser ein guter Abschluß.

Ein Tischgebet ist natürlich nur dann sinnvoll (und könnte hierfür eine heilsame Erinnerung sein), wenn beim Miteinanderessen auch eine Gemeinschaft der Zuneigung, der liebevollen Annahme des andern, der Bereitschaft, ihm zuzuhören, gegeben ist und wenn man Zeit hat, es sich gut schmecken zu lassen. Bei Tisch ist eine der Grundregeln humaner Lebensführung besonders wichtig: daß man nämlich nur eines auf einmal tut. Zeitungen und Fernsehen passen nicht zur gemeinsamen Mahlzeit. Aber ein Tischgespräch, bei dem jeder zu Wort kommt, drückt die Freude und Zuneigung angemessen aus, die unsere Mahlzeiten tragen sollen.

Der Fernsehabend, das abendliche Ausgehen und das Heimkommen zu verschiedenen Zeiten, haben leider auch dem gemeinsamen Abendgebet seinen Ort genommen. Nun ist aber das *Abendgebet* besonders geeignet, daß wir uns auf unsere Situation als sterbliche Menschen und auf unsere Vergänglichkeit besinnen. Vergänglich sind unsere Konflikte, so daß zum Abend das Einander-Verzeihen gehört. Dadurch bereiten wir vor, daß am Morgen jedem von uns ein neuer Anfang geschenkt ist. Zu-Bett-Gehen sollte man in Frieden. Der Friede ist die beste Voraussetzung für einen guten Schlaf. Zur Wiederherstellung des Friedens ist die Aussprache miteinander als ein Teil des Gebets eine gute Übung. Das Abendgebet ist auch die Gelegenheit, bei der für die Familienmitglieder, für die Freunde und Verwandten, für die Notleidenden, für alle Menschen Fürbitten gesprochen werden. Jeder der Betenden sagt eine Bitte in der einfachen Form vor: „Für unsern Jochen, der zur Zeit mit dem Auto unterwegs ist ...", oder „Für die Menschen, die beim Flugzeugabsturz ums Leben gekommen sind, und für ihre Angehörigen ...", und alle antworten: „Wir bitten dich, erhöre uns!"

Eine Zeitlang wurde für das Gebet mit Kindern empfohlen, sie beim Abendgebet Gott alles erzählen zu lassen, was sich am Tag ereignet hat, das Schöne und das Unschöne. Dadurch sollte, so meinte man, das spontane, freie Beten vorbereitet werden. – Wir haben bei unserm jüngsten Kind die Erfahrung gemacht, daß es die Aufforderung der Mutter, es dürfe Gott jetzt alles erzählen, was am Tage geschehen sei, mit dem erstaunten Hinweis beantwortete: „Aber das erzähle ich doch alles dir!" Vielleicht hat das Kind damit einen wertvollen Hinweis auf die Stellvertreterfunktion gegeben, die Mutter und Vater für das Kind haben. Sie hören ihm in der Tat an Stelle Gottes zu, oder anders gesagt:

Wenn Mutter oder Vater zuhören (nämlich: wirklich mit wachem Interesse zuhören), dann hört auch Gott zu.

Das gleiche gilt übrigens für das Einanderverzeihen. Wo ein Mensch verzeiht, dem wir unrecht getan haben, da hat auch Gott verziehen, und wo Menschen sich versöhnen, sind sie auch mit Gott versöhnt.[29]

Auch für das Abendgebet gibt es geeignete Psalmen, die man im Wechsel miteinander sprechen kann. Vielleicht übernimmt es ein Kind, Gebetbücher für die Familie herzustellen und zu vervielfältigen. Folgende Psalmen scheinen für das Abendgebet geeignet (bei einigen wird wiederum eine Kürzung vorgeschlagen): Ps 4; Ps 13,4-6(!); Ps 16,5-11; Ps 61,2-5; Ps 62,2.3.6-13; Ps 63,1-9; Ps 90,1-6.10.12-17; Ps 91; Ps 103,1-5.10-22; Ps 121; Ps 127,1.2; Ps 130; Ps 131; Ps 134; Ps 139.

Leider ist es selten, daß in der Familie gesungen wird. Wo aber gemeinsames Singen und Musizieren noch zur Familienkultur gehört, könnte man beim gemeinsamen Gebet singen: Es gibt schöne Morgen- und Abendlieder, auch solche, die man im Kanon singen kann.

Vielleicht ist es nützlich, an einem Psalm aufzuzeigen, wie durch ihn unser Beten und Glauben von einer sehr alten Tradition her geprägt und erneuert werden kann. Wir nehmen dazu den Psalm 103 in der Form der Einheitsübersetzung.[30]

---

[29] Damit soll natürlich nicht an der Grundeinsicht der Theologie der Bibel gerüttelt werden, daß Sünde ein Schuldigwerden vor Gott ist und deshalb Gott selbst um sein Erbarmen gebeten werden muß. Aber sicher will Gott nicht um Erbarmen gebeten werden, wenn die Versöhnung mit dem Menschen nicht erfolgt, dem Unrecht getan worden ist.

[30] Wer ältere katholische Ausgaben der Heiligen Schrift benutzt, muß bei fast allen Psalmen eine Ziffer abziehen, um sie zu finden. In unserm Fall muß er also den Psalm 102 aufschlagen. Das liegt daran, daß die hebräische Bibel anders zählt als ihre griechische und lateinische Übersetzung. Moderne Übersetzungen sind aber alle nach dem Text der hebräischen Bibel gemacht.

Psalm 103

1 Lobe den Herrn, meine Seele,
und alles in mir seinen heiligen Namen!
2 Lobe den Herrn, meine Seele,
und vergiß nicht, was er dir Gutes getan hat:
3 der dir all deine Schuld vergibt
und all deine Gebrechen heilt,
4 der dein Leben vor dem Untergang rettet
und dich mit Huld und Erbarmen krönt,
5 der dich dein Leben lang mit seinen Gaben sättigt;
wie dem Adler wird dir die Jugend erneuert.
6 Der Herr vollbringt Taten des Heiles,
Recht verschafft er allen Bedrängten.
7 Er hat Mose seine Wege kundgetan,
den Kindern Israels seine Werke.
8 Der Herr ist barmherzig und gnädig,
langmütig und reich an Huld.
9 Er wird nicht immer zürnen,
nicht ewig im Groll verharren.
10 Er handelt an uns nicht nach unsern Sünden
und vergilt uns nicht nach unsrer Schuld.
11 Denn so hoch der Himmel über der Erde ist,
so hoch ist seine Huld über denen, die ihn fürchten.
12 So weit der Aufgang entfernt ist vom Untergang,
so weit entfernt er die Schuld von uns.
13 Wie ein Vater sich seiner Kinder erbarmt,
so erbarmt sich der Herr über alle, die ihn fürchten.
14 Denn er weiß, was wir für Gebilde sind;
er denkt daran: Wir sind nur Staub.
15 Des Menschen Tage sind wie Gras,
er blüht wie eine Blume des Feldes.
16 Fährt der Wind darüber, ist sie dahin;
der Ort, wo sie stand, weiß von ihr nichts mehr.
17 Doch die Huld des Herrn währt immer und ewig für alle, die
ihn fürchten und ehren;
sein Heil erfahren noch Kinder und Enkel;
18 alle, die seinen Bund bewahren,
an seine Gebote denken und danach handeln.

19 Der Herr hat seinen Thron errichtet im Himmel,
seine königliche Macht beherrscht das All.
20 Lobt den Herrn, ihr seine Engel,
ihr starken Helden, die seine Befehle vollstrecken, seinen Worten gehorsam!
21 Lobt den Herrn, all seine Scharen,
seine Diener, die seinen Willen vollziehen!
22 Lobt den Herrn, all seine Werke,
an jedem Ort seiner Herrschaft!
Lobe den Herrn, meine Seele!

Für die Ostkirchen hat dieser Psalm eine besondere Bedeutung. Der Chor singt ihn am Beginn der Sonntagsliturgie, also am Beginn des Wortgottesdienstes vor der Eucharistiefeier. Während die Liturgie der lateinischen Kirche auffordert, sich auf die eigene Schuld zu besinnen, und ein „Bekenntnis" sprechen läßt, dem die Bitte um Sündenvergebung folgt, läßt sich die Ostkirche die Vergebung in den Versen 3.10–13 dieses Psalms zusprechen. Die „Seele" lobt Gott dafür, daß er „all deine Schuld vergibt" und Schuld so weit von uns entfernt, wie der Sonnenaufgang vom Sonnenuntergang entfernt ist.[31]

Seine „Seele" fordert der Beter am Anfang und am Ende des Psalms auf, Gott zu „segnen" (dies ist die eigentliche Bedeutung des hebräischen Verbums). Das Alte Testament versteht unter Seele etwas anderes als unsere Philosophie. *Näphäsch* (= Seele) bedeutet den Atem, die ganze Lebenskraft und Lebensbegierde eines Menschen. So wie nach der Geschichte vom Paradies der Mensch erst lebendig wird, als ihm Gott den Atem in die Nase bläst, so stirbt er nach der biblischen Vorstellung, wenn ihn sein Atem verläßt, wenn er den letzten Atemzug tut. Die Melodie, nach der die Liturgie der griechischen Kirche singt, hat den Charakter

---

[31] Der Ps 103 ist übrigens auch unter Nr. 742 im „Gotteslob" abgedruckt und hat dort einen „Rahmenvers" erhalten: „Der Herr vergibt die Schuld und rettet unser Leben."

eines Aufrufs: Die Singenden rufen gemeinsam und einander steigernd ihre Lebenskraft, ihren Atem herbei zu Segnungen Gottes und aller Wohltaten, die er uns erwiesen hat.

In Lob und Dank ist die Bibel stets sehr konkret. Sie bekennt bestimmte Heilstaten Gottes an seinem Volk und – später – auch die Taten Gottes am einzelnen Menschen, der sich zu seinem Preis erhebt. Als Gottes Wohltaten werden der Reihe nach aufgezählt: das Vergeben der Schuld, die Heilung der Krankheiten [32] und die Rettung vor dem Tod. Speise und Trank machen, daß der Mensch immer von neuem auflebt; wenn er vor Hunger alt und schwach geworden ist, so wird er gesättigt wieder jung. Die dauerhafte Jugend wird dem Adler zugebilligt: sei es, daß daran gedacht ist, daß dem Adler in der Mauser die Federn neu wachsen (so Hermann Gunkel), sei es, daß daran gedacht ist, wie kraftvoll sich der Adler mit seinen Flügeln emporschwingt (so Hans-Joachim Kraus mit Verweis auf Jesaja 40,31: „Die aber, die dem Herrn vertrauen, schöpfen neue Kraft, sie bekommen Flügel wie Adler").

Was in den Versen 4, 11 und 17 mit „Huld" übersetzt wird, heißt im Hebräischen „*chäsäd*", ein Wort, das in der Bibel oft vorkommt und gewöhnlich mit Huld, Güte oder Gnade übersetzt wird. Nun bedeutet *chäsäd* aber dasjenige Verhalten Gottes, das er als ein treuer Partner des Menschen hat, seine absolute Zuverlässigkeit, mit der der Mensch rechnen darf, der ja auf Gott angewiesen ist. Diese Zuverlässigkeit sollte auch beim andern Partner gegeben sein. Deshalb gibt es auch die *chäsäd* des Menschen Gott gegenüber, nämlich das Verhalten, das dem Menschen zusteht, den Gott seiner Partnerschaft gewürdigt hat. Die

---

[32] Sünde und Krankheit stehen für den alttestamentlichen Menschen in einer engen Verbindung: Wer sündigt, wird krank, und wem die Schuld vergeben wird, der kann von der Krankheit wieder genesen.

zuverlässige „Huld" des göttlichen Partners währt, wie Vers 17 preisend ausspricht, über die ganze Zeit hin, nämlich solange es Welt und Menschen gibt. Das ist der Unterschied zwischen Gottes *chäsäd* und der kurzen Dauer unseres Lebens. Wenn Gottes *chäsäd* über unsern Tod hinaus dauert, so gehört es zur dankbaren Erkenntnis des Psalms, daß auch diejenigen, die nach uns leben, von ihr umgeben sein werden, und es spricht sich doch wohl schon die Hoffnung aus, daß wir im Tod von seiner Huld begleitet werden. Der Glaube an die Auferweckung der Toten bricht sich erst zur Zeit Jesu Bahn und wird von Jesus selbst entschieden vertreten.

In den letzten vier Versen wird nach jener Vorstellung gesungen, die der biblische Mensch von Gott hat: Gott beherrscht von seinem himmlischen Thron aus das All, ihm gehorchen Engel und himmlische Scharen.[33] Wenn alle Werke Gottes an jedem Ort seiner Herrschaft aufgerufen werden, dann wendet sich der Aufruf zurück an Lebenskraft und Atem (= Seele) des Menschen, so daß der Psalm so schließt, wie er begonnen hat.

Augustinus hat über jeden der Psalmen gepredigt, sogenannte *Enarrationes* gehalten.[34] Das „alles in mir" von Vers 1 ist Augustinus Anlaß zu fragen, was denn das Innere des Menschen ist, das hier anfängt Gott zu loben. Es ist das „Herz" oder „deine Seele selbst". „Dem, was in dir ist, fehlt niemals derjenige, der hört." Zwar wird unsere Stimme zeitweilig schweigen, aber das braucht nur für den äußeren Ton zu gelten, den wir erklingen lassen. „Der Zeit nach wechselt der Klang der Stimmen (nämlich: sie ertönen und sie verstummen), ohne Ende sei die Stimme, die von innen her ertönt." Die Seele des Menschen tönt das Lob Gottes

---

[33] Der Gott der Scharen ist der „Gott S^ebaoth", dem das Sanctus der Messe das Dreimal-Heilig entgegenruft.
[34] Man findet diese *„Enarrationes in Psalmos"* lateinisch oder in deutscher Übersetzung in den Fachbibliotheken.

weiter, auch wenn er die Kirche und ihre Liturgie verlassen hat. Augustinus erwägt, der Aufforderung des Paulus gedenkend, wie es möglich ist, unaufhörlich zu beten: „Du gehst deiner Arbeit nach – deine Seele möge Gott loben. Du nimmst Speise zu dir – schau, was der Apostel sagt: Ob ihr eßt, ob ihr trinkt, alles tut zur Ehre Gottes (1 Kor 10,31). Ja, ich sage sogar: Wenn du schläfst, so möge deine Seele den Herrn segnen ... deine Unschuld ist es, die, auch wenn du schläfst, die Stimme deiner Seele ist." – Nun ist es aber nicht so, als ob Gott unser Lob nötig hätte: „Gott will gelobt werden, und dies, damit du davon einen Fortschritt hast, nicht, damit er erhöht werde. Nicht will er von dir das haben, was ihm Vermehrung brächte, sondern das, was dich zu ihm gelangen läßt." Eine feinsinnige Beobachtung gibt Augustinus zu der Aussage von Vers 15, daß der Mensch vergeht wie das Gras: „Das, was sehr schön ist, das fällt auch schnell." Und wenn es um die „Gebote" geht, an die Vers 18 die Gewährung der göttlichen Huld bindet, so sagt Augustinus: „Denke nicht an die Vielzahl von Zweigen (= die Vielzahl der Vorschriften); an der Wurzel halte fest (= an der Liebe), und es ist der ganze Baum in dir."

Psalm 103 gehört zu den Texten der Schrift, die man im Lauf der Jahre immer lieber gewinnt, je mehr man mit ihnen umgeht. Solche Psalmworte werden zum inneren Eigentum. Man gebraucht sie nicht mehr als Formeln, sondern sie kommen spontan und frei, wenn „das Herz" sie braucht.

3

Meditation

3.1 Meditation – was ist das?

Vor fünfzig Jahren begegnete das Wort Meditation im deutschen Sprachgebrauch für christliche Vollzüge so gut wie nicht. Priester, Ordensleute und Laien (letztere nur bei besonderem spirituellem Engagement) übten die „Betrachtung". Die Betrachtung ging von den Sinnen aus, und wurde über eine Begebenheit der Evangelien betrachtet, so hatte man sich alles genau vorzustellen, was es zu sehen, zu hören, zu ertasten gibt. Über die so sinnenhaft verlebendigte Wirklichkeit, zum Beispiel eine Krankenheilung Jesu, wurde sodann nachgedacht, damit die Wahrheit sich öffnet. In einem zweiten Schritt sollte die Wahrheit gefallen, das heißt die Gefühle oder das Gemüt des Menschen erfüllen. Gegen Ende der Betrachtung ging es schließlich darum, daß „die Wahrheit bewegt", nämlich zu Vorsätzen und Entschlüssen, aus denen gute Taten hervorgehen. Der Rat des im geistlichen Leben erfahrenen Lehrers (des „Spirituals") ging dahin, daß man täglich morgens vor der Feier der Heiligen Messe wenigstens eine halbe Stunde die Betrachtung üben sollte. Als Haltung dafür wurde das Knien bevorzugt. Solche Betrachtung, auf die man Theologiestudenten oder Teilnehmer an Exerzitien durch abendliche Vorträge vorbereitete (die sogenannten „Betrachtungspunkte"), wurde nicht für schwierig gehalten, und wenn es nicht gelang, dann lag das entweder an mangelnder Bereitschaft, sich zu konzentrieren, oder es hatte sich seelische „Trockenheit" eingestellt. Da galt es, nicht nachzugeben, sondern darauf zu warten, bis die Zeit der Trockenheit vorüber ist und Gott von neuem Einsichten, Empfindungen und Entschlüsse schenkt.

Diese Art der Betrachtung gibt es erst seit dem Mittelalter. Sie gelangte über Ignatius und seinen Orden zur Anerkennung und großen Verbreitung. Jedoch stellte sich heraus, daß die Trockenheit bei vielen, die Betrachtung übten, eben nicht nur vorübergehend war, sondern sich lebendige Phantasiebilder, Gefühle und Entschlüsse eben nicht auf Wunsch beibringen ließen. Von psychotherapeutischer Seite her (Albert Görres) wurde auch der Einwand vorgebracht, man solle die Affekte nicht manipulieren. Schließlich wurden östliche Formen der Meditation von uns übernommen. Der Benediktiner-Pater Jean M. Déchanet[1] schrieb ein Buch „Yoga für Christen", und über Eugen Herrigel[2] wurde „Zen in der Kunst des Bogenschießens" bekannt. Graf Dürckheim gestaltete unter Verwendung von Elementen des Zazen (der Meditation im Sitzen) seine Initiatische Therapie.[3]

Die älteste Art von Meditation der Christenheit, nämlich die Schriftrezitation der ägyptischen Mönche vom vierten Jahrhundert an, wurde durch die Benediktiner Emmanuel v. Severus[4] und Fidelis Ruppert[5] vorgestellt. Durch die Herausgabe wichtiger Quellenschriften, nämlich der Regel des ersten Klostergründers der Christenheit, des Pachomius, und des Buches, das sein Nachfolger Orsiesius verfaßt

---

[1] Yoga für Christen. Die Schule des Schweigens, Luzern ⁵1961.
[2] Weilheim 1948, München ¹⁵1972.
[3] Meditieren wozu und wie. Die Wende zum Initiatischen, Freiburg u. a. 1976.
[4] Das Wort ‚Meditari' im Sprachgebrauch der Heiligen Schrift, in: Geist und Leben 26 (1953), 365–375.
[5] Meditatio-Ruminatio. Zu einem Grundbegriff christlicher Meditation, in: Erbe und Auftrag 53 (1977), 83–93.

hat, hat der Jesuit Heinrich Bacht den Zugang zu dieser alten Form der Meditation eröffnet.[6]

Auf die von v. Severus, Ruppert und Bacht wieder vorgestellte älteste Art christlicher Meditation wollen wir gleich noch ausführlich eingehen. Zuerst richten wir aber unser Augenmerk auf den außerordentlich breiten und diffusen Gebrauch, den die Begriffe „Meditation" und (noch mehr) „meditativ" heute gefunden haben. Meditation ist geradezu zu einer Mode geworden. Da zeigt sich ein tiefes Bedürfnis heutiger Menschen, nicht immer nur mit dem Verstand tätig zu sein, und es kommt ein Überdruß an der Technik zum Vorschein, von der man sich bedroht, ja überwältigt fühlt. Das neue Zeitalter des Wassermanns soll auch zu einem „neuen Bewußtsein" verhelfen. Über die verschiedenen Erscheinungsformen dieses *New Age* informieren Bücher von Josef Sudbrack[7] und Günther Schiwy[8]. Aber auch im Bereich der Kirchen, im Gottesdienst, in der Predigt, in der Jugendarbeit, bei Veranstaltungen, im Religionsunterricht gibt es viel „Meditatives". Man sucht statt einer Diskussion zu einem meditativen Gespräch zu gelangen. Damit ist gemeint, daß man besser aufeinander hört, sich mehr Zeit läßt, geduldiger ist und auf abweichende Meinungen nicht sofort heftig reagiert. Ein meditatives Gespräch ist nicht wie eine Linie, die einen Anfangspunkt und einen Endpunkt miteinander verbindet (kürzester Weg zum Ziel), sondern sie umkreist ihr Thema und läßt sich Zeit, es von allen Seiten her in den Blick zu bekommen. – Predigten werden dann meditativ genannt, wenn eine

---

[6] Das Vermächtnis des Ursprungs, Würzburg 1972 (Orsiesius); Das Vermächtnis des Ursprungs, II, Würzburg 1983 (Pachomius).

[7] Neue Religiosität – Herausforderung für die Christen, Mainz 1987.

[8] Der Geist des Neuen Zeitalters. New-Age-Spiritualität und Christentum, München 1987. – Vgl. auch die New-Age-Kritik von Christof Schorsch, Die New-Age-Bewegung. Utopie und Mythos der Neuen Zeit, Gütersloh 1988.

Breite von Impulsen von ihnen ausgeht, wenn sie den ganzen Menschen ansprechen und wenn in ihnen nicht nur Theologie zur Sprache kommt, sondern das Unbewußte sich äußert und auch angesprochen wird.[9] – Sogenannte Bildmeditationen verlaufen gewöhnlich so, daß man ein Bild, meist ein Diapositiv, das an die Leinwand geworfen wird, eine Zeitlang ruhig anschaut. Dann sagt einer etwas zu dem Bild, das gerade auch die Betroffenheit der Anwesenden anspricht, oder es wird ein ruhiges Gespräch darüber geführt. Bei den sogenannten „Tonbildern" wird zu den Diapositiven eine Cassette mitgeliefert, auf der ein geschulter Sprecher einen Text zu den Bildern verliest und meist auch Musik erklingt, durch die die Betrachtung des Bildes affektiv angeregt werden soll.

Gesammeltes Hören von Musik kommt schon näher an den eigentlichen Sinn von Meditation heran. Die konservierte Musik macht es möglich, mit halbem Ohr hinzuhören. Setzt einer seine volle Aufmerksamkeit ein, so erschließt sich ihm die Symbolik, die sich der aufmerksamen Wahrnehmung kundgibt und vom Verstand höchstens nachträglich und auch dann nur angenähert eingeholt werden kann.

Die Musik löst das Problem, wie ein Text, der einsinken soll, dauern kann. Im Gregorianischen Choral verweilt die sogenannte „Melisme" mit gelegentlich 25 Tönen auf der gleichen Silbe, zum Beispiel wenn am Pfingstsonntag vor dem Evangelium gesungen wird „Komm Heiliger Geist! Erfülle die Herzen deiner Gläubigen und entzünde in ihnen das Feuer deiner Liebe! – Veni, Sancte Spiritus! Reple tuorum corda fidelium et tui amoris in eis ignem accende!" Von dem wichtigsten Wort: „Liebe = amoris" kann der Gesang gar nicht weggehen. Das „O" wird durch dieselbe Figur geschmückt, die schon vorher beim „Alleluja" erklungen

---

[9] Es wird vom „dritten Auge" oder vom „Auge im Bauch" gesprochen.

ist. Uralte Erfahrung, die aus Indien zu uns gekommen ist und auch den ältesten Mönchen bekannt war, weiß darum, daß das Summen des „O" den ganzen Menschen in Schwingung versetzt. Besondere Gelegenheit zu meditativem Zuhören gibt die geistliche Musik von Schütz, von Bach und von Mozart. Alfred Dürr, der Interpret der Kantaten von Bach[10], spricht von „meditativen Arien".

Bei Texten kann man auch verweilen, indem man sie schreibt. Einen Schrifttext, der mich anspricht, mit ruhiger Handschrift und wohlgeordnet auf ein schönes Blatt Papier zu schreiben und ihn vor mir aufzuhängen, ist eine gute Übung. – Ebenso kann man „sein Leben meditieren", indem man die Freude, die einen erfüllt, oder den Schmerz, der einen bewegt, das Problem, das man nicht lösen kann, auf einem Papier aufschreibt: „Warum bin ich jetzt traurig? Was steht mir im Wege? Was kann ich anders machen?" Dies ist „meditativ", insofern ruhig nachgedacht wird und der Nachdenkende sich Zeit läßt. Insofern wir sowohl beim konzentrierten Denken wie auch bei ermüdender körperlicher Arbeit verkrampft sind, angespannte Muskeln haben, wird auch körperliche Entspannung als Meditation empfunden: meditative Gymnastik, meditatives Tanzen und Yoga werden in diesem Sinn praktiziert.

All dem, was wir im Vorgehergehenden aufgezählt haben, ist gemeinsam, daß der aufgeführte, äußerlich wahrnehmbare Vorgang mit einem inneren Geschehen derart verbunden ist, daß der äußere Vorgang das Innere beruhigt, daß er insbesondere Vorgänge gefühlshafter oder gemüthafter Art anstößt, die sonst nicht zu ihrem Recht kommen und von denen man annimmt, daß sich in ihnen die Tiefe der menschlichen Person ausspricht oder von ihnen angesprochen wird, daß hier der *ganze* Mensch zu seinem Recht

---

[10] Alfred Dürr, Die Kantaten von Johann Sebastian Bach, Kassel 1971 (jetzt auch bei dtv).

kommt. Meditation wird hier also in Gegensatz gestellt zum Denken, zur rational-diskursiven Steuerung des Lebens, zu technischen Vorgängen. Kritisches Nachdenken wäre hier ein Aussteigen aus dem Vorgang. Die Meditation würde dadurch gestört. Dadurch gerät natürlich solche Meditation in die Gefahr, nur Gefühle zu mobilisieren. Man spricht von den „Gefühlsnischen" der Frömmigkeit bestimmter Gebetskreise und spiritueller Gemeinschaften. Es ist bestimmt nichts Schlechtes, Gefühle zu haben. Aber Gefühle sind so richtig oder falsch wie die Wahrheits-Basis, auf der sie aufruhen, und sie sind so gut, wie der Wert ist, auf den sie zustreben. Nur „mit dem Herzen gut sehen", das wäre nur dann zu bejahen, wenn Herz im Sinn des Alten Testaments als verborgener Sitz des Denkens, Fühlens und Wollens verstanden würde.

Nur wenn man unter Meditation „Betrachtung" versteht, dann wird auch bei der Meditation nachgedacht. Dann kann auch ein Exeget sagen, seine den ganzen Tag über währende wissenschaftliche Beschäftigung mit der Heiligen Schrift sei „Meditation". Der moderne Sprachgebrauch bezeichnet jedoch dasjenige als „meditativ", bei dem das diskursive Denken mehr oder weniger schweigt. In der Meditation wird, so die moderne Auffassung davon, der ganze Mensch aktiv, gerade auch seine Sinne, sein Leib und (ganz besonders) seine Gefühle (Affekte). Eine wissenschaftlich-technische Zivilisation, die den Menschen funktionalisiert, damit er die erwünschte Leistung erbringt, ruft die Gegenbewegung von Meditation in diesem weiten Sinn des Wortes geradezu auf den Plan. Es ist gut, wenn wir es lernen, daß wir nicht nur für die Leistung und für den Verstand da sind und daß es in uns eine Tiefe gibt, die verschüttet ist und freigelegt werden muß.

Jedoch wird allzu vieles heute als Meditation bezeichnet, was seinen Wert keineswegs verlöre, wenn man es präzis als das benennen würde, was es ist, zum Beispiel als Bildbetrachtung oder als Musikhören.

Klemens Tilmann, der als erster in Deutschland mit Kindern meditiert hat[11], hat später auch eine Fülle meditativer Übungen mit Erwachsenen entwickelt.[12] In Anlehnung an Philipp Dessauer unterscheidet er dabei zwischen „naturaler Meditation" und „Glaubensmeditation". Das ist eine der Sachklärung dienende, inhaltlich richtige und in gewissem Maß auch wichtige Unterscheidung. Insofern aber Gott der Schöpfer der Natur ist und der gleiche Gott ist, der sich uns geoffenbart und uns erlöst hat, hat diese Unterscheidung auch wieder nur relative Bedeutung. Schon Augustinus hat darauf hingewiesen, daß Gott auch zu uns spricht, wenn wir im Buch der Natur lesen. Entscheidend ist vielleicht, mit welcher Einstellung einer zu meditieren beginnt. Tut er es „vor Gott", dann kann es sich um eine „naturale Meditation" handeln, und der Geist Gottes ist doch in ihr wirksam. Tilmanns Übungen kreisen alle um das Konzept der „Innerung". Tilmann will dazu anleiten, *daß wir in die Tiefe unser selbst gelangen*. Seine Übungen dienen dazu, uns vom Äußeren ins Innere gelangen zu lassen. Insofern läßt sich alles, was er unter „naturaler Meditation" versteht, auch *als Übung der Sammlung* bezeichnen. So wichtig und nützlich dies alles ist: es befindet sich noch im Vorraum dessen, was wir unter Meditation verstehen. Es ist noch nicht Meditation im strengen Sinn des Wortes.

Im folgenden nehmen wir zunächst zur Kenntnis, daß seit dem Spätmittelalter „die Betrachtung" als Meditationsform entwickelt wird, zum Beispiel durch Johannes Mauburnus[13], der zunächst den Wortsinn der Schrift entdecken

---

[11] Die Führung der Kinder zur Meditation, Würzburg 1960.
[12] Die Führung zur Meditation. Ein Werkbuch, Zürich u. a. 1971.
[13] Flämisch: Jan Mombaer, ca. 1460–1501. Sein Buch, von dem eine große Wirkung ausging, trägt den Titel *Rosetum exercitiorum spiritualium*.

läßt, um daraus einen Affekt der Frömmigkeit zu gewinnen. Das „Kauen" der Schrift und das darauf folgende Beten führen zum Handeln. Damit ist er ein direkter Vorläufer der Ignatianischen Methode. Das Meditationsverständnis von Mauburnus und Ignatius geht auf die mittelalterliche Unterscheidung von „*lectio–meditatio–oratio* = Lesung–Meditation–Gebet" zurück.

Unsere Auffassung von Meditation ist dem modernen Gebrauch des Wortes insofern ähnlich, als es ihr um die ältere Weise der Meditation im Christentum geht, bei der das Denken gerade keine wesentliche Rolle spielt. Spekulationen über die Schrift nennen die in der Sammlung „Worte der Väter" zitierten ägyptischen Meister der Meditation „steril". So sagt ein alter Mönch zu seinem jüngeren Bruder, der über den Sinn eines Schrifttextes nachdenkt: „Laß das, bekämpfe deine Verkehrtheit, und Gott wird es dir hell machen. Gott wird dir das oben und das unten offenbaren." Ein anderer sagt: „Es ist nicht die Intelligenz, die verstehen macht, sondern die innere Bereitschaft des Herzens."[14] Damit ist keineswegs gesagt, man solle überhaupt nicht nachdenken, sondern es wird lediglich festgehalten, daß der Sinn der Heiligen Schrift nicht über Nachdenken zu erschließen ist, sondern im langen, lebensbegleitenden Umgang mit den Worten der Schrift schenkt Gott die Einsicht.

3.2 Die Aufgabe der Sammlung

Läßt sich die Aufgabe der Sammlung konkretisieren, ohne der Gefahr starrer Observanz von neuem zu erliegen oder

---

[14] Eine wichtige Fundquelle für die spirituelle Tradition ist (leider nur für Leser der französischen Sprache) das *Dictionnaire de Spiritualité*, ein vielbändiges Wörterbuch, von dem bisher gut die Hälfte vorgelegt worden ist. Das eben Zitierte findet sich in Band 4, S. 162, unter dem Stichwort „*Ecriture Sainte et vie spirituelle* – Heilige Schrift und geistliches Leben".

ein System der Selbsterlösung zu konzipieren? Andeutungen hierzu bleiben notwendig an subjektive Glaubhaftigkeit gebunden. Sie können ihre begrenzte Geltung nicht überschreiten. Dennoch scheint es Konkretisierungen zu geben, die für viele Menschen einer Epoche typisch sind.

Sammlung lebt aus *Stille, Schweigen*, Geschehen-Lassen. Schweigen ist eine Funktion von hoher mitmenschlicher und gesellschaftlicher Relevanz. Denn ohne Stille werden wir alles verlieren, was die Welt zu humanisieren vermag. Außerdem droht ohne Stille die Bereitschaft zum Glauben zu schwinden. Geschwätziger Oberflächlichkeit wird Glaube nicht geschenkt; sie hat die Glaubensfähigkeit, mithin die Zukunft verloren. Stille oder Schweigen ist offensichtlich für die meisten über die sogenannte Betrachtung nicht mehr erreichbar. Die Erwägung von Inhalten, das Erwecken von Vorstellungen, die Reflexion der Lebensführung, die ethische Vorausplanung („ut veritas moveat") verlieren ihre Dominanz, werden nicht mehr durchgehalten, bleiben äußerlich und künstlich. Der moderne Weg zur Stille mag dem „einfachen Weg" Buddhas ähnlich sein, wie er in der Meditation des Zen tradiert wird. Seine Merkmale sind: Direktheit – Radikalität – Einfachheit. Es gibt nichts Radikaleres und Einfacheres, als sich entspannt hinzusetzen und zu schweigen. Allerdings ist das Einfachste oft am schwersten zu erlernen. Seine Intensität ist groß: man schreitet dabei nur langsam und mühsam fort. Wieder ist zu beobachten: Diese einfache Stille entfernt nicht von den Menschen und den Dingen, sondern bereitet gefülltere Zuwendung.

Daß Sprache auf Schweigen bezogen ist, dürfte leichter einzusehen sein, als daß mitmenschliche und gesellschaftliche Relationen und nüchterne Arbeit auf Schweigen angewiesen sind. Auf dem Weg der Analogie könnte die erste Einsicht zur zweiten weiterleiten.

Das schweigende Hören und Schauen zu lehren ist eine

der wichtigen religionspädagogischen Aufgaben, die noch kaum didaktisch erfaßt und methodisch reflektiert werden. Die von den USA rückwandernde Dominanz kognitiver Lernziele in der Lehrplan-Forschung könnte diese Aufgabe für länger verdecken! Für die Erwachsenenbildung stellt sich die Aufgabe, Wege zu suchen, wie solche schweigende Zuwendung erfahrbar gemacht werden kann. Sie sperrt sich jeglicher Indoktrination, behauptet sich aber – einmal erfahren – mit großer Kraft gegen das Vergessenwerden.

Sowenig Observanz erstrebt wird, so sehr ist *Stetigkeit* erfordert. Es muß Zeiten der Sammlung, der Stille, des Gebetes geben. Sie kehren in Intervallen wieder, es bildet sich ein *Rhythmus der Lebensführung* aus: der Abend (oder der Morgen), der Sonntag (dessen Rettung vielleicht eine der wichtigsten humanen Aufgaben ist), die Ferien. Es ist eine ethische Angelegenheit, die Chancen der Sammlung als Ermöglichung kraftvoller Zuwendung zur Welt wahrzunehmen. Ohne die Kräfte der Ordnung und Gestaltung, ohne Disziplin ist auch in der aus sich auf Ordnung angelegten technischen Welt nicht auszukommen. Es kommt allerdings darauf an, daß sich die Disziplin nicht gewalttätig gegen das Leben kehrt, sondern aufmerksam und behutsam dort eingesetzt wird, wo sich die Möglichkeiten dazu wie von selbst bieten, freilich nur dem Aufmerksamen sich bieten. Ordnung und Stetigkeit sind immer in Gefahr, zu geistloser Observanz abzusterben. Aber ihr Ursprung ist deutlich von Observanz unterschieden: Taizé hat Ordnung, steht aber noch *vor* der Observanz!

Stete Sammlung ist übrigens das sicherste, vielleicht sogar das einzige Mittel zur Überwindung der Sucht in ihren verschiedenen Gestalten. Die Warnung der synoptischen Evangelien vor Macht, Besitz und Genuß ist der Weltverneinung nur äußerlich ähnlich. Ihr geht es nämlich nicht um den Verzicht als solchen, sondern um die Freiheit des

Menschen für seine Zukunft, biblisch gesprochen: für das Königtum Gottes. – Wo Sammlung realisiert wird, dort schwindet erfahrungsgemäß Euphoriebedürfnis, das auf Genußmittel bezogen ist.

Ein in der Realität der Sammlung mitgegebener Test auf ihre Glaubhaftigkeit ist der dialektische *Bezug zur Sache und zum Mitmenschen*. Moderne weltoffene Sammlung ist in *Nüchternheit* zu realisieren, ohne Erbaulichkeit und Überschwang. Sie nimmt das Wirkliche, wie es ist. Sie wendet sich den Realitäten zu, statt zu theoretisieren. Durch solche Sammlung wird, wie oben schon angedeutet, die Disponibilität und Ansprechbarkeit gesteigert, ohne daß dies direkt angezielt werden müßte. Der Gesammelte erträgt sich selbst besser, hält es bei sich aus und ist darum auch für andere freier und nützlicher. Sammlung läutert weltfernen Idealismus zu nüchterner Alltagsbezogenheit. Ob gesellschaftliche Utopien real werden, entscheidet jener Umsetzungsprozeß, der in der Sammlung sich vollzieht.

Ebenso ist das Schweigen nicht als Abwendung vom Mitmenschen und von der Gesellschaft zu verstehen (die Methode, den andern oder die Welt auszuklammern, wäre ja gerade weltferne Innerlichkeit). Schweigen ist glaubhaft, indem es die *Bereitschaft für Mitmenschen und Gesellschaft* steigert, so wie Einsatz in der Gesellschaft das Bedürfnis nach Sammlung auf den Plan ruft und Voraussetzungen dafür anbietet. Weil einer gesammelt ist, darum ist er ganz bereit und zu kraftvollerem Einsatz fähig. Weil sich einer ganz einsetzt, ist er auf vollere Stille angewiesen. Wird das bestritten, so dürfte schlicht die Erfahrung darin zu dürftig sein. Der Zugang zur Stille ist vielleicht theoretisch verbaut.

Sammlung ist „in Dienst" genommen: sie *dient dem Ganzen*. Die charismatische Sammlung gläubiger Meditation, die Mystik der Orden, dient dem Ganzen der Kirche und über die Kirche, sofern diese ihren Auftrag ernst nimmt, der Gesellschaft. Daß allerdings der Dienst der Kirche an der Gesellschaft nicht mit den Forderungen der Gesellschaft an die Kirche identisch sein darf, wird kaum bestreiten, wer dem Evangelium einen echten Anspruch zubilligt.

Ein Spezifikum gläubiger Sammlung in ihrem Weltbezug scheint in der *Dankbarkeit* gegeben zu sein. Wie wesentlich sie für die biblische Art des Glaubens und des Gottesverhältnisses ist, kann auf verschiedene Weise reflex werden. Das „confiteri", das dankbare Rühmen der Taten Gottes, unterscheidet biblisches Beten von „religiöser Verrichtung".

Die Dankbarkeit, zu der Eltern ihren Kindern verhelfen, ist nach neueren religionspädagogischen Untersuchungen für die Grundlegung des Glaubens bedeutsam. Dankbarkeit und Gnade sind in der Sprache des Neuen Testaments schon vom Wort her aufeinander bezogen – beide gehören zum selben Stamm (charis–eucharistia).

Die Dankbarkeit des Christen (und nicht zunächst das Maß seiner aktiven Teilnahme an der Liturgie) ist schließlich auch die Art, in der er als Priester, der er ist, Gott Opfer bringt [Eph 5,20; 1 Petr 2,5]. An die Stelle des Kultes der Heiden und Juden ist der stete Vollzug der Dankbarkeit getreten. Das, was in Analogie zu jüdischen und römischen Kategorien als Kult interpretiert wurde, nämlich die Eucharistiefeier, ist schon der Bezeichnung nach eine Sache des Dankes. Diese Feier scheint nach den erfolgten Reformen „organisatorisch zu gelingen", ohne daß sie vom Geist der Dankbarkeit getragen wäre, also indem sie der Sache nach mißlingt. Die Konsequenzen sind bekannt: Wo Dankbarkeit zur Feier der Eucharistie nicht mitgebracht wird, müssen sich Unbeteiligtsein und Langeweile breitmachen.

Auch das scheint eine Aufgabe der Sammlung zu sein: den Raum der Dankbarkeit zu bereiten. Dankbar ist, wer sich auf das *besinnt,* was ihm geschenkt ist. Dankbarkeit ist auf Geschenke bezogen, realisiert erst eigentlich, daß etwas geschenkt ist, und disponiert damit für neue Geschenke. In einer Wohlstandsgesellschaft könnte die aus Sammlung gewährte Dankbarkeit sich wohl vor allem daran bewähren und dadurch gestiftet werden, daß sie durch „Verschenken" den Besitz zu etwas macht, für das man danken *kann.*

Insofern Dankbarkeit Quelle des Friedens und der Freude ist, gilt sie seit den Paulus-Briefen als Signum der Verbundenheit mit Gott. Die Dankbarkeit zeigt an, daß einer dem Gericht enthoben ist, daß er Gnade gefunden hat.

Über weltoffene Sammlung als zeitgemäße Art gläubiger Lebensbewältigung reden, ihre Bezüge zum Mitmenschen und zur Gesellschaft aufweisen: all das hat keinen apologetischen Charakter. Nicht das Argument ist hier beweiskräftig, es ist vielmehr wesentlich mißverständlich. Aber die Praxis überführt. Die Funktion der Sammlung ermißt, wer sie erprobt hat – richtiger: wer sich immer von neuem der Prüfung der Sammlung aussetzt.

3.3 Meditation der Schrift: Beim Schriftwort bleiben

Christliches Zeugnis muß aus Erfahrung abgelegt werden. Solche Erfahrung ist, wie wir schon gehört haben, nicht etwas Subjektivistisches. Da kommt es nicht auf persönliche Eindrücke und Einfälle an, sondern Erfahrung, die den Glauben bezeugt, entsteht dann, wenn der auf der Bibel aufruhende und in stetem Umgang mit ihr lebendig gehaltene Glaube zusammenwächst mit dem, was sich in der eigenen Biographie und in der Geschichte, an der man teil hat, zuträgt. Freude und Schmerz, Leistung und Mißerfolg, Konflikte und Versöhnungen werden vom Glauben „verarbeitet".

In den biblischen Schriften wird selbst ein Zeugnis aus Erfahrung abgelegt. Da gibt es Geschichten, die immer wieder neu erzählt wurden. Solche Geschichten ändern sich, wenn die Situation, in der das Volk Gottes lebt, sich geändert hat und dem Glauben gewissermaßen neues Material zur Formung übergeben worden ist. Die Umformung einer alten Wundergeschichte von der Errettung des Volkes Israel am Schilfmeer, die Gott dadurch gewirkt hat, daß er mit einem kräftigen Wind die Wasser zurückkehren ließ, gerade als sich das Heer des Pharao dazu anschickte, das Schilfmeer zu durchqueren, geht vielleicht auf die Zeit um David und Salomo zurück. Etwa fünfhundert Jahre später wird diese Geschichte anders erzählt: Auf Geheiß Gottes streckt Moses seinen Stab über das Meer, das sich daraufhin teilt. Die Wasser stehen zur Rechten und zur Linken des hindurchziehenden Volkes Israel wie Mauern, und als das Heer des Pharao nachrückt, stürzen die Mauern über dieses zusammen (Ex 14).

Auch im Neuen Testament begegnen verschiedene Nacherzählungen der gleichen Erfahrung: Jeder der vier Evangelisten hat seine eigene Erzählung vom „leeren Grab", wie auch die Leidensgeschichte bei jedem der Evangelisten charakteristische Eigenheiten aufweist. Hier geht es offenbar nicht um „korrekte Übermittlung von Fakten", sondern um einen Erzählvorgang, der als solcher glaubensbedeutsam ist. Erzählen wir heute unsern Kindern biblische Geschichten, so sollten diese Erzählungen freilich in der Nähe des Bibeltextes bleiben, den wir nacherzählen. Aber die Faszination guten Erzählens, die Tatsache, daß durch richtiges Erzählen Wirklichkeit gegenwärtig werden kann, gibt doch Raum und fordert auf zu einer bestimmten Kreativität, die den Erzählenden instand setzt, etwas erzählend lebendig werden zu lassen, was von Glauben zeugt und den Glauben nährt. Insofern ist der biblische Glaube von Juden und Christen vom Erzählen getragen. Die Heilstaten Gottes müssen immer neu redend bezeugt werden, denn der Glaube „kommt vom Hören". Dem Erzählen und Nacherzählen für das kommende Geschlecht geht es um die Existenz des Volkes Gottes und um das Verständnis der eigenen Geschichte, gerade auch im Hinblick auf die Erziehung kommender Generationen.[15]

Da viele der zu erzählenden Geschichten etwas Beispielhaftes haben und – ohne daß dies ausdrücklich gesagt werden müßte – gewissermaßen mit dem Satz beendet werden: „Geh hin und tu desgleichen!" hat biblisches Erzählen immer auch einen Bezug zur Praxis des Handelns. Gleichnisse sind, wie Josef Blank gesagt hat, offene Ringe. Der Ring schließt sich erst, wenn der Hörende bereit ist, zu tun, was ihm gesagt wird, und in den Kreis eintritt. Die Praxis des Christen, der die Geschichte der Schrift hört, die Gleichnisse Jesu liest, sich den Reden Jesu aussetzt, zum Beispiel der Bergpredigt, führt dazu, daß die Glaubensgeschichte weitergeschrieben wird. Auf diese Art ist Franz von Assisi, ohne die Bergpredigt zu kommentieren, zu ihrem lebendigen Kommentar geworden. Man kann an seinem Leben ablesen, was die Bergpredigt aus ihm gemacht hat (und das könnte ein Anstoß sein, daß auch der heutige Hörer von der Bergpredigt verändert wird). Jeder Glaubende ist aufgefordert zur Rezeption, zur Entgegennahme dessen, was die Schrift ihm zu sagen hat. Läßt er sich durch das Wort der Schrift in ihren Text hineinintegrieren, so sind das nicht mehr subjektive und unglaubwürdige Erfahrungen, von denen er redet. Im Umgang mit der Heiligen Schrift, in der

---

[15] Aufgrund von drei Jahrzehnten Erzählpraxis und deren hochschuldidaktischer Vermittlung haben sich Publikationen ergeben. Einen Dienst an der Praxis des Erzählens sucht zu leisten: Erzähl mir aus der Bibel. Mose – Elija – Jesus, Mainz 1992. – Eine von mir besprochene Tonband-Cassette vertreibt der Deutsche Katecheten-Verein, Preysingstraße 83c, 8000 München 80, als CS 36 seines Cassetten-Service: Biblisches Erzählen. Fünf Beispiele, erzählt und erläutert von G. Stachel.

sprachliche Form und Inhalt unlösbar miteinander verbunden sind, lernt er auch die Sprache der Schrift zu verstehen und zu sprechen, nicht in kleinlicher Imitation bestimmter sprachlicher Eigenheiten, wie sie zum Beispiel das jahrhundertelange Reden in der Sprache einer zur Zeit ihrer Entstehung vorbildlichen Bibelübersetzung mit sich bringen kann, sondern stets aus der Verbindung der Art und Weise, wie die Bibel Bedeutsames sagt (der „biblischen Semantik"), mit der Qualität einer gediegenen Sprache unter heutigen Menschen. Man kann und soll da nicht umgangssprachlich-trivial werden. Es führt auch kein Weg daran vorbei, sich auf die Sprache der Schrift einzulassen, so fremd sie anfangs anmutet. Dort, wo das, was die Bibel sagt, nicht aktuell zu sein scheint, gilt es zu prüfen, ob das dort Gesagte aus der Mitte des Glaubens kommt. Das kann man nicht allein, sondern nur in der Gemeinschaft der Glaubenden, so, wie sie sich vor Ort zusammenfindet. Nicht alles muß von oben her gelehrt werden. Auch das Gespräch eines Gebetskreises oder Bibelkreises läßt hervortreten, was unsern Glauben bestimmt. Scheint etwas, was den Glauben der Bibel bestimmt, nicht mehr aktuell, so ist vor allem und zuerst die Frage zu stellen, ob vielleicht wir und unser Glaube die Aktualität verloren haben.

Wir wenden uns im folgenden einer besonderen Art und Weise zu, das von der Schrift Gesagte aktuell werden zu lassen, nämlich dem Meditieren der Schrift. Das Wort „meditieren" kommt vom Lateinischen *meditari*, das mit dem griechischen Wort *meletan* sprachlich verwandt ist. Beide Sprachen kommen in der Bedeutung von „üben" überein. Die Schrift meditieren heißt also zunächst, die Schrift zu *üben*. Und diese Übung geschieht, wie alles, was in der Bibel geschieht und sich beim antiken Menschen ereignet, mit Körper und Geist. Die Schrift üben heißt die Schrift sprechen. So finden sich die Worte *meletan* und *meditari* in den griechischen und lateinischen Übersetzungen des Alten Testaments für ein Wort, das die Hervorbringung eines brummenden oder gurrenden Tons bedeutet: „Ich gurre wie eine Taube" (Jes 38,14). Das gleiche Verbum, das bei dem Vers aus Jesaja mit „gurren" übersetzt wird, verwendet der Psalm 1, wo von dem Mann die Rede ist, der nicht zum Rat der Frevler sich hinbegibt und nicht den Weg der Sünder beschreitet, sondern das Gesetz *„meditiert"* Tag und Nacht. Wird da übersetzt, daß dieser Mann über Gottes „Weisung *nachsinnt* bei Tag und Nacht" (Einheitsübersetzung), so geht verloren, daß es dieser Mann ja tönen läßt, daß er Laute hervorbringt, so wie früher immer laut gelesen und rezitiert wurde. Das leise Lesen ist eine Praxis, die noch zur Zeit des Augustinus ganz ungewöhnlich war. Augustinus staunte darüber, daß Ambrosius, dessen Arbeitszimmer er betrat, über seine Bücher gebeugt leise las, ohne daß man seine Stimme hörte. Der Mann von Psalm 1, der das Gesetz meditiert, hat es halblaut gesprochen, und darum ist die Übersetzung Martin Bubers sachlich besser: „der ... über seiner Weisung murmelt tages und nachts". Die Praxis solchen Murmelns, solchen „Tönens des Herzens", begegnet im Psalter immer wieder. Auch im längsten aller Psalmen, dem Psalm 119, kommt das Wort für „meditieren – murmeln oder tönen" vor, aber noch mehr die Sache: nämlich immerfort das Gesetz des Herrn im Munde zu haben, seine Weisung erklingen zu lassen, seine Gebote auszusprechen.

Nun könnte man das auf den ersten Blick für eine recht öde Tätigkeit halten. Das ist doch etwas Äußerliches, könnte man sagen, immerfort die Lippen bewegen und Worte erklingen zu lassen. Damit würde man sich heute ja direkt lächerlich machen! Gute Traditionen müssen angepaßt werden. Diese Tradition, von der die Psalmen Zeugnis ablegen, hat sich aber auch in der christlichen Frömmigkeit bewährt. Und das wollen wir uns anschauen, bevor wir uns über unsere eigene mögliche Praxis Gedanken machen. Setzen wir noch einmal beim Alten Testament an: *meditari,* griechisch *meletan*, übersetzt das hebräische Wort *haga*, welches wiederholendes Sagen (mit leiser oder halblauter Stimme) und damit natürlich auch Bedenken von Weisungen, von Lob oder Klage oder ähnlichem bedeutet. Das Wort *haga* verwendet die Schrift auch, wenn vom Brummen des Löwen oder vom Gurren der Taube die Rede ist.[16] In letzterem Sinn bedeutet das Wort vor allem auch das Lautwerden einer Klage. Mit der Klage sind wir aber schon bei dem, was besonders kennzeichnend ist für die Lieder der Bibel, nämlich die im Psalter vorkommenden Klagelieder. Vor Gott singen, seine Hilfe herbeirufen, das Schicksal des Volkes und das eigene Schicksal klagend entfalten und auf Gottes Hilfe hoffen, sie herbeirufen und schließlich, am Ende der Entstehungszeit der Psalmen, in der Form der von den Griechen gelernten Weisheit das Wirken Gottes erwägen, das ist das Thema der 150 Psalmen.

Psalm 1,2 hat Schule gemacht. Nachfolgende christlich-biblische Spiritualität beruft sich seit Origenes[17] darauf oder ruht darauf auf bis Taizé. Die visuelle Seite solcher Rezitationsmeditation, nämlich die ständige Bewegung des Mundes bei entspannten Gesichtszügen wird schon im Barnabasbrief[18] (auf dem Hintergrund des *meletan-meditari* des Gesetzes) nach Lev 11,3 mit der Freude der reinen zweihufigen und wiederkäuenden Tiere verglichen. Für den Israeliten sind alle Tiere, die nicht wiederkäuen, unrein. Ihr Fleisch darf nicht gegessen werden. Meditieren ist Wiederkäuen oder Kauen des Wortes der Schrift – *ruminatio* oder *masticatio*.[19] Der Gebrauch solcher Begriffe für die Medita-

---

[16] Vgl. den schon zitierten Aufsatz von E. v. Severus.
[17] Zu Origenes: W. Völker, Das Vollkommenheitsideal des Origenes, Tübingen 1931, 97; zu Taizé: F. Ruppert, Meditatio-Ruminatio. Zu einem Grundbegriff christlicher Meditation, in: Erbe und Auftrag, 53 (1977) 83–93, hier 91.
[18] X,11; zitiert nach F. Ruppert, a. a. O. Der Barnabasbrief wurde mancherorts noch zum Kanon des NT gezählt!
[19] Zu diesem Kapitel kann man die zahlreichen Fußnoten in G. St., Bibli-

tion der Schrift (in der nun an die Stelle rezitierenden Lesens die Wiederholung des auswendig gewußten Textes tritt) wird nahegelegt durch die vielen Schriftstellen, die das Wort als eine Speise oder Jesu Leib, beziehungsweise Fleisch, als Speise bezeichnen.

Damit sind wir bei der Meditation, wie sie unter ägyptischen Anachoreten (Einsiedlern), wie Antonius oder Palamon, oder Zönobiten (Kloster-Mönchen) wie Pachomius, Orsiesius, Theodorus, üblich war, im lateinischen Raum bei Johannes Cassianus und Benedictus, ohne klösterliche Bindung auch bei Augustinus und vielen anderen, bis hin zur Devotio moderna und Martin Luther, der eine Schriftstelle wiederkäuend einschläft, um sie am Morgen alsbald vorzufinden, und der noch als „alter Mensch" das Vater-Unser trinkt und ißt, „und kann es nicht satt werden"[20].

Die Regel des Pachomius († 346) und der Liber des Orsiesius[21] (das Testament des Nachfolgers des Pachomius) zeigen in einer fast massiven, schlichten Anschaulichkeit, worum es sich handelt: Eingebettet in einfache Daseinsbedingungen, nämlich Wohnen und Arbeiten in einer Zelle (oder im Freien), häufige Nachtwachen, die Mahlzeit einmal – ausnahmsweise zweimal – am Tag, Betreuung der Kranken (die höchste Aufmerksamkeit findet) und Aufnahme von Gästen (mit besonderer Ehrerweisung sind Frauen aufzunehmen – auch wenn sie als „vasa infirmiora –

---

sche Spiritualität, in: Religionspädagogische Beiträge, 16/1985 vergleichen.

[20] F. Ruppert, a. a. O., 90.

[21] Ediert, übersetzt und erläutert von H. Bacht, Das Vermächtnis des Ursprungs, Würzburg 1972; Band II (Pachomius), Würzburg 1983. Bacht weist auf, daß Orsiesius frühestens 386 und spätestens 412 gestorben ist (27 f.). Im Anschluß an den lateinischen Text des Orsiesius und seine Übersetzung bietet Bacht vier Exkurse, darunter den wichtigen Aufsatz: „Meditatio in den ältesten Mönchsquellen", 244–264. Zur Meditation bei Orsiesius vgl. v.a. Kap. 52 und 53 des Liber!

mindere Gefäße" bezeichnet werden – und in einem getrennten Gebäude unterzubringen sind), gibt es vier Formen zönobitischen (klösterlichen) Lebens, um die alles kreist: *vigilia–meditatio–operatio–oratio* (Wachen, Meditieren/Rezitieren, Arbeiten, Beten). Um die Schrift unaufhörlich meditieren zu können, muß man sie im Schrift-Kodex lesen (jeder Mönch des Pachomius *muß* lesen lernen, und zwar nach der „Buchstabenmethode") und muß auswendiglernen. Wer ins Kloster aufgenommen werden will, hat einige Tage „vor der Tür" des Klosters die Aufgabe, das „Gebet des Herrn" und „so viele Psalmen er kann" auswendig zu lernen. Der neue Mönch lernt zunächst zwanzig Psalmen und zwei Apostelbriefe oder andere Teile der Heiligen Schrift. Zur ersten, dritten und sechsten Stunde geht er – falls er es nötig hat – zum Lesemeister, dem er zugeteilt ist. Ziel ist es, „mindestens" das ganze Neue Testament und den Psalter auswendig zu können.[22] Dieses monastische Ziel begegnet übrigens bei Gregor dem Großen als Voraussetzung für die Priesterweihe. Die Tradition des Schriftlernens reißt nicht ab. Johannes vom Kreuz postuliert in seinem *„Memorial ... para reformación"*: Die Schrift macht es, daß man sich Theologe nennen kann – nämlich die Kenntnis der Heiligen Schrift, nach der man zu predigen hat.[23]

Die Schriftworte, die einer auswendig kann, meditiert er in den Klöstern des Pachomius, halblaut sprechend, während seiner Arbeit. In der Backstube wird gesungen, wohl wegen der Arbeitsgeräusche, die ein bloßes Rezitieren übertönen würden. Es gibt allerdings auch Schweigen und schweigendes Gebet. Der Mönch meditiert auch auf dem Weg von und zum Gottesdienst *(synaxis)* und auf dem Weg

---

[22] Regel, 140: *„de scripturis aliquid teneat: qui minimum usque ad novum testamentum et psalterium* – von den (Heiligen) Schriften behalte er etwas (auswendig): mindestens das NT und den Psalter".
[23] Zitiert nach Dict. Spir., 4,219.

zur Feldarbeit. Der Gottesdienst unterscheidet sich vom späteren Chorgebet der abendländischen Mönche in zwei Punkten:

1. Bei Pachomius liegt das Arbeitsmaterial, nämlich die eingeweichten Binsen, im Gottesdienst-Raum; beim Psalmodieren sitzen die Mönche und drehen die Binsen zu Seilen.
2. Nur *ein* Mönch psalmodiert, und zwar auf einer Stufe stehend und auswendig Psalmen vortragend. Diese Rezitation-Meditation wird durch Gebet – *oratio* – unterbrochen, entweder nach jedem Psalm oder nach Psalmabschnitten. Hierzu werfen sich die Mönche nieder und stehen nach einem Klopfzeichen auf. Beim nun folgenden Gebet werden die Arme kreuzförmig ausgebreitet. Wir haben hier den Brauch der Psalmenorationen (Psalmgebete) an seinem Ursprung belegt.

Die in der Pachomius-Regel begegnenden Elemente werden auch im Liber (Buch) des Orsiesius tradiert und interpretiert. Orsiesius zeigt die Verbindung von Lesen, Auswendiglernen und meditierendem Nachsprechen: *„Habeamus curam legendarum et discendarum scripturam, et in earum semper meditatione versemur* – Tragen wir Sorge dafür, die Schrift zu lesen und auswendig zu lernen; verweilen wir allezeit in ihrer Meditation (= ihrem Sprechen), eingedenk des Schriftwortes: ‚Von der Frucht seines Mundes wird der Mann gesättigt werden' (Sprüche 13,2)."[24]

Johannes Kassian († 453) bringt in seine Klostergründung in Marseille seine langjährige Kenntnis des ägyptischen Zönobitentums ein und hält sie in seinen *„Institutiones"* und seinen *„Collationes"* fest.[25] Die Collationes bringen die

---

[24] Bacht, Vermächtnis, 1972, 178 f. (Liber, 51).
[25] Deutsch: sämtliche Schriften des Johannes Cassianus, 2 Bde., Kempten 1879, übersetzt von A. Abt (Inst.) und K. Kohlhund (Coll.). Eine „bearbeitende Übersetzung" (in Auszügen), die sich stellenweise vom lateinischen

Lehre des Abba Isaak über das Gebet. Das Gebot des Apostels „Betet ohne Unterlaß!" (1 Thess 5,17) wird von Isaak in die vier Gebetsarten aufgeteilt, die in 1 Tim 2,1 aufgezählt werden: Flehen (um Vergebung der Sünden), Gebet (als Gelübde oder Darbringung), Fürbitte (für andere) und Danksagung. Diese vier sind Aufstieg zur höheren Art des Gebets, eines Gebets, das „allein Gott schaut und von Liebe brennt. Der Geist wird in jener Liebe aufgelöst und versinkt in ihr, so daß er sich ganz vertraut mit Gott als dem eigenen Vater in inniger Verbundenheit unterredet *(peculiari pietate conloquitur)."* [26]

In Collationes X unterweist Isaak seine Gesprächspartner in einem Gebet ständiger und unaufhörlicher Anhänglichkeit *(„deo iugiter inhaerere*": X, 8). Ps 69 (70), 1: *„Deus in adiutorium meum intende; domine ad adiuvandum me festina* – Gott, achte auf meine Hilfe; Herr, eile mir zu helfen!" muß ununterbrochen rezitiert, gesungen, bewegt werden, zu jeder Zeit, beim Schlafengehen und beim Aufstehen. Alles, was Dtn 6 vom Gebot der Gottesliebe vorschreibt, wird von Isaak diesem Psalmvers beigelegt. Dessen ständige Meditation befreit von Lastern, führt zur himmlischen „theoria" (= Schau) und läßt zu der vom Evangelium seliggepriesenen Armut gelangen. [27] Auf diesem Weg wird auch erlangt, daß ein Psalm vom Beter „gleichsam als Verfasser", nämlich auf der Basis „vorgängiger eigener Erfah-

---

Text löst, bieten G. und Th. Sartory, Johannes Cassian. Spannkraft der Seele (Herderbücherei 839) und: Aufstieg der Seele (Herderbücherei 945).

[26] Coll. IX, 18: ich zitiere und übersetze nach dem lateinischen Text in: „Sources Chrétiennes", Bd. 54, Paris 1958.

[27] E. v. Severus gebraucht für diese ständige Meditation von Ps 70,2 das Wort „Glutgebet". – D. v. Nagel widmet ihr in: Puritas cordis – Reinheit des Herzens. Sinn und Ziel einer Mönchsübung nach den Schriften des Johannes Kassian, in: munen-musō, Festschrift für Pater Hugo M. Enomiya-Lassalle (hrsg. v. G. Stachel), Mainz ³1986, 127–155, das Schlußkapitel: „Die strenge Armut der einen Formel".

rung", gebetet wird: *„experientia praecedente penetremus"* bis hin zum bildlosen, lautlosen, wortlosen „Seufzen vor Gott" (Röm 8,22 f.26). „Das ist kein vollkommenes Gebet", sagt der von Kassian zitierte Antonius, „in dem der Mönch von sich selbst weiß oder kennt, was er betet." Damit haben wir ein von Kassian ins Abendland eingebrachtes Gegenstück zum Jesus-Gebet der Philokalie: „Herr Jesus, erbarme dich meiner." Es ist ein Zeichen dafür, daß das Gebet zur vollkommenen Ruhe gelangt ist, wenn der Betende immer dasselbe ruft. „Mein Herr und mein Gott" hören die Brüder den Franziskus von Assisi, der mit erhobenen Armen im Gebet versunken war, nachts immer wieder rufen. Heinrich Bacht zitiert ein faszinierendes Beispiel aus den Apophthegmata Patrum [28]: Den Abba Achilas hören zwei Mönche nachts in seiner Zelle immer das gleiche meditieren-rezitieren: „Fürchte dich nicht, Jakob, nach Ägypten hinabzuziehen" (Gen 46,3).

Bei der Erwägung dieses Beispiels kann bewußt werden, welche Kraft in einer schlicht allegorisch-aktualisierenden Auslegung steckt. Sie geht aus vom Schauen, Hören, Empfinden, ist also sinnlich fundierte Auslegung, deren gelassene Beobachtung und deren Auf-sich-wirken-Lassen den Sinn der Bilder erfaßt. Es geht nicht um einen durch abstraktes Denken zu gewinnenden Sinn, sondern um den konkreten Sinn „für dich und für mich". Der Wüstenvater in „Ägypten" findet sich in Jakob zur Furchtlosigkeit aufgefordert. Denn gewiß ist die Einsamkeit in der Wüstennacht furchterregend. – Ähnliche Beispiele schlichter, kraftvoller Allegorisierung und Vergegenwärtigung des Schriftsinnes bietet Abba Isaak bei Kassian [29].

---

[28] Vermächtnis, 1972, 258; der Titel „Apophthegmata Patrum" = Sprüche der Väter.
[29] Man vgl. IX, 29, wo verschiedene Beispiele für die verschiedenen Tränen genannt werden, oder IX, 34 mit den zahlreichen Beispielen für Gebetserhörungen.

Zum Schluß dieses Abschnitts stellen wir noch explizit die Frage: Was soll dieses brummende, murmelnde Rezitieren-Meditieren? Wozu dieses Wiederkäuen, oder – wie Johannes von Gorze († 976) es formuliert – dieses bienengleiche Psalmen-Gesumm?[30] Hans Lietzmann sieht im wiederkäuenden Rezitieren der ägyptischen Mönche „nur ein geistiges Mattenflechten" und bestreitet, daß die koptischen Mönche ein inneres Verhältnis zur Schrift hatten. Dieser bedeutende Exeget und Kirchengeschichtler hatte keinen Zugang zu solcher Meditation. Inzwischen haben wir durch den Kontakt mit hinduistischer und zenbuddhistischer Meditation eine größere Fähigkeit gewonnen, die alte Art des Rezitierens-Meditierens nicht mehr in die Nähe des Plapperns zu rücken. Auch wem Mantram und Sutren nichts bedeuten, der weiß doch von der eingreifenden, den ungeteilten Menschen erfassenden Kraft solchen Tönens heiliger Worte, die gerade deshalb so wirksam sind, weil man sich ihnen ausliefert, statt sie sich zum Betrachtungsgegenstand zu machen oder sie diskursiv-denkend anzugehen. Hier geschieht, was auf dem altbuddhistischen Weg der Satipatthāna in Indien angestrebt wurde. Beim Satipatthāna wird „Achtsamkeit" geübt. Es erfolgt Isolation eines Sinns (nur dieses wird beachtet) und Beschränkung auf einen einzigen Zugang (bei den Kopten: den des Hörens). „Daß dieses Einüben des reinen Beobachtens einen neuen Zugang zur Wirklichkeit eröffnet, liegt auf der Hand. Wer achtsam wird, wer ganz bei einer Sache sein kann (in reiner

---

[30] PL 137, 280 D; von F. Ruppert, a. a. O., 89, wird dies als „lautloses Bewegen der Lippen" verstanden. Aber welche Biene fliegt lautlos? Der Text in PL erzählt, was J. v. G. in dem „Intervall" zwischen „nächtlichem und morgendlichem Offizium nach Weise der Mönche" zu tun pflegte: bald auf den Knien, bald sitzend, bald stehend „*in morem apis psalmos tacito murmure continue revolvendo*". J. v. G. hat also die Psalmen „bienengleich mit flüsterndem Gemurmel ständig" rezitiert: Bei Ovid findet sich sowohl der Gebrauch von „*tacitus*" für „flüsternd", wie der von „*murmur*" für das Gesumm der Bienen.

Beobachtung), der wird frei von allen Vorurteilen und Gefühlsregungen, von allem Werten und Behandelnwollen. Der wird Wirklichkeit in einer Weise erfahren, wie es ihm bisher noch nicht möglich war. Achtsamkeit eröffnet als reines Beobachten einen neuen Zugang zur Welt."[31]

Worin besteht die „Observanz" der koptischen Schriftmeditation? Im reinen Hören auf das Wort, das man selbst laut werden läßt oder das ein anderer rezitiert. Nur auf dieses Wort wird geachtet. Nichts wird verglichen oder beurteilt, nichts geplant oder zur Änderung vorgenommen. Alles, was geschehen wird, kommt aus der durchdringenden Rezeptivität dieses Hörens. Und im Fortschritt der Meditation tritt Schweigen ein, „ein inneres wortloses Gebet", das schon Origenes und Klemens von Alexandrien kennen.[32]

Nach einem andern Modell könnte man die Kopten folgendermaßen interpretieren: Ihre Schriftrezitation ist eine Sprechhandlung. Von ihr gibt es eine „ästhetische Erfahrung"; sie hat eine „Evidenz im Vollzug der Wahrheit"[33]. Der Kategorie des „Gelungenseins" bei Walter Simonis[34] entspricht das Kriterium der „Bewährung" in der Philosophie von Charles S. Peirce.[35]

In der Mystik, sagt Jesús López-Gay[36], wird Gottes Handeln „wahrgenommen – nicht auf direkte Weise, noch auf dem Weg der Reflexion, sondern in ihrer Wirkung". Ver-

---

[31] Georg Schmid, Wo das Schweigen beginnt. Wege indischer und christlicher Meditation, GTB-Sachbuch, 775, Gütersloh 1984, 71.
[32] W. Völker, Origenes, a. a. O., 207, wo auch die *Stromateis* des Klemens zitiert werden: „*mede ta cheile anoignountes meta siges proslalomen* – und während wir die Lippen nicht öffnen, reden wir im Schweigen an."
[33] W. Simonis, Der verständige Umgang mit der Welt, Amsterdam 1974, hier: „VI. Das Ästhetische in der Vermittlung von Theorie und Praxis".
[34] Ebd. 148.
[35] Deutsch: Über die Klarheit unserer Gedanken, Frankfurt 1968 (übers. v. K. Oehler); „How to Make Our Ideas Clear", 1878.
[36] Dict. Spir., 10, Paris 1980. Art. „mystique", hier: 1897.

langt aber einer die diskursive Entfaltung und Begründung der Wirkung solcher mystischen Wahrnehmung, so kann nur mit der Auskunft gedient werden, die Origenes bei der Auslegung des Hohenlieds gibt: „*Nisi quid ipse patiatur, non potest intelligere* – Wer das nicht selbst erlitten hat, der kann es nicht verstehen."[37]

Zwischen der in der Rinzai-Richtung des Zen üblichen Koan-Meditation[38] und der Meditation-Rezitation besteht folgende Ähnlichkeit: Von den vielen auswendig rezitierten Schriftversen wird der Meditant bei jenem Vers oder bei jenen Versen bleiben, die ihn ansprechen, die dazu geeignet sind, ihn „auszulegen". Es besteht eine (mögliche und vorausgeahnte) Entsprechung von Bibeltext und Erfahrungstext. Über diese Entsprechung nachzudenken wäre „Betrachtung"; nicht zu betrachten, sondern die Entsprechung oder den Anspruch nur hörend hinzunehmen und sich auf ständiges Wiederholen zu beschränken, läßt die Existenz davon nicht mehr loskommen. Der Meditant hängt von diesem Vers ab. Wie beim Koan kann man sagen: „Das ist wie eine feurige Kugel, die ich verschluckt habe, und ich kann sie nicht mehr ausspeien." So schreit die ganze Existenz des Abba Isaak in äußerster Armut nach Gottes Hilfe. Hätte er sie schon (ganz), müßte er zu rufen aufhören. – So meditiert Abba Achilas immer wieder das: „Fürchte dich nicht, Jakob", in der existentiellen Bedrängung der Furcht, die in ihm ist. – Es hilft also nicht weiter, Fragen an die Meister zu richten oder die eigene Intelligenz zu beanspruchen. In den „Apophthegmata patrum" (= Sprüche der Väter) werden Aussprüche aus der Zeit des Antonius referiert, in denen Spekulationen über die Schrift als steril bezeichnet

---

[37] Zitiert nach W. Völker, a. a. O., 103 f.
[38] Koan: ein in eine kurze Geschichte eingebettetes Meisterwort, das durch diskursives Denken nicht gelöst werden kann. Vgl. die zahlreiche Spezialliteratur, z. B. H. M. Enomiya-Lassalle, Zen-Buddhismus, Köln 1966, ²1972, 25 ff.

werden: Die Frage: „Sage mir, wie ich gerettet werde?" bleibt bei den Wüstenvätern ohne Antwort, wie die Frage: „Zeig mir den Weg!" von den alten Zenmeistern Chinas nicht beantwortet wird. Das muß ‚sich selber zeigen', christlich gesprochen: Gott muß es hell machen.

Bei seinem Vers oder Wort bleiben (und das Schweigen bewahren), kann die (plötzliche) Lösung bringen, eventuell eine immer neue, immer tiefere Lösung, die das Denken nie erreichen kann. Es kommt beim Koan und bei der ständigen Meditation von Schriftversen auf das „Jenseits" des Denkens an, auf das Jenseits nicht nur abstrakter, sondern auch individueller Wahrheiten.

In der Pachomius-Regel wird auch von „Konferenzen" gesprochen, die den Mönchen durch ihre Oberen gehalten werden und die diese fleißig memorieren sollen. Sollten solche Konferenzen den in den „Collationes" Kassians (Collationes sind „Lehrgespräche": die Schüler fragen, der Meister antwortet, meist ausführlicher, während die Fragen kurz sind) gegebenen Belehrungen ähnlich gewesen sein, so wurde in ihnen ebenfalls dazu aufgefordert, das intellektuelle Fragen aufzugeben.

Das Ziel heißt im Zen „Erleuchtung" oder „Wesensschau", bei Kassian ist es die *puritas cordis* (Reinheit des Herzens): „die verborgenen Geheimnisse mit ganz reinem Herzen zu schauen, die weder menschliche Lehre, noch weltliche Bildung, sondern nur die Reinheit des Geistes (= Herzens) durch die Erleuchtung des Heiligen Geistes besitzen wird".

Wir erwähnten schon die entscheidende inhaltliche Seite der murmelnd-wiederkäuenden oder laut singenden Meditation der Bibel. Der spirituelle Vorgang, der sich leibhaft darstellt, ist nach Inhalt und Ziel ethisch bestimmt. Ps 1,2 nennt die *Tora* als Gegenstand der Meditation; Ps 40,7 kennt das von Gott „gegrabene", auf Gott hörende Ohr, damit getan wird, was in der Tora geschrieben steht. Ps 119 läßt die Tora, das Gebot, den Willen Gottes, das Wort Gottes in jedem seiner 176 Verse wiederkehren. Biblische Spiritualität ist durchaus bezogen, ja ausgerichtet auf das Tun dessen, was sie sich meditierend aneignet. Ihre Meditation, die schweigende Einung mit Gott, die dem reinen Herzen nach Kassian geschenkt wird, wird erst glaubwürdig, hat ihre Evidenz erst dann, wenn nach Gottes Willen, das ist: aus Liebe *gehandelt* wird. Gerechtigkeit und Liebe sind für das Alte Testament synonym. Das gilt auch für Jesus weiter. *Dort* ist keine Liebe, wo Gerechtigkeit verweigert wird. Religiöse Erlebnisse und Aufmerksamkeit auf den Anspruch der Liebe zum jetzigen Augenblick können sich allerdings gegenseitig beeinträchtigen, wie uns das zitierte autobiographische Fragment von Buber gezeigt hat. [39]

In einem Brief von 1964 will Buber die Frage beantworten, woher Abraham wußte, daß Gott es war, der ihn herausgerufen hatte. Da kann er seinen Adressaten L. Kaplan nur auf „Erfahrung" verweisen (jene „ästhetische Evidenz", von der schon oben die Rede war). Gott gibt dem, den er ruft, das nötige Maß an Sicherheit. Aber in aller Unsicherheit, ob auch der rechte Ruf vernommen wird, ist ein Leben des ständigen Aufmerkens gefordert.

Martin Buber hatte übrigens zu beiden Großgattungen der Schrift ein intensives Verhältnis: zu den Psalmen und zu den Erzählungen. Fünf Psalmen hat er auf das Thema „Recht und Unrecht" untersucht. Das gehört zum schönsten und sachrichtigsten, was mir an Auslegung von Psalmen bekannt ist. [40] Und die Erzählungen hat er nicht nur in eine bisher unübertroffene Wirksamkeit hineinübersetzt, sondern in seinen Aufsätzen vieles von ihnen erschlos-

---

[39] S. 30f.
[40] M. Buber, Werke, Zweiter Band, Schriften zur Bibel, München und Heidelberg 1964, „Recht und Unrecht. Deutung einiger Psalmen", 951–990.

sen.[41] Beachtenswert für den erzählenden und meditierenden Umgang, nämlich für die spirituelle Erschließung biblischer Erzählungen, ist, was Buber in seiner der Übersetzung der „Bücher der Weisung" beigegebenen Einleitung sagt[42]: „Hier gibt es keinen ‚Inhalt' auszuschmelzen ... alles in der Schrift ist echte Gesprochenheit, der gegenüber ‚Inhalt' und ‚Form' als die Ergebnisse einer Pseudoanalyse erscheinen ... Die Erzählung behält ungetrübt ihre epische Geschlossenheit." Die (hoffentlich aus Meditation hervorgehende) Nacherzählung (von Eltern, Lehrern, Seelsorgern) sollte „Gestaltung" nachvollziehen, welche die besondere Leistung biblischer Epik ist. „Dieses Gestaltungsprinzip ist der Rhythmus, der Rhythmus zugleich in einem weiten und besonderen Sinn." Dieser Rhythmus ist in Form von Leitworten (oder ganzen Wortgruppen) gegeben, zugleich aber als phonetische Rhythmik zu bestimmen, als Gliederung „in Atemzug-Einheiten", die schon Hieronymus entdeckt hatte.[43]

Die spirituelle Übung des Rezitierens und Auswendiglernens der Schrift, insbesondere der Psalmen, ist sowohl sehr alt, reicht schon bis ins Alte Testament und seine Praxis der steten Wiederkehr von Leitworten zurück, wie auch für die

---

[41] Biblische Schriften, ebd.: „Moses", „Der Glauben der Propheten"; „Abraham der Seher", u.a.
[42] Die fünf Bücher der Weisung, Heidelberg 1981, Beilage: 11, 15f., 18.
[43] Bedenkt man, wie achtlos die ja auch für die Schulbibeln verbindlich gewordene Einheitsübersetzung vor allem im Pentateuch mit den „Leitworten" umgeht, so möchte einen didaktische Verzweiflung befallen. In Gen 22,6–8 ist innerhalb der Erzählung der Wanderung Abrahams und Isaaks zum „Land Morija" eine in sich geschlossene, kleine Sondereinheit, die durch das zweimalige im Urtext völlig wortgleiche „So gingen die beiden miteinander" in V. 6 und 8 charakterisiert ist. Welcher Anlaß konnte für den Übersetzer bestehen, in V. 6 „Sie gingen beide miteinander" und in V. 8 „Und beide gingen miteinander weiter" zu formulieren? Das kurze und hintergründige Gespräch zwischen Isaak und Abraham verliert so das andauernde, den Hörer zugleich bedrückende und auf Transparenz verweisende Schweigen.

Nachfolge der christlichen Spiritualität im Anschluß an das frühe Mönchtum bis in die Neuzeit hinein als intensive Praxis bezeugt. Fidelis Ruppert hat auf die Wiederkehr dieser Art der Meditation in Taizé aufmerksam gemacht. Am Beginn der Neuzeit überrascht ein Kamaldulenser, dessen Psalmen-Rezitation einige für heutige Theologen ansprechende Züge hat. Paulus Giustiniani († 1528) sucht die exakte Übersetzung der Psalmen, weil er „eine gewisse Zeitlang keinerlei mystischen oder allegorischen Sinn erwägen, sondern rein und schlicht den Buchstaben" verstehen will.[44] Deshalb nimmt er zur täglichen Psalmen-Rezitation den hebräischen Urtext in die Hand. Er rät, Psalmen auswendig zu lernen, um sie rezitieren zu können, auch wenn man keinen Psalter in der Hand hält. Die Rezitation allein erschließt ohne intellektuelle Bemühung, was gemeint ist, oder richtiger: *was mich meint*. „Der Wortsinn – er allein – entzückt mich so sehr, ich finde in ihm so hohe und göttliche Gedanken, daß ich noch keine Lust verspürt habe, bei den Kommentatoren nachzuschauen ... Ich denke, eines Tages werde ich sie sorgfältig studieren ... Weh jenen, die die Psalmen verachten."

Den Schluß dieses geschichtlichen Teils bildet ein Blick auf *die französische Mystikerin Marie Martin*, in der Absicht zu zeigen, daß sich *Meditation von Schrifttexten* und Kontemplation auf deren Basis *ohne spirituelle Schulung und erkennbaren Traditionsbezug aus dem schlichten Umgang mit der Schrift* gewissermaßen wie von selbst ergeben können.[45] Marie wurde 1599 in Tours geboren. Sie war

---

[44] Die folgende Darstellung bezieht sich auf Dict. Spir., 4, Paris 1960, 222. Eine Monographie über Giustiniani stammt von J. Leclercq, La vie érémitique après la doctrine de bienheureux Paul Giustiniani, Paris 1955.

[45] In folgendem beziehe ich mich auf Dict. Spir., 4,243–258 (Übersetzung: G. St.) und auf H. Bremond, *La métaphysique des saints*, Bd. 6; deutsch: Falsche und echte Mystik (Jeanne des Anges und Marie de l'Incarnation), Regensburg 1955. – Die Seitenangaben meiner Zitate finden sich in: Religionspädagogische Beiträge 16/1985.

kurze Zeit mit dem Kaufmann Martin verheiratet, der bald nach der Geburt eines Sohnes verstarb. Ab 1620 lebte sie als Witwe zuerst bei ihrem Vater, dann im Haus ihres Schwagers, dem sie bei der Führung seines Fuhr- und Handelsunternehmens half. 1631 – ihr Sohn Claude ist elf Jahre alt – tritt sie bei den Ursulinen in Tours ein und erhält den Namen *Marie de l'Incarnation*. 1639 gründet sie eine kanadische Niederlassung der Ursulinen und ist deren erste Leiterin. Später legt sie dieses Amt nieder und arbeitet im Haushalt und in der Bäckerei des Klosters. Sie stirbt 1672. Durch ihren Sohn, den Benediktinerpater Claude Martin, der die Biographie seiner Mutter vor allem auf der Basis der Korrespondenz mit ihr verfaßt hat, sind wir gut über sie informiert.

Zu ihren ersten spirituellen Erfahrungen gehört, daß sie durch das Hören von Predigten, von denen sie kaum etwas außer dem biblischen Text versteht, angeregt wird, zu Hause „dann die biblische Geschichte" zu „erzählen". Marie Martin sucht zunächst in Betrachtungsbüchern Weisung für ihre Spiritualität, kann die Betrachtung nach Betrachtungspunkten allerdings nicht ausführen. Diese Betrachtungen widerstreben ihr. Sie findet ihre eigene Spiritualität, nämlich die Spiritualität der Wiederholung von Schriftworten. Das geschieht schon vor der Zeit ihres Ordenseintritts. Sie sagt von „den Einsichten, welche die Heilige Schrift mir schenkte ... Es waren sehr klare Einsichten in mir, und sie trugen zugleich ihre Gewißheit, wie auch ihre Wirkkraft in sich." Der Vorgang ihrer Schriftmeditation wird von ihr mit folgenden Worten dargestellt: „Zuerst waren vor meinem Geist mehrere Schriftworte. Von ihnen wurde mein Wille angeregt, so daß ich, um meinen Empfindungen einen Ausweg zu verschaffen und mir das Herz zu erleichtern, sie öfter vor mich hinsagte. Aber indem ich sie wiederholte, ergriffen sie mich um so mehr. Sie wirkten wie Windstöße in einer Feuerglut. Ich mußte mich anbetend zu Boden werfen und mein Taufgelübde erneuern. Dadurch wurde in meinem Herzen eine neue Glut entzündet, die bis zum Ende dieses Betens andauerte." Ohne daß eine Verbindung bestünde, beobachten wir bei Marie Martin die Reihenfolge der ägyptischen Mönche: Psalmen rezitieren beziehungsweise auf die Rezitation anderer hören, darauf sich niederwerfen und schließlich aus dem Gehörten heraus beten.[46]

Auch Marie Martin kennt den Eintritt in das reine Gebet. Das Meditieren von 1 Joh 3,16 „Darin haben wir die Liebe Gottes erkannt, daß jener sein Leben für uns hingegeben hat", geschieht folgendermaßen: „Vom ersten Erfassen der Schriftstelle an blieb mein Geist gänzlich unfähig, sich zu betätigen. Er wurde durch einen einzigen, aber dauernden Blick an die Majestät Gottes gefesselt, einen Blick auf jene Liebe, die seine Liebe in mir erzeugte. Ich fühlte, wie meine Seele sich in ihrem tiefsten Grund mehr und mehr mit dem Gott der Liebe verband. Kraft und Milde begegneten einander in dieser immer engeren Vereinigung. Er hielt meine Seele in seliger Gefangenschaft, meine Seele aber *willigte darin ein*, gefangen zu bleiben. Während dieser Vereinigung war mir, als spränge mein Herz aus sich selbst heraus und spräche aus meinem Innersten die Worte: Ich will es, o Gott. Ich will es bis zum Tod. *Dies war aber von kurzer Dauer*. Gleich danach befand ich mich durch eine neue Einwirkung, die ich nicht erklären kann, wieder im

---

[46] Über die Weise der Psalmenrezitation und der Pause in der Rezitation gelangt übrigens auch der Oratorianer Louis Thomassin vom mündlichen Gebet zum „reinen Gebet": Bremond, Das wesentliche Gebet, Regensburg 1936, ²1939. Thomassin lebte von 1619–1695. Er ist von dem Oratorianer Bérulle abhängig. Bremond unterstellt, weist aber nicht nach, daß es auch eine Abhängigkeit Marie Martins von Bérulle gibt, weil es in Tours ein Oratorium gegeben habe. Aber nirgendwo wird gesagt, daß Marie mit diesem Institut Kontakt hatte, und die Einflußnahme müßte dann auch noch im gleichen Jahr erfolgt sein, in dem Bérulles spirituelles Konzept publiziert worden ist. Hierfür lassen sich keine Gründe namhaft machen.

Abgrund Gottes und fühlte mich wie verloren in seiner Unendlichkeit und seiner Unbegreiflichkeit. Ich sagte, daß man diese Einwirkung nicht erklären kann. Man weiß wohl, daß man sich im Abgrund Gottes befindet. Man kann aber nicht sagen, was dieser Abgrund eigentlich ist. Man erfährt ihn nur als eine große Liebe, deren Breite, Höhe und Tiefe weder Schranken noch Grenzen hat."

Auch in die Art und Weise ihrer Psalmen-Meditation gibt sie Einblick, wiederum was die Zeit vor ihrem Ordenseintritt betrifft: „Manchmal wurde mir der Psalmsinn in einer wohltuenden Weise offenbart, die ich nicht beschreiben kann. Ich konnte dann aber die Psalmen rezitieren." Von den Paulusbriefen liebt sie den Römerbrief und die beiden Korintherbriefe, sie meditiert die Psalmen und (vor allem) das Hohelied, dazu das Johannesevangelium, vor allem die Bildrede vom wahren Weinstock. Dies alles wird meditiert „ohne nachdenkendes oder reflektierendes Studium, sondern das kommt in einem einzigen Moment in meinen Geist, ohne daß ich das vorher gelesen hätte, und wenn ich's gelesen hätte, so wäre mein Gedächtnis zu schlecht" (nämlich: es zu behalten). 1633 notiert sie von ihrer Schriftmeditation: „Mir kommen bestimmte Schriftworte ... in Erinnerung, die ich gelesen oder gehört habe ... Ihr Sinn ist mir entdeckt worden ... Sie unterlassen es nicht, genau zur passenden Gelegenheit wiederzukommen, je nachdem, wie ich sie nötig habe." Man beachte die gelassene Empfänglichkeit der Meditantin, die sich in ihren Aussagen dokumentiert: die Worte „kommen", sie werden mir „entdeckt", sie „kommen wieder"!

Von Ps 119, der auch für die Alexandriner und die frühen Mönche eine große Rolle spielt, ebenso für Augustinus wichtig ist, sagt Marie de l'Incarnation, daß sich ihrem Geist zur Meditation anbietet „insbesondere der 118. Psalm (lateinischer Zählung); der längste von allen. Ich habe jene Schriftstellen mit einem einfachen Blick sozusagen angeschaut, habe nicht darüber nachgedacht, und es genügt mir, daß es sich um die Gottesgebote handelte. Alles dies sah ich wie in einem Augenblick. Die Verstandestätigkeit war aufgehoben."

Wer schon erfahren hat, wie das monastische Chorgebet im Wechsel zwischen den beiden Chorseiten eine beruhigende, reinigende Wirkung ausübt, wird die genaue Phänomenologie des Chorgebets zu schätzen wissen, die Marie de l'Incarnation gibt: „Wenn im Chor auf der anderen Chorseite die Psalmverse rezitiert werden, überlasse ich mich dem Herrn. Ich berühre gleichsam den Sinn der gerade gesprochenen Psalmworte, oder besser ausgedrückt, ich folge der Tätigkeit, die er mir darbietet. (Dies ist aber eine Tätigkeit, an welcher der Vertsand keinen Teil hat!) Und wenn auf meiner Chorseite ein Vers rezitiert wird, gehe ich von der inneren Tätigkeit zur äußeren über. Eines entspricht so dem andern, und ich entferne mich auch dann niemals von der Verbundenheit mit dem Herrn. Zwar empfinde ich sie weniger, als wenn auf der andern Seite rezitiert wird, insofern ich auf meine Stimme achten muß. Mein Geist ist aber nicht weniger bei *ihm*. Im einen habe ich die Freiheit, zuinnerst zu sprechen, im andern betätigt sich die Stimme, und dann empfinde ich weniger, was im Innern vor sich geht. Wenn mir der Sinn der Psalmen offen liegt, dann gereicht mir das zu einer Freude, die ich nicht beschreiben kann. Denn ich werde auf beide Arten, die innere und die äußere, von einem Jubel erhoben, der vielleicht dem des David gleicht, als er vor der Bundeslade tanzte. Besonders geschieht dies bei den Laudes."

Auch hier bleiben Meditation und Kontemplation – von den Ekstasen, die Marie Martin vor ihrem Eintritt bei den Ursulinen hatte, ist hier nicht zu sprechen, weil wir uns auf das Thema der Schriftmeditation beschränken – auf ethisches Handeln bezogen. Marie de l'Incarnation sagt, die Kontemplation stärke und reinige das sittliche Leben und verleihe ihm eine große Kraft. Da werden nicht „betrachtend" Tugenden ausgewählt und Entschlüsse gefaßt, sondern bei den Schriftstellern, die von den evangelischen Räten handeln, wird Marie in ihrer ganzen Seele entflammt „in einer Liebe, die eine Besitzergreifung war". Die Schriftstellen werden zu „strahlenden Sonnen". Sie „bewirken in mir, was Gott von mir ... wollte".

Von ihrer Meditation des Hohenlieds, die diesmal wiederum vor dem Ordenseintritt stattfindet, schreibt sie später an ihren Sohn: „Ich erfuhr die Wirkung dessen, was Paulus beschreibt: ‚Der Wille Gottes ist wie ein Schwert. Es trennt Seele und Geist. Bis ins Mark dringt es', dies göttliche Wort."

Es zeigt sich, daß auch eine im Geschäft tätige junge Witwe Erfahrungen machen kann, zu denen der Abba Antonius die Einsiedler aufgerufen hat: nämlich zu meditieren-rezitieren, bis das Wort in Mark und Bein eingedrungen ist. So nährt sich – nach Antonius – das Kamel und bleibt tagelang ohne Nahrung und Trank ausdauernd und kraftvoll – im Unterschied zum Pferd.[47]

Mit diesem zur Beruhigung des Alltagsmenschen geeigneten Vergleich mit einem soliden Tier verlassen wir die Beschäftigung mit der begnadeten Mystikerin. Es lag nicht die Absicht vor, die Alternative des Ordenseintritts zwingend zu machen, sondern einen Beitrag zu leisten zu dem spirituellen Konzept, daß es genügt, die Schrift zu rezitieren, sich von ihr erfassen und sie in sich eindringen zu lassen, freilich auf der Basis jenes ausschließenden Hinhörens oder Hinblickens, in dem für Simone Weil die Religion besteht.

Rezitation-Meditation der Schrift setzt voraus, daß die Schrift gelesen wird. Private Schriftlesung und gemeinsame Schriftlesung außerhalb des Gottesdienstes sind jedoch –

---

[47] Referiert bei Kassian.

auch bei den Protestanten – fast eingeschlafen.[48] Im Zusammenhang mit einem vermuteten oder bereits notierten Zurückgang des Bücherlesens stellen sich auch für die Zukunft für das Bibellesen keine günstigen Prognosen. Erhebungen ergeben, daß Jugendliche gelegentlich gern lesen, aber bevorzugt „Stern" und „Bravo", dazu vielleicht noch Bücher von Konsalik. Der Konsum von Video-Cassetten ist – zum Beispiel in Wachlokalen der Bundeswehr – zum Normalfall geworden. Auswirkungen der Verkabelung sind u. a. Pädagogen und Psychologen bereits bekannt. Erste Untersuchungen der ARD zeigen, daß in verkabelten Gebieten bei Erwachsenen vermehrt oberflächliche Sendungen eingeschaltet werden. Bei Kindern kommt es zur Steigerung des Fernsehkonsums. – Ein nicht wiedergutzumachender Schaden der die freien Fernsehanbieter auf den Plan rufenden Grundsatzentscheidung Bernhard Vogels (Verkabelung von Ludwigshafen) ist die ständig fortschreitende Absenkung des Niveaus von ARD, ZDF und den „Dritten Programmen". Wer sich dem täglich aussetzt, wer die tägliche Werbung auf sich abrieseln läßt, erleidet ‚innere Verschmutzung' und spirituelle Erosion. Diese, wie die Süddeutsche Zeitung sagt, „Einfaltsquote" wurde uns von bestimmten Länderchefs auferlegt. Die Entscheidung war gefallen, als auch F. J. Strauß sich für „freie Programme" entschieden hatte.

Daß die Bibel gelesen, daß sie sogar meditiert wird, ist nur von „einer kulturellen Minderheit" zu erwarten, scheint aber, gerade auch von einer Minderheit praktiziert, als Zeugnis „für die vielen andern" unerläßlich. Wichtig ist vor allem, daß nach der Schrift gehandelt wird, was – wie wir sahen – in der Linie der Aufmerksamkeit Bubers und

---

[48] Vgl. hierzu: Rainer Volps Vortrag vor der Fachgruppe Praktische Theologie der Wissenschaftlichen Gesellschaft für Theologie, abgedruckt in: Pastoraltheologische Informationen, 1/1983, 60–92: „Wie können Laien heute die Bibel lesen?", vor allem 61.

der meditierenden Rezitation der Marie Martin liegt, welche beide ja nur als Beispiele einer Entwicklung genannt wurden, aus der sie selbst sich herleiten und die sie ihrerseits beeinflussen und beeinflußt haben.

Nun ist aber aus der Bibel schon viel Unfug deduziert und leider auch praktiziert worden. Der Streit um die Theologie der Befreiung zeigt, wie verschieden man die Bibel lesen und praktizieren kann. Wiederum hilft nur der Verweis auf das einzige überzeugende Argument für die Wahrheit und das Gute: die „Bewährung". Die rechte biblische Spiritualität und das rechte Handeln nach der Schrift können nur „an ihren Früchten" erkannt werden. Ausblendung der sinnlich greifbaren Ergebnisse und ihrer Ästhetik zugunsten rein intellektueller Beurteilung bewährt sich nicht, natürlich ebensowenig bloße Gefühlsintuition ohne die Kontrolle des Denkens. Ohne tiefe Betroffenheit aufgrund anderes ausschließender, sich auf Hinhören beschränkender Auferksamkeit und ohne die Praxis der Nächstenliebe und der sozialen Gerechtigkeit gibt es hier keinen Erweis von Richtigkeit. In einem Film von Michael Albus (ZDF) sagt die Aussätzigenärztin Pakistans, die Ordensfrau Dr. Ruth Pfau, nach Darstellung ihrer „religiösen Biographie" etwa folgendes: Am Ende blieb mir nur die Wahl, Selbstmord zu begehen oder noch das Christentum auszuprobieren. Ich habe es vorgezogen, erst das Christentum auszuprobieren, „und, wie Sie sehen, ist das gutgegangen". Man muß für eine Religionspädagogik und Seelsorge des „Ausprobierens" plädieren. Die Erprobungen sind freilich auf der Basis vernünftigen, aus der Tradition schöpfenden Nachdenkens und Vorausplanens zu leisten!

Nun ist aber die Schrift (vor allem des Neuen Testaments) bekanntlich soziopolitisch abstinent, und wo Paulus und die Pastoralbriefe sich „sozial" äußern, findet das – auf der Basis heutiger sozialer Bedingungen – Unverständnis oder löst Ablehnung aus: zum Beispiel „Der staatlichen Gewalt ist zur Bestrafung der Bösen das Schwert anvertraut"; „der Sklave soll Sklave bleiben"; „die Frau sei dem Manne untertan ..." Wie kann dann biblische Spiritualität dazu beitragen (oder doch wenigstens nicht als Hindernis wirken), daß jenes für die junge Generation unerläßliche, strukturverändernde Handeln in Gang gebracht wird, ohne das die Menschheit nicht überleben wird? Zunächst sei der Hinweis gestattet, daß von gar nicht wenigen erkannt und ausgesprochen wird, daß zu den Veränderungen, die unsere Zukunft retten, gerade auch die Stille gehört (so schon Max Horkheimer und Herbert Marcuse), daß unser Bewußtsein geändert werden muß, gerade auch durch Meditation, wie wir sie eben aus der biblisch-christlichen Tradition entfaltet haben.

Sodann wird es aber zu einer echten Frage, wie auf der Traditionsbasis einer eher sozial bescheidenen „Charismatiker-Gemeinde" der synoptischen Evangelien, des aus der rabbinischen Theologie konvertierten Paulus und einer im Verlauf ihrer Geschichte immer wieder der Macht dieser Welt konformen Kirche Weisung zu sozialem Handeln heute gefunden werden soll. Gelangt es nicht zu solchem Handeln, so bliebe nur die Lösung, in biblischer Spiritualität die legitime Antwort darauf zu sehen, daß es keine innerweltliche, sondern nur eine radikal eschatologische (= endzeitliche) Rettung gibt (was übrigens vom Neuen Testament her und „nach Lage der Dinge" keineswegs als völlig absurd bezeichnet werden kann).

Auf die Frage, wie die Botschaft Jesu gesellschaftserneuernd wirken und damit eine jesuanische biblische Spiritualität die Notwendigkeit sozialen Engagements einschließen könne, scheinen folgende Antworten möglich:

1. Die Bibel insgesamt und das Evangelium besonders ist keine Quelle universaler Ethik, schon gar nicht univer-

saler Sozialethik oder Wirtschaftsethik.[49] Der konkrete Anspruch des Evangeliums hat prophetischen, nämlich konkreten Charakter und trifft die einzelnen (und die Gemeinde) in je ihrer Situation.[50]

2. Das Evangelium bewirkt eine spirituelle, und zwar eine das Handeln beeinflussende Veränderung dessen, der glaubt. Der einzelne und die Gemeinde sind betroffen; die Glaubenden zunächst will das Wort verändern, und zwar radikal.

3. Wer dem Evangelium glaubt und es befolgt, wird zu vielseitigem Engagement inspiriert, gerade auch zum Mitwirken beim Aufbau einer Solidargemeinschaft und bei der Befreiung der Armen und Unterdrückten. Glaube wirkt „befreiend", sonst stammt er nicht vom Geist Gottes.

4. Zwar ist das Reich Gottes „mitten unter uns", doch niemand kennt den Tag und die Stunde, in der es anbricht, und keiner führt sie herbei als Gott selbst. Insofern lassen sich in dieser Welt aus dem Evangelium zwei polare, aber einander nicht aufhebende Motivationen gewinnen:
   – das unermüdliche solidarische Handeln der glaubenden Einsicht und radikalen Hingabe[51];
   – die Skepsis hinsichtlich innerweltlicher Lösungen, was Staaten und ihre Politik, was Institutionen überhaupt und was vor allem die heillosen ökonomischen Strukturen angeht.

5. Im Evangelium wird nicht alles ausgesprochen und kann

---

[49] Was keineswegs aussagt, daß nicht vom Evangelium her eine solche Ethik motiviert und inspiriert werden kann und soll. Die Bibel ist ethisch, aber sie enthält keine Ethik im Sinn eines Systems von Normen des Handelns oder der Haltungen.

[50] Der prophetische Anspruch in seiner Konkretheit sollte keineswegs als weniger verbindlich eingestuft werden. Für den, der gemeint ist, hat er höchste Verbindlichkeit. Nur muß der Gemeinte „hören" können.

[51] Welches nach Bas van Iersel „das Ethos Jesu" ist!

nicht alles ausgesprochen werden, was heute zu tun ist. Darum soll man auch nicht über eine reflexiv-denkerische Beurteilung bestimmter Worte zum Handeln gelangen, sondern durch Gleichförmigkeit mit dem in Jesus menschgewordenen Wohlwollen Gottes. Jesus von Nazaret konnte nur dasjenige von Gottes Willen konkretisieren, was innerhalb seiner „Gesellschaft" möglich und wirksam war. Die Gegenwart des ein für allemal geschenkten Wohlwollens Gottes ruft nach neuen Ausdrucksformen, die sich – unter der Kontrolle des Glaubens des Evangeliums und in der Gemeinschaft der Glaubenden – bewähren müssen.

6. Hoffnung auf das Reich Gottes hier und in der Zukunft und innerweltliche Skepsis sind für die ins Auge gefaßte biblische Spiritualität ebenso miteinander vereinbar, wie Glaube und Solidarität mit der Kirche Kritik nicht ausschließen an der Art, wie wir Kirche sind, also Kritik von innen her. Das liegt in der Konsequenz der für das Neue Testament zentralen *Theologie des Kreuzes und der Auferstehung*. Dabei steht unsere spirituell aufzuarbeitende Existenz mehr auf der Seite von Kreuz und Tod, sowohl was die einzelnen wie was die Gemeinschaft angeht. Auferstehung ist für uns Hoffnung auf der Basis des bereits gezahlten „Angelds des Geistes" (Röm 8,23), Hoffnung also gerade aufgrund der Spiritualität (nämlich des vom Geist Geführt-Werdens), zu der wir ermächtigt (und wohl auch verpflichtet) sind.

Mit diesen Hypothesen zum Thema Meditation und Solidarität mit den Menschen ist die Spannung beider nicht aus der Welt geschafft, aber vielleicht ein Vorschlag gemacht, wie man mit ihr leben kann. Die Spannung oder – falls dieser Begriff vorgezogen wird – die Dialektik zwischen Meditation und Gebet auf der einen und Arbeit und Engagement in der Welt auf der andern Seite ist schon deshalb nicht zu beseitigen, weil es Arbeiten gibt, bei denen man nicht meditieren kann, sei es, daß sie den Verstand so beanspruchen, daß der Geist nicht gesammelt bleiben kann, sei es, daß sie Körper und Geist – wie das Fließband im modernen Industriebetrieb – auspressen und physisch wie psychisch nur noch in einem inhumanen Vorgang funktionieren lassen. Brücke vom einen Pol zum andern bleibt auch hier die wortlose Anwesenheit vor Gott. Daß dies auch bei zerstreuender Arbeit möglich ist, belegt die Spiritualität der oben angeführten Marie Martin während ihrer Tätigkeit im Fuhrgeschäft ihres Schwagers. Sie sagt selbst darüber: „Ich stand im Lärm von Warentransporten." ... „Oftmals wurde es Mitternacht, ehe wir mit dem Verladen der Waren fertig waren. Mein gewöhnlicher Umgang waren Fuhrleute und Lastträger, und sehr häufig hatte ich für mehr als fünfzig oder sechzig Pferde zu sorgen." Das alles hindert sie nicht festzustellen: „... aber mein Geist blieb trotzdem in Gott versenkt". Man kann in einer Arbeit, die fast zerreißt, bei dem sein, den man liebt. Aber auch das Gegenteil gibt es: Man kann Eucharistie feiern oder Psalmen rezitieren und Gottes Nähe dabei völlig meiden. Der Mund betet, und das Herz ist fern von Gott.

3.4 Unsere Praxis der Schriftmeditation

Bevor man die Schrift meditieren kann, wie das die Väter der ägyptischen Wüste getan haben und ihnen nachfolgend die Mönchsklöster des Ostens und Westens und viele Meister des geistlichen Lebens, muß sich etwas ändern. Es muß eine Basis für diese Übung gelegt werden, sonst kann sie nicht gelingen. Meditation und Gebet gelingen nur auf der *Basis einer Läuterung*. Man nimmt, so sagt Abba Isaak, ins Gebet mit, was man vorher gedacht, geredet und getan hat. Wer gestritten hat, so wird von Zenmeistern gesagt, kann eine Woche lang nicht meditieren. Auch Besitzstreben macht spirituell unfruchtbar. Wer wenig hat, hat auch wenig zu besorgen. Auch hier ist die Mahnung von Abba Isaak von hoher Aktualität: „Dies ist die Regel der Alten: Sie erklären, daß alles, was über die täglichen Bedürfnisse des Lebens und über das, was das Fleisch nötig hat, hinausgeht, auf dem Konto der Sorgen und Besorgtheiten dieser Welt zu verbuchen ist. Um ein Beispiel zu nennen: Wenn die Arbeit für ein einziges Geldstück ausreicht, für das zu sorgen, was unser Körper nötig hat, aber wir wollen durch die Anstrengung von Arbeit und Mühe zum Erwerb von zwei oder drei Geldstücken gelangen; und wenn es genügt, zwei Gewänder zu besitzen, nämlich eines für die Nacht und eines für den Tag, den Besitz von drei oder vier von ihnen anstreben; und wenn es genügt, eine oder zwei Zellen zu bewohnen, aus weltlichem Ehrgeiz und um der Geräumigkeit willen vier oder fünf Zellen zu errichten, und diese reich möbliert und geräumiger, als es unseren Bedürfnissen entspricht, so bringen wir, soviel wir das vermögen, zum Vorschein, daß uns die Leidenschaft nach weltlichem Wohlergehen erfaßt hat."[52]

In unserer Zeit wird das Problem der Kirche des vierten Jahrhunderts anders ausgesprochen werden: So hat der Psychologe Rolf Oerter auf die „Entfremdung" und „Vergegenständlichung" hingewiesen, der wir alle ausgeliefert sind. Enfremdung zeigt sich darin, daß die meisten von uns das Produkt ihrer Arbeit nicht mehr sehen. Sie arbeiten nicht mehr, um etwas Sinnvolles zu erzeugen, das sie dann in den Händen hielten, sondern sie sind Glieder einer Arbeitskette, Räder in einem Triebwerk, und das Ziel ihrer Arbeit ist eigentlich nur noch das Geld, das sie dafür erhalten. Für diejenigen, die an der Schule sind oder in der Universität ausgebildet werden, spielt eine ähnliche Rolle wie das Geld

---

[52] Kassian, Collationes IX,5 (Ende), übersetzt von G. St. nach Sources Chrétiennes, Bd. 54, Paris 1958, 45.

die Benotung ihrer Leistung. Für diese Benotung, wenn sie gut ist, können sie sich gewissermaßen eine Anstellung kaufen, die sich dann ihrerseits in finanzieller Entlohnung als wertvoll erweist.

Wertvoll wofür? Gewiß und zunächst vor allem auch, damit man leben kann. Aber das einfache, sinnvolle Leben, ein Leben, das auch mit wenigem auskäme, ein Leben, das gesünder wäre, der Natur näher, weniger geplagt vom Streß, wird ja den meisten dadurch genommen, daß die Freizeit (die in den letzten Generationen ständig zugenommen hat und noch mehr wachsen wird) dazu verwendet wird, sich mit dem verdienten Geld „Konsum zu kaufen". Arbeit für Geld und Konsum, der mit diesem Geld gekauft wird, drängen uns in „Objektdistanz". Der Distanzierte und Entfremdete merkt zum Schluß gar nicht mehr, welchem Dämon er hier verfallen ist. Wiederum sind es die Collationes des Kassian, die uns in einer Beispielgeschichte erkennen lassen, wie es um uns steht (und wie es um arbeitswütige Menschen schon immer stand). Der Abba Isaak erzählt seinen Gesprächspartnern Germanus und Johannes von einem Mönch, der mit größter Anstrengung sich abmüht, einen Felsblock zu spalten. Ein anderer, der ihm bei dieser Arbeit zuschaute, fragt ihn, was er da tue. Der Mönch gibt zur Antwort, er wolle diesen Felsblock spalten. Der andere antwortet ihm: „Du warst nicht allein, da du schlugst, sondern es war ein anderer bei dir, den du nicht sahst und der dir bei dieser Arbeit nicht als Helfer, sondern als der grausamste Hetzer zur Seite stand."

Nach dem, was ich von Fließband-Arbeit weiß, ist das Fließband ein solcher grausamer Hetzer. Aber die Entwicklung solcher Fließbländer dient ja wiederum der Rationalisierung, die ihrerseits erforderlich wird, wenn auf dem Weg von Arbeitszeitverkürzung und gleichzeitiger Lohnerhöhung die Produktivität und Konkurrenzfähigkeit erhalten werden muß.

Übrigens werden nicht nur Fließband-Arbeiter vom Dämon getrieben. Das kann auch der perfekte Haushalt sein oder die Schreibtischarbeit des Akademikers, die vielen Publikationen, von zum Teil außerordentlichem Umfang, von denen im Grunde doch schon von vornherein feststeht, daß sie kaum einen Nutzen stiften werden, außer vielleicht den, auf eine so umfangreiche Publikation verweisen zu können, wenn es um den innerakademischen Geltungsnutzen geht. Da werden gerade auch an den theologischen Fakultäten Doktorarbeiten und Habilitationsschriften verfaßt, die einen Umfang von 500 Seiten und mehr haben. Und gegen diese Überforderung, der sich die Doktoranden ausgesetzt sehen, ist gewissermaßen kein Kraut gewachsen. Hinweise, man solle sich doch wieder auf Dissertationen von 200–300 Seiten Umfang beschränken, denn bei diesen bestünde auch eine gewisse Hoffnung, daß sie noch gelesen würden, scheinen nutzlos zu sein.

Weil es sich um mein Arbeitsgebiet handelt und dieses Gebiet Analogie, nämlich vergleichbare Ähnlichkeit, zu allen andern Gebieten sinnloser Arbeitsüberforderung hat, möchte ich die Richtigkeit der Vermutung gern noch an einem Beispiel belegen: 1969 wurde ein Kommentar zu den Kapiteln 1–9 des Lukasevangeliums vorgelegt. Dieser Kommentar hat einen Umfang von 591 Seiten eines größeren Buchformats. Das Lukasevangelium hat aber einen Umfang von 24 Kapiteln, und die Herausgeber teilen mit, daß die „Einleitungsfragen" (deren Behandlung gewöhnlich einen erheblichen Raum beansprucht) erst am Ende des Kommentarwerks geboten werden sollten. Nun stand also vor 1969 fest, daß noch zwei weitere Bände würden erarbeitet werden müssen, und es war mit einem Gesamtumfang von circa 1500 Seiten Kommentar zum Lukasevangelium zu rechnen. Eine Rezension stellte die Frage: „Es gibt eine Wissenschaftlichkeit, die einer wissenschafts-hermeneutischen Kontrolle bedürfte. Fragt nicht dasselbe Evangelium, das hier ausgelegt wird, für wen der ‚Tor' die Speicher gefüllt hat, wenn Gott morgen sein Leben von ihm fordern wird?" Die von mir aufgeworfene Frage, „wann und durch wen" diese Arbeit wohl abgeschlossen werde, und meine Vermutung, daß „der Zeitgenosse auf eine Darstellung des Gesamtverständnisses wohl noch lange zu warten" habe, wurde als unangemessene Ironie verstanden. Ich hatte sie genauso wenig ironisch gemeint, wie es der Hinweis ist, der dem Mönch gegeben wird, der einen riesigen Steinblock zu zerspalten sucht. Der zweite Band zu diesem Kommentar ist jetzt, 24 Jahre danach, noch nicht erschienen und wird wohl nie erscheinen.

Das ist nun nicht gegen einen einzelnen gesagt (und deshalb werden auch keine Namen genannt). Im übrigen gibt es auch einen Kommentar zum Römerbrief, dessen erster Band die ersten sechs Kapitel behandelt (und auch dieser Kommentar wird nie abgeschlossen werden). Es geht um das System, das uns zwingt, vollkommen unangemessen zu leben. Den Schreibern, die sich „über"-nehmen, müßten ja notwendigerweise Leser entsprechen, die imstande sind, alles Gelesene sich zu merken oder die über geschickt angelegte Verzettelungen oder Computer verfügen, die es ihnen möglich machen, Gelesenes in eigenen Publikationen zu zitieren. Aber wir Buchautoren sind allesamt inzwischen vor die Notwendigkeit gestellt, die Peter Noll in seinem „Diktate über Sterben und Tod" aufgewiesen hat: „Entweder schreibe ich Bücher, die sich damit befassen, möglichst lückenlos aufzuweisen, was andere zu dem, worüber ich schreibe, schon gesagt haben, oder ich schreibe Bücher, in denen ich mich mit der Sache befasse, um die es mir geht."[53] Der Entfremdung und Vergegenständlichung unserer Arbeit und (konsequenterweise) auch unserer Freizeit muß gesteuert werden. Wir müssen von einer Last frei wer-

---

[53] Zürich 1984, vgl. S. 125–128.

den, wenn wir wieder einen unverkrampften und freien Atem bekommen sollen. Ohne diesen freien Atem, der das schönste Geschenk Gottes an sein menschliches Geschöpf ist, gibt es keine befreite Spiritualität. Erlösung und Geist Gottes sind aber dazu da, Freiheit zu stiften, und nicht zu entfremden und zu vergegenständlichen.

Der gesamte Wohlstands- und Finanzierungsansatz unserer Gesellschaft ist fundamental in Frage zu stellen. Ruhiges Nachdenken müßte zu der Konsequenz führen, daß die vorhandene Arbeit so zu verteilen ist, daß jeder etwas zu tun bekommt und daß (eventuell unter Verzicht auf bereits erreichtes Wohlstandsniveau) so zu arbeiten ist, daß man von der Arbeit nicht ausgelaugt wird. Der von den verschiedenen Lobbies aufgezwungene Konsum ist zu reduzieren. Freilich gehören Nüchternheit und Mut dazu, in der Öffentlichkeit festzustellen und womöglich durchzusetzen, daß die Millionen privater Kraftfahrzeuge auf die Dauer stillgelegt werden müssen und durch ein umweltfreundliches, die Fortexistenz auf diesem Planeten ermöglichendes Netz öffentlichen Verkehrs zu ersetzen sind. Oder, wie Ivan Illich schon vor Jahren gesagt hat: die Technik des Kugellagers des Fahrrads ist rationeller und gesünder als die Technik der zubetonierten Landschaft, damit auf den Betonbahnen Freizeit konsumiert wird und Abgase erzeugt werden, mit denen wir (und die uns anvertraute Natur) nicht fertig werden. Die gleiche Entschiedenheit und Unbequemlichkeit ist wohl erforderlich, wenn angesichts des Wachstums der Menschheit nicht geschwiegen wird, sondern – auch im Gegensatz zur ständigen Mahnung höchster Würdenträger – darauf verwiesen wird, daß auf allen Kontinenten dieser Erde alsbald geeignete Maßnahmen zu ergreifen sind, die ein weiteres Wachstum der Weltbevölkerung bremsen. Was für Maßnahmen das sind, darüber haben Fachleute verschiedener Wissenschaften und Weltanschauungsgemeinschaften zu entscheiden, aber keineswegs allein und ausschließlich die Amtsträger *einer* Konfession.

Alles verweist darauf, daß anstelle vermehrter Leistung und größerer Anstrengung die Beschränkung auf das Nötige, das Verkosten der Lebensqualität, der Raum der Stille und die Muße durchgesetzt werden müssen. Auch das ist keine neue Einsicht. Sie findet sich schon im Psalm 127,1 und 2:

> „Es ist umsonst, daß ihr früh aufsteht
> und euch spät erst niedersetzt,
> um das Brot der Mühsal zu essen;
> denn der Herr gibt es den Seinen im Schlaf."

In der Geschichte der Auslegung dieses Psalms ist dieser sein zweiter Vers niemals als eine Aufforderung zur Faulenzerei verstanden worden. Stille halten, warten können, nicht mehr produzieren als nötig und nicht verkonsumieren zum Schaden der Zukunft dieses Planeten – das alles ist nicht Faulheit, sondern dahinter stehen Einsicht und kraftvolle Disziplin.

Spiritualität ist nicht möglich, wenn Geld und Konsum die Gegenwart Gottes verstellen und sich an seine Stelle begeben. Unsere Gottesferne besteht ja nicht darin, daß Gott uns fern wäre, sondern daß wir Arbeit und Konsum anstelle eines Lebens vor Gott und aus Gottes Kraft gesetzt haben. Dabei ist uns unsere Einheit verlorengegangen, unsere Ich-Identität und Integrität. Von Platon bis Teilhard de Chardin wird betont, daß das Eine das Gute sei. Anders formuliert: alles, was gut ist, ist gut auf der Grundlage dessen, daß es Eines ist. In der Zerteilung, in der geteilten Vielheit ist die Quelle des Bösen zu sehen. Die Einheit wieder zu erlangen, sie sich auf dem Weg der Übung von Gott erneut schenken zu lassen, ist darum nicht nur eine spirituelle, sondern eine ethische Aufgabe. Wer schweigend auf eines seine Aufmerksamkeit sammelt, der zerstört in sich selbst viel Böses.

Auf diese Aussage von Simone Weil werden wir gleich noch zurückkommen.

Die Meditation braucht Zeiten und Räume. Diese sind dem Alltag abzugewinnen. Wer die Schrift nicht liest und den Psalm nicht spricht oder singt, und das doch wohl am besten laut, damit der ganze Mensch psalliert, der kann auch nicht vom Psalmvers oder vom Schriftwort angesprochen werden, das er doch den ganzen Tag meditieren sollte. Anderseits gibt es keinen Psalm und fast kein Buch der Schrift, das nicht jene mit meiner Existenz in Beziehung stehenden Motivworte hätte, die mich meinen und die von mir bewahrt werden wollen.[54]

Voraussetzung für das Entdecken dessen, was ich tagsüber bei mir tragen will, ist „Aufmerksamkeit". Man gewinnt sie und bewahrt sie durch Übung der Stille, am wirkungsvollsten in der Form gegenstandsloser Kontemplation nach Art des Zazen. Wie wir sahen, geht biblische Spiritualität ihrerseits in Schweigen über: „– im Schweigen ergeht unsere Anrede."[55]

Ein Vers oder ein Wort, das bei mir bleiben soll, ist einige Minuten zu meditieren, das heißt, immer aufs neue zu sagen, eventuell im Atemrhythmus. Bald entdeckt man, wie viele Leerstellen es gibt, in denen die Meditation meines Verses wie von selbst sich fortsetzen will: warten auf den Anschluß; an einer Kasse anstehen; im Wartezimmer sitzen; aufs Essen warten. Der Spaziergang ist eine besondere Gelegenheit zu meditieren. Es gibt Ausgaben der Schrift,

---

[54] Vgl. hierzu auch Otto Betz, Stand gewinnen durch die Kraft des Wortes, in: Leben mit Psalmen (hrsg. v. G. Bitter u. a.), München 1983, 148–152: „Aber in meinem Leben spielen meist ganz bestimmte Einzelverse eine Rolle. Ein Satz taucht auf und bleibt hängen, ein Vers begleitet mich den ganzen Tag, wird zum Leitmotiv und durchdringt das alltägliche Tun" (149).
[55] Klemens von Alexandrien, s.o. – Vom Zazen wird im 4. Teil dieses Buchs gesprochen.

auch der Psalmen und des NT im Kleinformat, die man leicht und unauffällig mit sich führen kann.

Für grundlegend wichtig halte ich, daß auch Christen den Rat der Zenmeister befolgen, stets nur eines auf einmal zu tun: nicht lesen *und* Radio hören, Gespräch führen *und* fernsehen, einen Brief schreiben *und* eine Schallplatte auflegen. Wir haben zu viele Möglichkeiten. Erreichten wir den Freund in der anderen Stadt nur über eine tagelange Fußwanderung, wären dann nicht unsere Gespräche gefüllter und intensiver; gäbe es keine Musikkonserven, müßten uns dann nicht musikalische Aufführungen, die wir erleben, tief erschüttern und begeistern? Könnte es auch heute geschehen, daß eine ganze Stadt, wie Athen zur Zeit des Sophokles, nach einer Aufführung der Antigone tagelang weint? Wer anfängt, seine Achtsamkeit auf eines und nur eines zu richten, wird anfangen, reichere Wahrnehmungen zu machen und Tieferes zu erleben, wird auch von der Meditation-Rezitation der Schrift viel intensiver getroffen werden.

Mit der Meditation anzufangen, ist ein echter Neubeginn. Zu einem solchen Neubeginn gelangt man am besten in einer Gemeinschaft. Aber wo sind die Meister, die uns die Meditation lehren? Ein besonders qualifizierter Kenner der Materie, Hans Waldenfels, hat wiederholt darauf hingewiesen, daß es zwar Meister der Zen-Meditation gebe, aber Meister in der christlichen Tradition fehlen. Vielleicht ist die Übung der Rezitation von Schriftworten, die man in sich einsinken läßt, nicht so schwer, daß nicht auch ein Buch dazu einen Anstoß geben könnte.

Daß ein Buch ein Anstoß sein kann, kenne ich aus meiner eigenen Biographie. Als ich in den späten dreißiger Jahren Guardinis „Wille und Wahrheit" in die Hand bekam, da hat dieses Buch, das weiß ich heute, einen Anstoß zu einer grundlegenden Veränderung gegeben. Da bekam ich eine Ahnung von Meditation, und es wurde eine Sehnsucht ge-

weckt, die seitdem nicht mehr verschwunden ist. Romano Guardini hat in diesem Buch den Text seiner Exerzitien publiziert, die er 1930–1932 dreimal auf Burg Rothenfels gehalten hat. Das Neue daran war die Wiederentdeckung des Körpers und des Atems für solche Exerzitien. Teilnehmer an den Exerzitien sollten es lernen, den Atem frei gehen zu lassen. Guardini sagt: „Von den vielen lebendigen Rhythmen, die wir in uns haben, ist der Atem der reichste."
„Der Atem ist gleichsam die feinste Form des Leibes; seine seelennächste Höhe. Nicht umsonst werden ‚Geist‘ und ‚Atem‘, ‚Seele‘ und ‚Hauch‘ mit den gleichen Worten ausgedrückt. Atem ist Rhythmus, der den ganzen Leib bis in die letzten Elemente durchwirkt, ja der selbst die feinste Ausschwingung des Leibes darstellt. So ist er es auch, der auf jede seelische Regung anspricht: indem er stockt oder sich befreit; offen und stark geht oder sich verhält; ausbricht im Ruf, im Schrei, im Lachen oder Weinen. Und wiederum ist's der Atem, der dem ‚Geistigen‘ im Menschen, dem Worte, Hauch leiht und Ton gibt." Von diesem Atem sagt Guardini, daß er heute ganz verwahrlost ist. Es gälte ihn zu lösen und, wenn wir nicht mit ruhigem Atem zur Stille zurückfänden, „dann muß das Abendland verdorren, denn seine Größe war im Tiefsten von jenen Kräften (den Kräften der Stille) gespeist". Das gelesen zu haben, wirkte sofort auf mich ein. Die aszetische Kraftanstrengung, die Form von ethischer Seelenmassage, die damals bei nachignatianischen Exerzitien praktiziert wurde, hat mich fortan gar nicht mehr erreicht, weil ich, durch Guardini motiviert, stets auf der Suche nach der Stille in mir war, die größer werden zu lassen meine wichtigste Aufgabe geworden war.

Warum also soll nicht ein Buch den Anstoß geben, der weiterwirkt, bis man demjenigen begegnet, der neuere, tiefere Anstöße geben kann und der vielleicht das Wachstum in der Meditation durch seinen Rat begleitet. Wer auf den richtigen Lehrer warten kann, der wird ihn wohl auch eines

Tages finden. Solche Lehrer können sehr wohl durch die Exerzitien des Ignatius geformt sein und diese Formung weitergeben. Eine neue Art von Führung aus der Tradition des Ignatius ist mir bei Pater Satura, Wels (OÖ) begegnet.

Ein großes, aber seltenes Glück ist ein Pfarrer, der seine Kraft und seine Begabung auf den Sonntagsgottesdienst ausrichtet und seiner Gemeinde wirklich den Tisch des Wortes deckt. Dort, wo solcher Gottesdienst gefeiert wird, trifft das Wort sein Ziel, nämlich mein Herz, und ich gehe verändert oder doch zur Veränderung aufgerufen hinaus. Das ist wohl deshalb selten geworden, weil auch in der Ausbildung von Theologen keine spirituellen Meister zur Verfügung stehen, sondern in der Regel nur der eine oder andere sich selber durchfindet, bei aller Beanspruchung, ja Überbeanspruchung aus dem Kern biblischer Spiritualität zu leben, sich vom Schriftwort zu nähren und seiner Gemeinde den Tisch des Gottesdienstes zu decken.

Wann und wo erfolgt der Neubeginn? Doch wohl in unserer Freizeit. Für einen Neubeginn sind die Ferien besonders geeignet. Ferien können dazu dienen, vieles zu sehen, zu erleben, mit reichen Eindrücken heimzukehren. Ferien sind dazu da, Gemeinschaft mit andern zu pflegen, mit ihnen Sport zu treiben, zu spielen, zu tanzen ... Aber Ferien sind doch wohl auch und vor allem dazu da, daß wir wieder zu uns finden. Also wären das die nötigen Ferien, daß ich an einen Ort gehe, an dem ich das richtige Buch lesen kann und an dem ich in der Bibel lesen kann. Dann werde ich meine Schriftworte finden, die mich ansprechen, denn ich fange ja an still zu werden und zu hören. Auf das Hören kommt es an. Der Glaubende hört in der Stille, was ihm Gott sagt. „Horchen will ich, was Gott redet, der Herr (= JHWH). Ja er redet Frieden zu seinem Volk..." (Ps 85,9). Die eindringlichste Stelle vom Hören auf Gott findet sich Ps 40,7 f.:

> An Opfern hast du kein Gefallen,
> aber Ohren hast du mir gegraben [56];
> darum sage ich: ja, ich komme.
> ...
> deinen Willen zu tun, mein Gott ..."

Ich kenne keine Stelle, die das, was durch die Meditation von Schriftworten bewirkt werden soll, treffender benennen würde, als Ps 40,7. Hier wird der Bezug der Meditation auf die Erfüllung des Willens Gottes mit großer Entschiedenheit ausgesprochen. Gott hat dir und mir Ohren gegraben, damit wir hören, was sein Wille ist, und die Bereitschaft erlangen, seinen Willen zu erfüllen. Das ist freilich nicht Gehorsam in dem Sinn, wie er von Menschen verlangt und in menschlichen Gemeinschaften (gelegentlich noch) praktiziert wird, sondern „Gott will nicht unsern Gehorsam, Gott will uns selbst" (Buber).

Die Kommentare, die sich für einen spirituell interessierten Hörer eignen, sind schwer aufzufinden. [57] Da sollte man den Mut haben, den schwer verständlichen Text so lange und immer wieder zu lesen, bis sich ein Verständnis plötzlich zeigt, bis auf der Basis meiner Existenz meine Erfahrung, meine Probleme, meine Hoffnung und Sehnsucht mit einem Psalmwort zusammenwachsen. Gelegentlich findet man in einzelnen Aufsätzen wertvolle, in Psalmen einführende Deutungen. Mir selbst hat Bubers „Recht und Un-

---

[56] So heißt es wörtlich im hebräischen Text. Die Einheitsübersetzung schreibt: „Doch das Gehör hast du mir eingepflanzt", wobei wiederum das ursprüngliche, kräftige Bild des AT durch ein neues, weniger kräftiges Bild verstellt wird. Für den, der eine manchmal befremdliche, neue Worte gebrauchende Sprache erträgt, ist es wohl derzeit das Beste, sich die Psalmübersetzung von Martin Buber „Buch der Preisungen" zu besorgen. Die Rechte liegen jetzt beim Verlag Lambert Schneider, Heidelberg, der 1980 die fünfte Auflage der Bibelübersetzung von Martin Buber veranstaltet hat. Eine gesonderte Ausgabe der Psalmen wird neuerdings wieder angeboten.

[57] Am meisten eignet sich A. Deissler, Die Psalmen, Düsseldorf 1964 u.ö.

recht. Deutung einiger Psalmen" tiefere Einsicht geschenkt.[58] Wir werden bei der Behandlung von Psalm 73 Gedanken von Buber zu diesem Psalm vorstellen, die er in der eben erwähnten Schrift entfaltet hat. Das eben ist das Besondere an seiner Deutung von Psalmen, daß der Leser hier nicht mit Fachwissenschaft überschüttet wird, sondern ein Kenner der hebräischen Sprache Zeugnis davon gibt, wie in lebenslanger Bemühung die Klage der Psalmen (und nur Klagelieder werden hier interpretiert) mit seiner Existenz zusammengewachsen ist. Und das Großartige an diesem Zeugnis ist die vollkommene Freiheit von konfessioneller Enge. Obwohl Martin Buber Jude war, hat er sich doch im Jerusalemer Exil nicht eigentlich wohlgefühlt. Seine christlichen Schüler, Hörer und Leser waren ihm genauso wichtig wie seine jüdischen, und man kann wohl auch aus christlicher Sicht sagen, daß er von allen theologischen Autoren deutscher Sprache in diesem Jahrhundert die größte Bedeutung hatte.

Das regelmäßige Meditieren braucht einen Neubeginn, für den die Ferien besonders geeignet sind. Wenn die Meditation das Jahr über durchgehalten werden soll, müssen für sie Räume freigehalten werden. Da bietet sich zunächst das Wochenende an, für das freilich eine „alternative Gestaltung" gefunden werden müßte, wenn an den beiden freien Tagen auch „der Geist Gottes zu Wort kommen" soll. Das Bedürfnis nach Gemeinschaft und nach Kultur, oft aber auch nur der Konsum, bewirken eine Verschiebung des Lebensrhythmus von Freitagabend bis Sonntag, die für Spiritualität ungünstig ist. Wenn der Samstag und der Sonntag für einen großen Teil der Menschen erst am späten Vormittag oder zur Zeit des Mittagessens beginnen, dann ist die be-

---

[58] Früher gab es das als gesonderte Publikation. Jetzt ist es nachzulesen in: Martin Buber, Werke. Zweiter Band. Schriften zur Bibel, München und Heidelberg 1964, 951–990. Vgl. oben S. 30ff.

ste Zeit für Stille und Anbetung schon vorbei. Prinzipiell ist jede Tagesstunde zum Gebet geeignet. Aber es gibt einen psychophysischen Rhythmus, dessen Kenntnis die Gebetsübung und das Schweigen aller Religionen beeinflußt hat. Die Stunden des Morgens erweisen sich als besonders geeignet, in anderer Weise wiederum die Abendstunden. Die eindrucksvollsten, auf jeden empfänglichen Menschen wirksamen Symbole der Natur sind das Hellwerden, der Sonnenaufgang, und der Sonnenuntergang mit der ihm folgenden Dämmerung. Wenn dann auch noch, je nach Planetenstand, einer der hellen Planeten am Morgenhimmel oder Abendhimmel sichtbar ist, so gehört das für Menschen, die zu sehen verstehen, zu den Wundern, die der Tageslauf anzubieten hat. Am Beginn des Jahres, in dem ich den Text für dieses Buch niederzuschreiben begonnen habe, standen Jupiter und Venus nebeneinander am Abendhimmel. Da wäre es mir lieber gewesen, ich hätte nicht arbeiten müssen, sondern eine Viertelstunde oder eine halbe Stunde lang nur schauen dürfen. Das hat man, so meine ich, auch in Israel schon empfunden. „Die Aufgänge des Morgens und des Abends machst du jubeln ..." (Ps 65,9).[59] Der Jubel, den der Mensch empfindet, wenn er der Schönheit des Aufgangs und des Untergangs zuschauen darf (beide kann eine antike Sprache mit der Mehrzahl „die Aufgänge" zu einer Aussage verbinden: Ich denke, man kann sich an eine solche Sprechweise gewöhnen), ist nicht nur in ihm selbst, sondern er wird im Symbol als anwesend erfahren.

Das ist in der ersten Naivität des Kindes so und muß durch naturwissenschaftliche Einsicht nicht verlorengehen, sondern kann wiedererlangt werden. Es wäre übrigens gut, wenn wir die naiven Erfahrungen von Kindern nicht zu

---

[59] Die Einheitsübersetzung interpretiert, wenn sie schreibt: „Ost und West erfüllst du mit Jubel." Sie wäre besser beim Wortlaut geblieben.

früh „aufklären". Das Kind, das zu seinem Vater beim ersten Erlebnis eines Sonnenuntergangs am Meer sagen darf: „Vater, mach das noch einmal!", hat es wahrscheinlich besser, als das andere, dessen Vater mit ihm zum Globus geht und durch Drehen des Globus und Markieren der „feststehenden Sonne" an einem Punkt im Raum zu verdeutlichen sucht, daß die Sonne nur „scheinbar" und für uns auf unserm Erdstandort untergeht.

Licht ist und bleibt ein Geheimnis, das sich nicht vollständig erklären läßt. Auch ist das Symbol des Lichts besonders geeignet, wenn von *dem* gesprochen werden soll, den Begriffe und Namen nicht fassen, von Gott. Die Stellen der Heiligen Schrift, die von Gott mit dem Symbol des Lichts sprechen, sind zahlreich. Die eindrucksvollste Stelle im Neuen Testament ist 1 Joh 1,5: „Und das ist die Botschaft, die wir von ihm gehört haben (von Christus) und euch verkünden, daß Gott Licht ist, und Finsternis ist in ihm keine." Das ordnungsstiftende Werk Gottes beginnt am ersten Schöpfungstag mit seinem Wort: „Es werde Licht." Wird das nicht nur als physikalischer, sondern als ein geheimnisvoll-symbolischer Vorgang verstanden (und das Schöpfungsbekenntnis von Gen 1 hat ja nicht nur physikalisch-naturwissenschaftliche Interessen), so besteht kein Anlaß, sich darüber zu „ärgern", daß doch die Gestirne erst am vierten Schöpfungstag von Gott geschaffen werden, vorher also doch noch gar kein Licht sein konnte. Licht ist für den antiken Menschen in gewisser Weise unabhängig vom Schein der Sonne. Die Helligkeit am Himmel erscheint ja schon länger vor Sonnenaufgang und bleibt nach Sonnenuntergang; und wiederum muß es erlaubt sein, zu sehen und Bedeutungen unmittelbar wahrzunehmen, ohne alles astronomisch aufzuklären. Und wenn das der Kern der Botschaft ist, die durch Jesus gebracht wurde und die seine Zeugen weiterverkünden, daß Gott Licht ist, dann ist eben nicht nur die Sonne Licht, sondern dann wird die Sonne selbst zum Symbol für ein Licht, über das zu reden die Möglichkeiten der menschlichen Sprache nicht ausreichen.

Der Sohn des Vaters, der vom Himmel herabgestiegen ist, wird im Johannesevangelium öfter als „das Licht" bezeichnet, und zwar als „das wirkliche Licht" (1,9). „Ich bin das Licht der Welt. Wer mir folgt, wird nimmermehr in der Finsternis wandeln, sondern er wird das Licht des Lebens haben" (8,12). So werden Licht und Finsternis zu Symbolen für erlösten und unerlösten Lebenswandel. „Wer die Wahrheit tut, kommt ans Licht" (3,20). – Der Jesus der Bergpredigt sagt: „Ihr seid das Licht der Welt" und: „So soll euer Licht leuchten vor den Menschen, auf daß sie eure guten Werke sehen und euren Vater in den Himmeln preisen" (Mt 5,14.16). Umgekehrt heißt es von dem, der den Weg des Bösen geht: „Wenn nun das Licht in dir zur Finsternis wird, wie groß muß die Finsternis sein" (Mt 6,23).

Das sind nur wenige Stellen aus der Fülle von Worten der Bibel, die sich des Symbols des Lichts bedienen. Sie sind alle ohne Kommentare verständlich und ihre Bedeutung trifft uns so unmittelbar, ihre Schönheit fordert uns auf, sie nachzusprechen und bei ihnen zu bleiben, so daß sie als Anfang unserer wiederholenden Rezitation von Schriftworten gut geeignet sind.

Es scheint schwer vorstellbar, daß einer ein Leben, in dem Meditation einen Raum hat und das immer mehr zu einem meditativen Leben wird, beginnen kann, ohne daß er seinen Tagesrhythmus ändert. Unter dem modernen Wochenende leidet der Sonntag, von dem her ja das sogenannte „Wochenende"[60] seinen Ausgang genommen hat. In einem Gespräch von Jugendlichen wird gesagt, daß der Freitagabend die schönste Zeit der Woche sei. „Am Samstagvormittag schlafe ich ja aus. Dann kommt der Samstag-

---

[60] Leider haben auch Christen fast schon vergessen, daß der Sonntag der erste Tag der Woche, also „Wochenanfang", ist.

nachmittag und der Samstagabend. Das ist auch noch schön. Aber wenn ich am Sonntagmittag aufstehe, dann ist das Wochenende eigentlich schon vorbei, und es macht keinen Spaß mehr." Mir scheint, wer das nicht ändert, kann eigentlich seinen christlichen Glauben nicht leben.

Welche Zeit jeden Tag für die Meditation zur Verfügung steht, das wird sich je nach der beruflichen oder familiären Beanspruchung bei jedem anders ergeben. Eigentlich sollte, wer sich ändern will, täglich eine Stunde freihalten. Aber eine halbe Stunde ist besser als nichts und auch eine Viertelstunde täglich hat ihre Wirkung. Sie hat sie vor allem dann, wenn es nicht bei einem isolierten, mehr oder weniger eiligen Vollzug bleibt, sondern wenn mein Schriftwort mit mir mitgeht, mich überallhin begleitet, in der Stille vor dem Einschlafen gegenwärtig ist und infolgedessen auch am Morgen als erstes dem Herz wieder bewußt wird.

Schriftworte, die in die Rezitation-Meditation aufgenommen werden, kommen nun stets aus textlichen Zusammenhängen. Ich finde sie in bestimmten Büchern der Heiligen Schrift, des Alten oder Neuen Testaments. In einer Zeit, die alte Texte historisch-kritisch und linguistisch (nämlich nach den verschiedenen sprachwissenschaftlichen Methoden) zu interpretieren weiß, scheint es unwissenschaftlich und darum auch unvertretbar, sich Schriftworten zuzuwenden, ohne zu wissen, was sie an ihrem ursprünglichen „Sitz im Leben"[61] bedeutet haben, was sie in der Geschichte des Glaubens ausgelöst haben (= „Wirkungsgeschichte") und welche aktuelle Bedeutung ihnen heute zukommt.

Es wird gegenwärtig viel Kritik an der historisch-kritischen Exegese laut, wie sie an unsern theologischen Fakul-

---

[61] Dieser am Anfang des Jahrhunderts geprägte Begriff belegt das Bemühen der Exegese, aufgrund der Sprache, die ein Text spricht, und der Gattung, in der er überliefert ist, festzustellen, an welchem Ort im Leben des Volkes Israel oder des Lebensvollzugs der frühen Kirche er entstanden sein kann, und an welche Adressaten er sich gewandt hat.

täten gelehrt wird und in den Kommentarreihen sich niedergeschrieben findet. Zweifellos wird derjenige, der Theologie nicht studiert hat (und vielleicht auch gar nicht studieren wollte), wenn er einen der großen Kommentare zum Neuen Testament aufschlägt – meist mehrbändige Werke zu einem Evangelium – schwer auf seine Kosten kommen. In solchen Kommentaren findet derjenige, der nach der Schrift leben und sie meditieren will, Fragen nicht beantwortet, die für ihn wichtig sind. So wird ihm ein Kommentar zur Bergpredigt gewiß nicht sagen (und kann auch gar nicht sagen), was er – der Leser der Bergpredigt – tun soll. Das Handeln aufgrund des Anspruches Jesu, den uns die Bergpredigt überliefert, erfordert ja Gehorsam und Einsicht in den Willen Gottes, nicht wissenschaftlich gesicherte Auslegung. Die Auslegung kann mir hingegen sagen, wie ein Text nicht gemeint ist und welchem Mißverständnis ich infolgedessen nicht erliegen soll. Es ist schon nützlich, etwas von Theologie zu verstehen, wenn an die verheirateten Männer der Anspruch herangetragen wird, sie dürften nicht ihre Frauen anschauen, um sie zu begehren, denn das genau sei der Ehebruch, begangen im Herzen, den Jesus verurteilt habe [62]. Besitze ich einen Kommentar zum Mattäusevangelium, so kann ich ihm leicht entnehmen, daß Jesus hier nicht vom ehelichen Umgang von Mann und Frau hat sprechen wollen, sondern die Befolgung des Willens Gottes schon dort fordert, wo sich die Sünde des Ehebruchs erst anbahnt, nämlich im begehrenden Anschauen der Frau, mit der die Ehe zu brechen man sich vornimmt. Insofern ist Exegese eine Hilfe gegen unbefugte Ansprüche geistlicher Macht. Theologie und Lehramt sind auf das im Kanon der Heiligen Schrift anerkannte Zeugnis vom Wort Gottes gegründet und bleiben an dieses Zeugnis gebunden. Das ist ein Schutz nicht nur gegen Irrlehren, son-

---

[62] Audienz-Ansprache, 8. Oktober 1980.

dern auch gegen Mißbrauch, dem der einzelne Glaubende sonst ausgeliefert sein könnte.

Anderseits wird in Kommentaren sehr vieles behandelt, das der Leser, der die Schrift meditieren will, indem er das Wort, das ihn betrifft, entdeckt und bei sich trägt, weder wissen muß, noch wissen will. Da gibt es Detailfragen, deren Diskussion nur unter Fachleuten wichtig ist.

Man kann es also verstehen, wenn mit Nachdruck gefordert wird und neuerdings auch versucht wird, die Schrift auf unsere Existenz hin auszulegen. Dabei ist allerdings auch zu beachten, daß die sogenannten Archetypen von C. G. Jung, die Psychoanalyse Freuds oder die Neo-Psychoanalyse nicht von sich aus schon unserer Existenz näher stehen und unsere spirituellen Notwendigkeiten im Auge haben. Besonders innerhalb der sogenannten Archetypen wird so ungenau geredet, so vieles behauptet und so vieles dem Urteil des Denkens entzogen, es wird, wie man heute gern sagt, „aus dem Bauch geredet". Nun ist aber der Bauch gerade nicht das Organ, das dafür sorgt, daß wir die Wahrheit entdecken. Dort, wo der Atem meine Bauchdecke bewegt, kann und soll ich zur Ruhe kommen. Dort sind die Nervenknoten des sympathischen Nervensystems versammelt, die alles in meinem Körper steuern, was sich unabhängig von meinem Bewußtsein vollzieht.

Es ist schon gut, die Wahrheit und die Liebe, so wie sie sich in Worten der Schrift ausspricht, in die Tiefe des Unbewußten hinabsinken zu lassen, denn von dort könnte vielleicht die richtige Antwort wiederum ins Bewußtsein aufsteigen, die aus der Einheit meines Lebens kommt. Widerstrebt es also, das Gehirn zum Sitz des menschlichen Erkennens zu machen (obwohl ohne die chemischen und physikalischen Prozesse der Gehirnrinde zweifellos nicht gedacht werden kann), so ist die hebräische und chinesische Tradition schöner, die das Herz des Menschen als den verborgenen Sitz seines Denkens erkennt. Schriftworte, die einer unaufhörlich rezitiert, „bewegt er in seinem Herzen".

Damit nun aber das, was die Schrift sagen will, nicht gänzlich mißverstanden wird, und damit Schriftworte nicht gegen den Zusammenhang, aus dem sie stammen, mißdeutet werden und folglich auch falsch meditiert werden, bräuchte der Meditant einen zuverlässigen theologischen Gesprächspartner. So ein Gesprächspartner will ein guter Kommentar sein. Daß Schriftauslegung auch etwas mit aktueller christlicher Lebensführung und kirchlichem Handeln zu tun hat, ist eigens erkannt und in die Konzeption des ganzen Werks hineingenommen worden bei der Kommentarreihe EKK (Evangelisch-Katholischer Kommentar zum Neuen Testament).[63] Von in der Regel geringerem Umfang sind die Bände der Reihe „Geistliche Schriftlesung"[64], von denen einige (aber leider nicht alle) auch theologisch-wissenschaftlichen Ansprüchen genügen, ohne deshalb schwierig verfaßt zu sein. Ein Evangelium zu lesen und dabei einen Kommentar zu benutzen, nicht um Wissenschaft an die Stelle von Meditation zu setzen, sondern schlicht und einfach, um zu verstehen, was da steht, das ist sicher sinnvoll, und dafür sollte man sich auch Zeit nehmen.[65] Man muß aber keineswegs Kommentare lesen, wenn es einem nicht darum geht, ein zuverlässiges „Urteil"

---

[63] Diese Kommentarreihe erscheint im Benziger-Verlag und im Neukirchener Verlag und liegt in jeder Buchhandlung aus, die theologische Literatur führt.

[64] Diese Reihe erscheint im Patmos-Verlag.

[65] Für Markus und Mattäus stehen die Kommentare von EKK (Luz und Gnilka) zur Verfügung. Gnilka hat zusätzlich einen zweibändigen Kommentar zu Mattäus geschrieben (Herders Theologischer Kommentar zum Neuen Testament), danach aber als ‚Ergänzungsband' „Jesus von Nazaret. Botschaft und Geschichte", Freiburg 1990 verfaßt, ein Buch von wenig mehr als 300 Seiten, das gerade auch für den Nicht-Fachmann geeignet ist. Einen Kommentar zum Johannesevangelium von Blank bietet „Geistliche Schriftlesung".

zu bekommen [66], sondern wenn man schlicht auf das Wort der Schrift hören und es bei sich tragen will. Das Verständnis auf der Grundlage des eigenen Lebens, besonders das Verständnis auf der Basis dessen, was einer erlitten hat, liegt jenseits dessen, was in theologischer Arbeit dargestellt werden könnte. Deshalb ist es bei der Vorbereitung von Bibelunterricht und von Predigten mindestens ebenso wichtig, den Schrifttext, über den unterrichtet oder gepredigt werden soll, einige Tage lang bei sich zu tragen und ihn immer wieder zu lesen (am besten: ihn auswendig zu wissen), als Kommentare zu befragen. Aber am besten wäre es schon, wenn der kundige Kommentar, mit seinen freilich stets auch nur vorläufigen Auskünften, mit dem, was mich anspricht und was ich für andere auszusprechen vermag, zusammenwächst. Die zweite Naivität, die auf das aufgeklärte Denken folgt, ist zweifellos besser als die erste Naivität. Es dürfte schwer sein, im soziologischen Umfeld kritischer und aufgeklärter Zeitgenossen sich seine erste Naivität schlichthin zu bewahren. Und ehe man sich mit Halbwissen zufrieden gibt, sollte man doch lieber dasjenige zur Kenntnis nehmen, was sich in fast zweihundert Jahren exegetisch-wissenschaftlicher Arbeit hat erheben lassen. Um ein Beispiel zu nennen: Einer, der nicht weiß, daß im ersten Kapitel des Buches Genesis ein anderer Autor am Werk ist als in der Paradieses-Geschichte, die mit Gen 2,4b beginnt, verwickelt sich in Widersprüche. Er hat einfach keinen Durchblick, und das macht ihn gegenüber der Kritik wehrlos, so daß er eines Tages vielleicht auch selbst sagt, was dort stünde, sei für einen modernen Menschen nicht akzeptabel.

---

[66] Ein solches Urteil braucht man, wenn die Auslegung des Textes für die Glaubens*lehre* oder die ethische Praxis konsequenzenreich ist.

3.5 Vorschläge zur Psalmen-Meditation

Wer nach einem Neubeginn in den Ferien oder an einem Wochenende wieder angefangen hat (oder überhaupt erst angefangen hat), in der Schrift zu lesen, der wird immer wieder von einzelnen Worten Jesu, von Worten der Apostel, der Propheten, der Psalmen so getroffen werden, daß er diese Worte bei sich behalten will. Das sind die Worte seiner Rezitation. So wird jeder zu seiner Sammlung wichtiger Schriftworte gelangen. Als Beispiel eigenen Sammelns nenne ich eine Reihe von Psalmworten, die mich in den letzten Jahren besonders angesprochen haben und von denen ich vermute, daß sie auch den Lesern dieses Buches wichtig sein könnten.

Dein Antlitz suche ich, Herr,
verstecke dein Antlitz nimmer vor mir.
Ps 27,8 f.

Bei dir ist die Quelle des Lebens,
in deinem Licht schauen wir das Licht.
Ps 36,10

Weisheit wird reden mein Mund,
Betrachtung ist das Tönen meines Herzens.
Ps 49,4

Herr, tu auf meine Lippen,
und so wird mein Mund dein Lob verkünden.
Ps 51,17

... und dein, mein Herr, ist die Huld.
Ps 62,12

Ich will dich preisen, Herr, in meinem Leben.
Ps 63,4

... die Aufgänge des Morgens und des Abends machst du jubeln.
Ps 65,9

Herr, im Licht deines Antlitzes gehn sie.
Um deinen Namen jauchzen sie all den Tag.
Ps 89,16f.

Gepriesen sei der Herr in Ewigkeit! Amen, ja Amen.
Ps 89,53

Komm wieder zur Ruhe, mein Herz, denn der Herr hat dir Gutes getan!
Ps 116,7

Mein Gottherr bist du, ich will dir danken,
mein Gott, ich will dich erheben.
Ps 118,28

Tag für Tag will ich dich loben.
Ps 141,2

... aller Atem preise den Herrn.
Ps 150,6

Meines Herzens Beengung weite,
aus meinen Nöten hole mich hervor.
Sieh meine Gebeugtheit und Pein
und ertrage all meine Sünden.
Ps 25,17 f.

Schlichtheit und Geradheit mögen mich bewahren,
denn ich hoffe auf dich.
Ps 25,21

Denn dir zu harre ich, Herr,
du bist's, der antworten soll, mein Herr, mein Gott!
Ps 38,16

Spannbreite, ach, gabst du meinen Tagen,
meine Weile, vor dir ist sie wie nichts,
allsamt ein Dunst nur ist all der aufrechte Mensch.
Ps 39,6

... daß ich aufblicken kann, bis ich gehe und nicht mehr bin!
Ps 39,14

... denn du bist mir Hilfe gewesen.
Ps 63,8

In deinen Schlauch tu meine Träne. Ist nicht in deiner Zählung auch sie?
Ps 65,9

Es komme über mich deine Barmherzigkeit, Herr.
Ps 119,77 u.ö.

Deiner Barmherzigkeit, Herr, ist voll die Erde.
Ps 119,64

Dein Wort ist meinem Fuß eine Leuchte,
ein Licht für meine Pfade.
Ps 119,105

Meine Hilfe ist im Namen des Herrn,
der Himmel und Erde geschaffen hat.
Ps 121,2

Der Herr ist gnädig und barmherzig,
langmütig und reich an Gnade.
Ps 145,8

Für die Wiedergabe der Psalmtexte wurde Martin Bubers Übersetzung benutzt; aber seine Übersetzung von JHWH durch ein Personalfürwort wurde nicht übernommen.

Psalm 73 – alttestamentliche Mystik

Die wiederkäuende Rezitation einzelner Schriftworte ist eine gute Übung, aber sie kann gar nicht übersehen, daß der einzelne Satz zu einem Text gehört, der in sich eine literarische Einheit bildet. Ein biblisches Buch ist gewöhnlich aus mehreren solchen Einheiten aufgebaut, und jede Einheit ist im Gesamt des Buches zu sehen, in dem sie ihren Ort gefunden hat.

Nun ist die wiederkäuende Meditation von Schriftworten nicht dazu da, derartiges stets aufs neue zu bedenken, denn das hieße ja eben, nicht zu meditieren, sondern wissenschaftliche Schriftauslegung zu betreiben. Aber die wissenschaftliche Auslegung der Schrift steht der Meditation-Rezitation einzelner Schriftworte gar nicht im Weg, sondern ermöglicht sie und gibt ihr Intensität.

Das soll an zwei Beispielen aufgezeigt werden. Das erste davon ist der Psalm 73, eine der Stellen des Alten Testaments, an denen ich meine, Mystik vorzufinden. Schauen wir uns zunächst den Text dieses Psalmes an, dessen Übersetzung ich von Diethelm Michel übernehme.[67]

1 Ja, gut für den Rechtschaffenen ist Gott,
   der Herr denen, die reinen Herzens sind.
2 Ich aber wäre um ein Haar mit meinen Füßen gestrauchelt,
   wäre beinahe mit meinen Schritten ausgeglitten.
3 Denn ich ereiferte mich über die Narren,
   als ich das Wohlleben der Frevler sah.
4 Ja, es gibt keine Qualen für sie,
   gesund und feist ist ihr Leib.
5 Von menschlicher Mühsal bleiben sie verschont,
   und nicht werden sie wie andere geplagt.
6 Deshalb schmücken sie sich in Hochmut wie in Halsgeschmeide
   und ziehen Gewalttat wie ein Kleid an.
7 Aus dem Fett tritt ihr Auge hervor,
   die Einbildungen ihres Herzens quellen über.
8 Sie höhnen und reden im Argen,
   Bedrückung reden sie von oben herab.
9 Sie setzen ihr Maul an den Himmel
   und ergehen sich mit ihrer Zunge auf Erden.
10 Deshalb kehrt sein Volk hierhin zurück,
   und Wasser des Vollen schlürfen sie sich.[68]

---

[67] Im übrigen ist auf die Übersetzung und Interpretation dieses Psalms durch Martin Buber hinzuweisen: Das Herz entscheidet. Psalm 73, in: Martin Buber, Werke. Zweiter Band. Schriften zur Bibel, 971–983.
[68] Diethelm Michel hält diesen Vers für eine „Randglosse" und meint, daß V. 11 unmittelbar an V. 9 anschließt.

11 Sie sagen: Wieso ist Gott wissend,
   wo gäbe es Einsicht beim Höchsten?
12 Obwohl sie wahrhaftig Frevler sind,
   mehren sie, auf Dauer sorgenfrei, ihren Besitz.
13 Ganz umsonst hielt ich mein Herz rein,
   so daß ich meine Hände in Unschuld waschen konnte.
14 Ich wurde daraufhin den ganzen Tag geplagt,
   meine Züchtigung war allmorgendlich.
15 Hätte ich gesprochen: Ich will ebenso reden,
   hätte ich gegen das Geschlecht deiner Söhne treulos gehandelt.
16 Dann grübelte ich, das zu begreifen –
   eine Mühsal war das in meinen Augen,
17 bis ich kam zu den Heiligtümern Gottes
   und acht hatte auf ihr Ende.
18 Ja, du hast sie auf schlüpfrigen Boden gestellt,
   indem du sie in Täuschung fallen ließest.
19 Wie werden sie im Nu zum Entsetzen,
   verschwinden, vergehen vor Schrecken!
20 Wie ein Traum beim Erwachen, Herr,
   verachtest du beim Erheben ihr Bild.
21 Als sich mein Herz verbitterte,
   als Schmerz mir die Nieren durchstach,
22 da war ich ein Vieh, konnte nicht einsehen,
   ein Riesenrindvieh war ich bei dir.
23 Ich bin stets bei dir,
   du hast mich bei meiner rechten Hand ergriffen.
24 Du leitest mich nach deinem Rat
   und wirst mich hernach in Ehren wegnehmen.
25 Wen hab' ich im Himmel?
   Bin ich bei dir, habe ich nicht Lust nach der Erde.
26 Mein Fleisch und mein Herz vergehen –
   Gott ist mein Teil für alle Zeit.
27 Denn siehe, die fern von dir sind, müssen vergehen,
   denn du vertilgst alle, die von dir abfallen.
28 Ich aber: Gott nahen ist gut für mich,
   ich nehme meine Zuflucht bei dem Herrn Jahweh,
   all deine Werke zu verkünden.

Da sich im Alten Testament das Interesse zunächst auf Israel richtet, auf die Nachkommen Abrahams, Isaaks und Jakobs und auf die Erfüllung der ihnen gegebenen Verheißung, ist Psalm 73 ein späterer Psalm, denn er richtet sein Interesse auf den einzelnen und seinen Tod. Aber während die Patriarchen des Alten Testaments „alt und lebenssatt" sterben, geht es diesem Beter nicht so. Wie in manchem anderen der späteren Psalmen geht es dem Guten schlecht und dem Frevler geht es gut. Darin liegt für das Alte Testament (und für den über Gottes Gerechtigkeit nachdenkenden Menschen wohl auch heute) ein großes Problem: Wenn Gott auf seiten der Armen, der Kleinen, der Ausgestoßenen steht, wie hilft er ihnen dann? Wenn die Frevler gegen Gott handeln, warum geht es ihnen dann so gut?

Die Frevler haben ein „Wohlleben"; sie sind „gesund und feist" (mager sein war damals kein Zeichen von Gesundheit!). Das Gesicht des Bösen, den unser Beter vor sich hat, ist so gepolstert, daß „sein Auge aus dem Fett hervorquillt". Das ist gewiß ein kräftiges Bild, aber doch ein in sich stimmiges Bild.[69] Die Frevler dürfen reden, was sie wollen: Bis zum Himmel reißen sie ihr Maul auf (sie reden töricht und böse über Himmlisches) und haben über alles, was auf der Erde geschieht, ein törichtes Urteil. Auf diese Art folgen ihnen die Leute und „schlürfen" diese dummen Reden in sich hinein. Gott spielt für solches Gerede keine Rolle: er hat kein Wissen und keine Einsicht. So führen die Frevler eine sorgenfreie Existenz auf der Basis ihres Besitzes – keineswegs eine unmoderne Situation.

Dort, wo redliche Menschen, die sich nichts zuschulden

---

[69] Der bekannte Alttestamentler am Anfang dieses Jahrhunderts, Hermann Gunkel, ändert den Text (wie es damals häufiger üblich war, indem man den Wortlaut des hebräischen Originals, der ja nur Konsonanten schreibt, durch kleine Änderungen anders liest). Bei ihm heißt es „Ihr Auge blinkt vor Milch, Trunkenheit bewältigt ihr Herz." – Deissler (280) bietet: „Fettherz"!

kommen lassen und den Weg gehen, den Gott sie gehen heißt, Not leiden, und ihren ungerechten und lieblosen Unterdrückern geht es gut, weil sie über Macht und Besitz verfügen, wird man die Krise des alttestamentlichen Beters nachempfinden können. Sie ist in der Tat existenzbedrohend. Es geht nicht um theoretische Schwierigkeiten, nicht um irgend *ein* theologisches Problem. Die existentielle Frustration dessen, der auf Gott vertraut und nach Gottes Willen handelt, ist so groß, daß sein Glaube, nämlich sein Vertrauen, in Gefahr gerät.[70] Er sieht keinen Sinn mehr. So werden ihm „Herz und Nieren" krank. Die Lebenskrise, in die er geraten ist, drückt sich seelisch und leiblich aus, zwischen Körper und Geist gibt es eine Isomorphie (Gleichförmigkeit). Vers 21 spricht davon. Aber daß der Beter sich derart über das Wohlergehen der Frevler erregt und für sich keinen Sinn mehr sieht, eben das läßt ihn rückwirkend (nachdem er es versteht, wie Gott handelt) erkennen, daß er dumm war wie ein „Riesenrindvieh" (V. 22).

Aber das ist schon gesprochen, nachdem die Wende eingetreten ist. Von ihr spricht V. 17: „bis ich kam zu den Heiligtümern Gottes". Stünde die Einzahl da, so wäre der Tempel gemeint.[71] Auch wenn man sagt, es sei der Tempelbezirk mit seinen Vorhöfen gemeint, erhält man keinen guten Sinn. Was soll denn im Tempel konkret geschehen sein, das für den armen und kranken Menschen in seiner Existenzkrise eine Änderung bewirkt hätte? Wenn der Beter „zu den Heiligtümern Gottes" gelangt, so sind wohl „Gottes Geheimnisse", seine Mysterien, gemeint.[72] Gelangt man dazu, an Gottes Geheimnissen verstehend teilzuhaben, so

---

[70] Vgl. Buber, a. a. O.
[71] So Einheitsübersetzung!
[72] Ähnlich formuliert Weisheit 2,21 f.: „... denn ihre Schlechtigkeit macht sie blind. Sie verstehen von Gottes Geheimnissen nichts, sie hoffen auf keinen Lohn der Frömmigkeit und erwarten keine Auszeichnung für untadelige Seelen."

löst sich der Vorwurf, Gott sei ungerecht, und es wird verstehbar, was Gott „im Sinn hat". Wer zu den heiligen (verborgenen) Geheimnissen Gottes vordringen durfte, der erfährt, daß er gerade als armer, verstoßener und entleerter Mensch in Gott aufgehoben ist.

Die Verse 23 bis 28 sprechen von dem, was als ein heiliges Geheimnis Gottes aufgedeckt wurde. Das sind in der Tat Mysterien, wie sie sich an kaum einer andern Stelle des Alten Testaments ausgesprochen finden, denn hier ist davon die Rede, was mit dem Menschen, der zu Gott gehört, in Zukunft geschieht. Dabei ist auch an eine Zukunft „jenseits des Todes" gedacht. „Ich bin stets bei dir", „du hast mich bei meiner rechten Hand ergriffen" – das sind Worte, die sich zur Meditation-Rezitation eignen. Die Einstellung des Beters, sein Sein vor Gott entspricht der Haltung der Beterin von Psalm 131. Der Beter weilt bei Gott, ohne noch mit ihm zu streiten, ohne neue Argumente zu suchen, ohne sich in Reden zu ergehen. – Von Gottes Rat geleitet sein (V. 24), das ist: tun, was Gott will.[73] In Ehren weggenommen werden, das erinnert an Henoch (Gen 5,24)[74] oder an Elija (2 Kön 2,3.5.9)[75]. Von Gott weggenommen werden heißt, zu Gott genommen werden. Und wenn einer „in Ehren" weggenommen wird, so wird er ehrenvoll begraben und hat ein gutes Gedächtnis bei den Hinterbliebenen.

Von einem Jenseits, vom Auferstehen zu neuem Leben und vom Himmel als der neuen Existenzweise, ist hier nicht die Rede. Hier werden bewußt doppeldeutige Begriffe gewählt (polyseme Begriffe: Alonso Schökel). Diethelm Michel meint, daß absichtlich „doppeldeutig" gesprochen

---

[73] So M. Buber.
[74] „Henoch war seinen Weg mit Gott gegangen, dann war er nicht mehr da, denn Gott hatte ihn weggenommen."
[75] 2 Kön 2,9 sagt Elija zu Elischa: „Sprich eine Bitte aus, die ich dir erfüllen soll, bevor ich von dir weggenommen werde!" Dann erscheint der feurige Wagen, der ihn zum Himmel emporträgt.

wird. Kein Leser/Hörer wird über die ihm geschenkte Einsicht hinaus angefordert. Jeder kann und soll nur so viel verstehen, wie ihm Einsicht in Gottes Geheimnisse geschenkt worden ist. Deshalb ist weder vom erfahrbaren Diesseits noch vom unerfahrenen Jenseits die Rede, sondern von der Erfahrung Gottes, die der Beter hat machen dürfen, als er zu Gottes Heiligtümern = Geheimnissen gekommen ist. Es geht nicht um das, was *nach* dem Tod kommt, sondern um etwas, was dem Tod die Möglichkeit nimmt, mich zu töten, das heißt, mich von Gott zu trennen. Die Aussage von v. 25

>"Wen hab' ich im Himmel?[76]
>Bin ich bei dir, habe ich nicht Lust nach der Erde"

sagt nun gerade nicht, daß ein Gott, der im Himmel thront, den Beter zu sich nimmt, sondern vielmehr, daß der, der bei Gott ist, keinen Himmel mehr braucht. Zu den Geheimnissen Gottes gelangen und so (schon jetzt) mit Gott eines sein, das nimmt dem Tod seine Bedeutung schon jetzt. Dann ist es nicht mehr wichtig, ob ich lebe oder ob ich sterbe (Paulus!). Ich bin ja schon bei Ihm.

Das in Psalm 73 Gesagte steht in der Tat in einer großen Nähe zur Mystik des Paulus, wie sie dieser im Römerbrief vorträgt (8,35.39): „Wer kann uns trennen von der Liebe Christi ... Nichts kann uns trennen von der Liebe Gottes, die (uns ergriffen hat) in Christus Jesus unserm Herrn." Eine ähnliche Mystik treffen wir in den Abschiedsreden des Johannesevangeliums. Dort heißt es vom Vater und von Jesus: „... wir werden kommen und Wohnung bei ihm neh-

---

[76] Die Einheitsübersetzung schreibt (*gegen* den hebräischen, den griechischen und den lateinischen Text): „Was habe ich im Himmel *außer* dir?" Der Übersetzer bezeugt damit, daß er von der mystischen Einswerdung mit Gott keine Erfahrung hat und die Erfahrung des Beters nicht versteht. Er muß ein „außer dir" hinzufügen, damit der Psalm seinem dogmatischen Vorverständnis sich einfügt.

men" (14,23) und „Alle sollen eins sein; wie du, Vater, in mir bist und ich in dir bin, sollen auch auch sie in uns sein, damit die Welt glaubt, daß du mich gesandt hast" (17,21). Das ist die im Alten Testament und Neuen Testament ausgesprochene Mystik, die Einswerden mit Gott bedeutet. Davon als Psalmist oder neutestamentlicher Autor Zeugnis zu geben heißt nicht, kühne theologische Gedanken vorzutragen, sondern „aus Erfahrung" zu sprechen.

Seit ich Martin Bubers schöne Interpretation von Psalm 73 gelesen habe, ist dieser mir wichtig geworden, und ich kehre oft zu ihm zurück. Freilich ist das nicht gerade ein Gebet für Kinder und junge Menschen, aber es ist gewiß ein tröstliches Lied für diejenigen, denen das Leben Schmerz zugefügt hat und die sich hier keine Zukunft mehr erhoffen dürfen, jedenfalls keine solche, die ihnen Besitz, Wohlstand und Gesundheit verschafft.

3.6 Die Seligpreisungen der Bergpredigt – Von der Zukunft der Armen

Seligpreisungen sind eine Redeweise des Alten Testaments, deren sich auch Jesus in der Berpredigt bedient. Was wir mit „selig" übersetzen und was bei andern Übersetzungen „glücklich" oder „wohl denen" heißt, kommt von dem hebräischen Wort *„aschre"*, das wörtlich übersetzt „Schritte" heißt. Dann hieße Mt 5,3 wörtlich übersetzt: „Schritte derer, die die Armut des Geistes haben." Solche Seligpreisungen, bei denen eigentlich an Schritte gedacht ist, die jemand tut, haben also offenbar einen Bezug auf die Zukunft. Und mit einem solchen Zukunftsbezug sind auch die Seligpreisungen im Lukasevangelium (6,20–23) mit den anschließenden Wehe-Rufen (6,24–26) und die Seligpreisungen bei Mattäus (5,3–12) zu lesen. Wer diese Worte rezitierend meditiert, meditiert die Zukunft des Glaubenden, vorausgesetzt, dieser Glaubende gehört nicht zu den Besitzenden und Starken, zu den Mächtigen dieser Welt. Die ältere Form der Seligpreisungen bei Lukas redet die Jünger Jesu mit „ihr" an. Da weiß man direkt, wer gemeint ist und wessen Schritte in eine glückliche Richtung gehen. Dort ist von den Armen (ohne Zusatz), den Hungernden und den Weinenden die Rede. Es wird kein Versuch unternommen, Armut, Hunger und Weinen geistig zu interpretieren.

Die Form, die diese Seligpreisungen bei Mattäus gefunden haben, rechnet mit einer Zeit, in der es diese Jünger nicht mehr gibt, sondern neue „Jünger Jesu" da sind, zu denen auch solche gehören, von denen nicht gefordert ist, sich dadurch arm zu machen, daß sie sich von ihrem Besitz trennen.[77] Deshalb hat das Mattäusevangelium interpretierende Hinzufügungen, die nicht ganz leicht zu übersetzen sind. Die „Armen im Geiste" waren schon meinen Mitschülern am Gymnasium ein Anlaß zu spöttischer Zitation, als seien damit Menschen gemeint, denen es an Geist fehlt.

Das Nachdenken über die Form des Lukas und die Form des Mattäus sollte den Kommentaren überlassen bleiben. Wir beschränken uns hier auf die Form des Mattäus und haben dabei die Absicht, der Meditation-Rezitation von Schriftworten etwas anzubieten, bei dem man eventuell lebenslang verbleiben kann. Wir beginnen damit, den Text zu übersetzen:

5,3 Selig, die die Armut des Geistes haben,
  denn ihrer ist das Himmelreich.
 4 Selig die Trauernden,
  denn sie werden Trost bekommen.
 5 Selig die Gewaltlosen,
  denn sie werden das Land erben.

---

[77] Daß es nicht auf die Armut im materiellen Sinn ankommt, sondern auf die Armut vor Gott, das ist einleuchtend. Dennoch bleibt der materielle Besitz angesichts von Hunger und Not so vieler Menschen problematisch.

6 Selig, die hungern und dürsten nach der Gerechtigkeit,
   denn sie sollen satt werden.
7 Selig, die Erbarmen haben,
   denn sie werden Erbarmen finden.
8 Selig, die die Reinheit des Herzens haben,
   denn sie werden Gott sehen.
9 Selig, die Frieden stiften,
   denn sie werden Söhne und Töchter Gottes heißen.
10 Selig, die verfolgt werden um der Gerechtigkeit willen,
   denn ihrer ist das Himmelreich.
11 Selig seid ihr, wenn sie euch schmähen und verfolgen
   und nur schlecht reden und Lügen verbreiten über
   euch um meinetwillen.
12 Freut euch und jubelt,
   denn euer Lohn ist groß in dem Himmel.

Hier wird nachgedacht und das von Jesus Überlieferte auf die Gemeinde Jesu hin neu formuliert. Das Lukasevangelium kennt vier Seligpreisungen und vier Wehe-Rufe; Mattäus hat neun Seligpreisungen. Da sind nun keineswegs vier oder neun verschiedene Gruppen von Menschen gemeint, nicht vier oder neun verschiedene Lebensweisen, Lebenshaltungen, Einstellungen, sondern von der *einen* Weise zu leben, wird bei Mt neunmal gesprochen:

Arm, traurig, gewaltlos (= „sanft"), hungrig/durstig, barmherzig, herzensrein, friedenstiftend, als Gerechte verfolgt, geschmäht und verleumdet um Jesu willen, das sind die Menschen, die ihrerseits nicht neun verschiedene Verheißungen, sondern die *eine* Verheißung neunmal gesagt bekommen:

Das Himmelreich besitzen, getröstet werden, das Land erben, satt werden, Erbarmen finden, Gott sehen, Sohn (Tochter) Gottes heißen (und es sein), das Himmelreich besitzen, großen Lohn im Himmel bekommen.

Wir haben es mit einer Art Weisheitspsalm Jesu zu tun, den die Urkirche im Mattäusevangelium weitergedichtet hat. Im Alten Testament finden wir in Ps 37, Ps 131 und

Ps 123 ähnliche Gedanken, vor allem Ps 37 müssen wir vergleichen. Hier wird nachgedacht, wie der Mensch leben muß, damit er Glück hat, wenn die Wende kommt. Für den Ps 37 kommt die Wende noch in diesem Leben: Die Armen, die Elenden, die Dürftigen „werden das Land erben" (= es besitzen). Das sagt der Ps 37 fünfmal; die „Armen im Geist" gehen zurück auf die *sch^{e}phal-ruach*, den niedrigen Geist, von Spr 29,23 und Jes 57,15. Gemeint ist damit nicht die Niedrigkeit des Geistes als eine Niedrigkeit des Vestandes oder der Vernunft, denn *ruach* bedeutet nicht Verstand oder Vernunft. Gemeint ist jene Niedrigkeit, die den Menschen und sein Verhalten prägt. Bei Buber finden wir die Übersetzung: die „Erniederten". Genau diese Erniederten sind gemeint, wenn wir übersetzen: „Armut des Geistes" und „Reinheit des Herzens". Es handelt sich um Menschen, die keine Gewalt anwenden, die nicht aufbrausen, nicht schlagen, nicht zurückschlagen, nicht es sich selber holen, sondern es mit sich geschehen lassen. Sie sind gewaltlos, wie die griechische Sprache bei Mt sagt: „sanft", im Gegensatz zum Gewalttäter. Sie gehören zu der Gruppe der Armen und Elenden, die von Gott geliebt ist und für die er die Wende herbeiführen wird: „es kommt eine Wende" (Ps 37,10.13); „die Rettung kommt vom Herrn" (37,39). Eine Weisheit, die in die Zukunft schaut, wartet auf die Wende, die Gott selber bringen wird. Sie bedenkt die Folgen dessen, was einer heute tut. Sie stellt sich die Frage: „Wie wird es ausgehen?" Wer auf dem rechten Weg voranschreitet, für den wird es gut ausgehen. Die keine Gewalt anwenden, die werden das Land erben.

In Ps 37 und in den Seligpreisungen ist nicht von Israel oder von der Kirche die Rede. Also ist es nicht die Zugehörigkeit zum Volk Gottes oder zur Kirche, die es macht, daß einer zu jenen gehört, die Gott bei der Wende mit dem „Erbe" beschenken wird. Natürlich steht auch gar nichts davon da, daß die Glieder des Gottesvolkes benachteiligt würden. Es ist nur die endzeitliche Unterscheidung Gottes nicht an institutionelle Zugehörigkeit zu binden, sondern das in der Schrift kundgetane Wort Gottes verheißt jetzt eine Entscheidung seiner Gnade, die allen offensteht, die „Schritte auf dem rechten Weg" tun. Auch die materielle und soziale Trennung in der Form, daß nur die Besitzlosen und die Angehörigen der Unterschicht „Schritte auf dem rechten Weg" tun, ist aufgehoben: Nicht jeder, der im Elend lebt, ist auf dem rechten Weg. Und nicht jeder, der Besitz hat, ist auf dem Unheilsweg. Was den Menschen vor Gott qualifiziert, so daß er ihm das Heil der Zukunft zuspricht, das sind Unterscheidungen im „Geist" oder „Herzen". Wer die Armut des Geistes hat, hat den Geist, den Gott schenkt; und wer die Reinheit des Herzens hat, hat das Herz, das ein Tempel Gottes ist. Auch solche Redeweise ist in der Nähe der Mystik, wenngleich auch die Bergpredigt, anders als Ps 37, etwas Revolutionäres hat. Es gilt zumindest, daß es schwer ist für den Reichen, Zugang zum Reich Gottes zu erhalten und daß dies weniger schwer ist für den Elenden. Dieser bringt die besseren Voraussetzungen mit als jener.

Die Seligpreisungen dispensieren nicht davon, sich für die Gerechtigkeit zu engagieren und gegen die Vergewaltigung rechtloser Menschen und armer Völker aufzutreten. Aber die Seligpreisungen mit ihrer prinzipiell eschatologischen Ausrichtung erwarten (im Unterschied zu Ps 37) eine Tat Gottes nicht im Horizont dieser Geschichte, sondern als ihr Ende. Die Vollendung, die eigentliche Rettung schließt die Geschichte dieser Welt ab. Hans Walter Wolff sagt: „das Nebeneinander konkreter Maßnahmen und utopischer Entwürfe ... Vorläufige relative Verbesserungen und die Erwartung der vollen Freiheit schließen einander nicht aus, sondern gehören zusammen."[78]

---

[78] Anthropologie des Alten Testaments, München 1973, 296f.

Das unterscheidet nun die Zukunftserwartungen von Karl Marx (der sich einige Theologen angeschlossen haben) von der Heilserwartung im Alten Testament und in der Bergpredigt: Karl Marx teilt mit der Bibel das Beharren darauf, daß die Armen im Recht sind. Aber die Armen der Bibel sind „gewaltlos". Sie bekommen ihren Anteil und ihr Erbe (als Anteil an Gott selbst!), weil sie nicht zuschlagen und sich nicht durchsetzen. Sie werden keine eigenen Erfolge aufzuweisen haben. – Nun ist es ausschließlich eine Tatsachenfrage, ob die Hoffnung auf ein Glück für die Armen dieser Erde auf dem Weg des Kommunismus erfolgreich war, beziehungsweise erfolgreich hätte sein können. Das haben Kenner der Materie zu beantworten. Unabhängig davon dürfte unter uns deutlich geworden sein, daß Wohlstand allein nicht glücklich macht. Auf dem rechten Weg ist allein der, der die Armut des niedrigen Geistes dadurch sich schenken läßt, daß er sich selbst preisgibt, und wenn er vor Gott „ein nichts" geworden ist, gerade fähig ist, anderen radikal sich hinzugeben.

Wiederum ist also nicht ausgeschlossen, daß die Erwartung der vollen Freiheit und des wahren Glücks, das am Ende sich als eine Tat Gottes erweisen wird, jetzt schon dazu verpflichtet, soziale Gerechtigkeit durchzusetzen und selber ein besserer Mensch zu werden. Nach den Seligpreisungen hat Mt 5 und 6 eine Fülle von radikalen Forderungen aufgestellt, und es wird gefragt, ob man auf dieser Basis noch ein normales Leben führen und vernünftige Politik machen könne. Aber der Beginn der Bergpredigt, der die Hörer der Bergpredigt – ihre Adressaten – eingrenzt, zeigt uns, daß die Bergpredigt kein Manifest für politische Veränderung der Welt ist. Sie ist Israel gesagt, im Sinn des Matthäusevangeliums gerade auch dem „neuen Israel", welches die Kirche ist. Den Anspruch Jesu politisch durchzusetzen, darüber muß gewiß „diskutiert" werden. Aber man wird schwer den Politiker aufweisen können, der im Geist der

Bergpredigt Politik treibt, der es für sich und sein Land anstrebt, niedrig, arm, reinen Herzens, gewaltlos, friedenstiftend und nach Gerechtigkeit hungernd zu handeln. Politik ist nicht so und befolgt nicht den Appell der Seligpreisungen, auch wenn neuerdings greifbar wird, daß Politik „Moral" haben muß! Die Gesinnung der Bergpredigt zu haben und Schritte auf dem richtigen Weg zu tun, das heißt: „in der Spur Jesu" gehen. Das ist stets ein Anspruch an das Gesamt der *Jünger Jesu* und an jeden einzelnen von ihnen. Den Jüngern ist gesagt: So sollt ihr sein! Und wenn sie in der Spur Jesu gehen, wenn sie Männer des Friedens sind, still vor Gott, wenig besitzen oder doch von dem, was sie besitzen, den Armen helfen, dann führt wohl auch kein Weg daran vorbei, daß sie in die Armut der Passion und in die Trauer des Kreuzes Jesu eintreten, daß sie sich dem Todesschicksal nicht widersetzen, sondern es von Gott annehmen, um im Tod selbst von Gott angenommen zu werden als Sohn und als Tochter, um im Tod, hinweggenommen in Ehren, auf eine Art Gottes teilhaft zu werden, mit ihm eines zu werden, wie es mit den Begriffen unserer Sprache, das heißt in vernünftiger Rede, gar nicht ausgesagt werden kann. Das Wiederkäuen der Worte der Bergpredigt stellt sich auf eine Erfahrung ein, die vielleicht, als Geschenk der Kontemplation, vorausgeschenkt wird, die aber eigentlich zur Endzeit des einzelnen und des Reiches Gottes gehört.

3.7 Zusammenfassung zur Schriftmeditation

Meditation als ein Wiederkäuen ist eine tiefgehende und weitführende Übung. Zwar ist es richtig, unter Meditation gerade diese Übung zu verstehen [79] und die „Betrachtung"

---

[79] Ich befinde mich hier in Übereinstimmung mit F. B. Underwood, *meditation*, in: The Encyclopedia of Religion, Bd. 9, New York/London 1987,

als etwas in sich Sinnvolles und Berechtigtes, aber eben doch Nachträgliches einzuordnen. Das halblaute, ununterbrochene Rezitieren von Schriftworten ist früheste Meditation, die zu anderen Meditationsformen weiterleitet (ohne durch diese jemals überboten worden zu sein), anderseits ist es aber auch so, daß die ständige Rezitation von Schriftworten, solcher, die die ägyptischen Väter rezitiert haben oder die des Jesusgebets oder des „Gott, merke auf meine Hilfe" an ihrem Beginn Meditation ist und weiterleitet zur Kontemplation und von dort zur vollkommenen Stille.

Die gleiche Aufgabe erfüllt im Hinduismus das Mantra.[80] Ein Mantra kann eine einzige Silbe sein (das Tönen des „om" bringt den ganzen Menschen in Schwingung!), kann aber auch die Länge eines Hymnus haben. Das „Ertönen-Lassen" von Schriftworten ist eine Übung, die uns Christen mit den Religionen des Ostens verbindet. Gleichzeitig schlägt es die Brücke von der Feier der Liturgie, zu deren vornehmsten Vollzugsformen der antiphonarische Gesang von Schriftworten gehört, zur privaten Meditation, Kontemplation, ja zum Schweigen. *„Mystica theologia ducit ad vacationem et silentium* – Die mystische Theologie führt zur Entleerung und zum Schweigen" (Nikolaus von Kues). Das schweigende Einswerden mit dem Schriftwort ist mehr und ist etwas Besseres als das Interpretieren-Können.

324–331: *„Meditation is usually rumination on a particular religious subject ...* – Meditation ist normalerweise Wiederkäuen / Nachsinnen auf einem besonderen religiösen Gegenstand." Es ist ja wohl für das englische Sprechen und seine Beeinflussung durch die spirituelle Tradition aufschlußreich, daß „rumination" die Bedeutung von 1. Wiederkäuen und 2. von Besinnung hat. – Auch J. B. Lotz, Meditation, in: Handbuch der Pastoraltheologie, V, Lexikon, Freiburg 1972, 326 hebt die ursprüngliche Bedeutung von „meditari – meditieren" als „Rezitation" der Schrift hervor und bezeichnet ihr Verständnis „als Betrachtung durch Ignatius von Loyola" als eine „Weiterentwicklung".

[80] Vgl. Lexikon der östlichen Weisheitslehren, Bern u. a. 1986, „Mantra", 235 f.; The Encyclopedia of Religion, 9, 1987, *(mantra)* 176 f.

So fragt Antonius der Große die Mönche nach der Bedeutung einer Schriftstelle. Es werden verschiedene Erklärungen geboten. Aber Abba Joseph sagt: „Ich weiß es nicht." Nur er hat recht geantwortet![81] Und von Arsenios wird gesagt: „Niemals wollte er über eine Frage, die Heilige Schrift betreffend, sprechen, obwohl er hätte reden können."[82] In der gleichen Sammlung wird es als die zentrale Lehre des Abba Isaak bezeichnet, die im Gottesdienst gewonnene Stille zu bewahren.[83] Wir werden also im Anschluß an diese Darstellung der Meditation-Rezitation der Schrift auch Gedanken über die Übung des Schweigens vortragen müssen. Einerseits gilt: Wer nicht schweigt, kann diese Meditation nicht üben. Anderseits ist es richtig (man möchte sagen: ist es richtiger), daß die Meditation der Schrift in die Stille weiterleitet.

Damit Spiritualität nicht als „Quietismus" mißverstanden wird, ist immer wieder darauf zu verweisen, daß es ihre Aufgabe ist, den Meditierenden zu verändern. Wer die Schrift in der vorgeschlagenen Weise meditiert, hat nur dann etwas Fruchtbares getan, wenn er zu selbstloser Hingabe an die andern gelangt und entsprechend handelt. Solches Handeln ist gewissermaßen der Prüfstein für seine Meditation. Hinhören, Beten, Verstehen und Handeln sollen zur Identität gelangen. Aus dem Gebet und der Meditation sollen Taten der Gerechtigkeit und Liebe hervorgehen, und das gemeinsame Gebet könnte und sollte in die gemeinsame Planung solchen Handelns einmünden. Damit rühren wir an eines der großen Probleme der Kirchen in diesem Land: die nach wie vor existierende Trennung von kirchlichem Handeln oder Handeln in der Kirche durch Kleriker auf der einen Seite und die Säkularisierung dessen,

---

[81] Vgl. Weisung der Väter. Apophthegmata Patrum, hrsg. v. Bonifaz Miller, Freiburg 1965, 17.
[82] Weisung der Väter, 38.
[83] Ebd., 146.

was Laien tun, die eben in der Kirche nicht viel zu tun haben, auf der andern Seite. Wenn das Gegenteil proklamiert wird, und das geschieht ja neuerdings, so zeigt sich ein Einstellungswandel, der sich freilich noch kaum in der Realität auswirkt. Dies kann erst dann geschehen, wenn für Rom, die Kirche in Europa und die deutsche Kirche besonders die Geltung des Grundsatzes abgeschafft wird: „*quieta non movere* – wo Ruhe herrscht, nichts in Bewegung bringen!" Auch das gehört zu den Paradoxien, daß diejenigen, die zur Stille gelangt sind, äußerst beunruhigend wirken sollten.

4

Schweigen

4.1 Kontemplation und Stille

Wir sind dabei, über den Zugang zur „Mystik" nachzudenken, und haben das im Grunde auf den vorhergehenden Seiten schon getan. Da es, wenn man die Literatur zu diesem Thema ansieht, geradezu lästig ist, wie über „Mystik" gestritten wird, sollten wir die derzeit mindestens notwendige Vieldeutigkeit dieses Begriffs kurz zur Kenntnis nehmen, um uns dann bestimmten mystischen Vollzügen und großen Gestalten der Mystik zuzuwenden.

Vergleicht man den Artikel „Mystik" im Handbuch Theologischer Grundbegriffe (Friedrich Wulf)[1] mit der Behandlung des gleichen Stichworts in Neues Handbuch theologischer Grundbegriffe (Dietmar Mieth)[2], so muß man feststellen, daß beide Konzepte von Mystik so gut wie nichts miteinander zu tun haben.

Wulf interessiert sich für theologische Ableitung, für Einordnung bestimmter Typen von Mystikern und Abgrenzung von anderen Typen, für den Nachweis bestimmter Stile von Mystik. Er macht sich Gedanken über die Mystik Adams im paradiesischen Urzustand.

Demgegenüber ist die Beschäftigung Mieths mit dem Gegenstand von der Bevorzugung der Aktion gegenüber all dem, was als „falsche Innerlichkeit" unter Ideologiever-

---

[1] Hrsg. v. H. Fries, Bd. II, München 1963, 181–193.
[2] Hrsg. v. P. Eicher, Bd. 3, München 1985, 151–163.

dacht steht, getragen. Mystik ist für Mieth unheilbar „zweideutig und fragwürdig". Man fragt sich, warum bei solchem Anti-Engagement das Stichwort überhaupt in das Handbuch aufgenommen wurde.[3] Vielleicht genügt es, sich auf die Aussage zu beschränken, die Johannes Gerson in „De mystica theologia" (1408) gemacht hat.[4] Mystik ist die *cognitio experimentalis Dei*, die „erfahrende Erkenntnis Gottes". Mystik ist also auf irgendeine Weise „Gotteserfahrung" und wird bei den einen als Leerwerden und als Nichts (Nirwana), bei den andern als Einswerden mit dem Gott der biblischen Offenbarung (der sich allerdings seinerseits ins Dunkel der Unbenennbarkeit und Unbegreiflichkeit zurückgezogen hat) verstanden. Und auch theistische Mystik ist ein Nicht-Erkennen und Nicht-Benennen: „Dies ist das Äußerste menschlichen Gotterkennens: zu wissen, daß wir Gott nicht wissen." (Thomas v. A., quaest. disp. de potentia dei, 7,5 ad 14). Der Mystiker Eckhart bezieht den „Seelengrund" ein, in dem Gott ist: „Got, der âne namen ist – er enhat enkeinen namen (= er hat keinen Namen) – ist unsprechelich, und die sêle in îrem grunde ist sie ouch unsprechelich, als er unsprechelich ist" (Pr. 17, D.W. I, 279 ff.).

Immerhin wollen wir im Gedächtnis behalten, daß der

---

[3] Zu verweisen wäre noch auf den umfangreichen Beitrag „mystique", in: Dictionnaire de Spiritualité, Bd. 10, Paris 1980, 1889–1984: Dort wird 1. „Das mystische Phänomen in seiner Universalität" dargestellt und dabei gerade auch auf fernöstliche Mystik und islamische Mystik eingegangen; es wird 2. eine „historische Zusammenschau mystisch-christlicher Literatur" geboten (wobei Bibel und Altertum wegbleiben, denn sie sind schon in dem Artikel „mystère" behandelt worden); und es wird schließlich 3. die Frage beantwortet, was „christliche Mystik" ist. Daß fernöstliche, islamische und christliche Mystik in einem einführenden Handbuch nebeneinander behandelt werden, scheint mir bedeutsam. Hier sind bereits „Berührungsängste" abgebaut worden.

[4] Auch J. Sudbrack, Mystik, in: Handwörterbuch religiöser Gegenwartsfragen, hrsg. v. Ulrich Ruh u. a., Freiburg 1986, 284–288, hält Gersons Bestimmung für die beste „Umschreibung für Mystik", weist sie jedoch dem Thomas von Aquin zu.

Gebrauch des Wortes Mystik gegenwärtig mehr Aggression und Mißverständnis auslöst, als man erwarten sollte. Beim Gebrauch dieses Wortes ist also Vorsicht angezeigt.

4.1.1 „Achtsamkeit"

Dem Zugang zur Meditation und Kontemplation stehen zwei Mißverständnisse im Weg, auf die in diesem Buch schon hingewiesen wurde: Wer meditiert oder kontempliert, tut nicht etwas gegen seine Vernunft. Es kommt nicht darauf an, die Vernunft oder das Denken auszuschalten, sondern die Vernunft wird bis an die Grenze ihres Vermögens gebraucht und bleibt dann „an der Mauer des Paradieses" (Nikolaus von Kues) zurück, damit „geschenkt" werden kann, was für die Vernunft unerreichbar ist. Der Gebrauch der Vernunft ist aber gewissermaßen Voraussetzung dafür, daß sie preisgegeben werden kann. Alle bedeutenden Mystiker bezeugen in ihren uns überlieferten Äußerungen oder Schriften, daß sie ihre Vernunft zu gebrauchen wußten.

Das zweite Hindernis für Meditation/Kontemplation ist eine Überbetonung oder einseitige Bevorzugung der Gefühle. Hier liegt vielleicht die Gefahr des New Age und der gerade auch unter Theologen zahlreicher werdenden C.-G. Jung-Anhänger. Was da im Gefolge von C.-G. Jung postuliert und praktiziert wird, gleicht einer Reise mit einem unbekannten Ziel. Nun liegt freilich auch jenseits der Mauer des Paradieses ein Ziel, über das sich nichts sagen und das sich nicht erkennen läßt. Aber hier übernehmen nicht Archetypen die Führung, sondern es geschieht etwas, das nicht ich veranstalte und für das nicht „mein Bauch" die Augen hat, sondern es leuchtet etwas auf, das nicht der Vernunft widerstreitet, das vielmehr heller ist als die Vernunft (im Paradox formuliert läßt sich auch sagen: das mich in vollkommene Dunkelheit führt). Hierüber kann gewiß nur „Erfahrung" Auskunft geben, und die bezeugte Erfahrung ist vom 6. Patriarchen des Zen, Hui-neng, und dem Neuplatoniker Plotin als nicht-christlichem Zeugen über Meister Eckhart, Marguerite Porete und Johannes vom Kreuz etwas ganz anderes als die Tiefenpsychologie, die im Grunde eine Veranstaltung des Menschen ist und deren Charakteristikum ist, Unbewußtes zu mobilisieren, während die Mystiker das Unbewußte preisgeben. Das Unbewußte ist beispielsweise für das Zen ein Durchgangsstadium, dem keinerlei eigenständige Bedeutung zukommt: Besser denken, als sich vom Unbewußten beherrschen lassen. Die Vorgänge, die in der Tiefenpsychologie Beachtung finden, ja freudige Erregung auslösen, sind für das Zen „Teufelswerk" (makyo). Jenseits der Vernunft wartet keine Bilderwelt, sondern die bildlose Fülle, die in der dem Erfüllten zur Verfügung stehenden Sprache auch als Nichts oder Vernichtung bezeichnet werden kann.

Aber derartiges steht ganz im Hintergrund und kommt überhaupt erst zum Vorschein, wenn auf dem langen Weg der Übung beziehungsweise der Erfahrung Denken, Verzichten und Schweigen viele Stadien durchschritten haben.

Auch der Quietismus oder die „falsche Innerlichkeit" ist nichts anderes als das Verbleiben auf einer ersten Stufe. Es kommt nicht darauf an, eigene Frömmigkeit gefühlsselig zu kultivieren, die nüchterne Trägheit, die Arbeit, die Aktion, ihrer Sachlichkeit zu entkleiden und alles wie ein Dessert zu versüßen. Meditation bzw. Kontemplation sind kein Bad in Gefühlen, ähnlich wie, einer Warnung Romano Guardinis folgend, die liturgische Erneuerung sich vor dem reflexiven Verkosten des liturgischen Geschehens zu hüten hatte. Echte Innerlichkeit hat etwas Enthaltsames. Die Aufmerksamkeit, die hier gesucht wird, gibt die Reflexion preis und strebt nach der Einheit von Aufmerken, „Gegenstand" der Aufmerksamkeit und Vollzug der Aufmerksamkeit selbst.

Der Aufmerksamkeit als vollständiger „Anwesenheit"

oder „Gegenwärtigkeit" des ungeteilt „aufmerksamen", des „achtsamen" Menschen als Kern der Meditation soll jetzt Beachtung geschenkt werden.

4.1.2 Jacques Lusseyran

Als Lusseyran im Alter von sieben Jahren in der Elementarschule angerempelt wurde, nach vorn stürzte und mit dem Auge auf „einer der scharfen Kanten des Lehrerpults" auftraf, verlor er das Bewußtsein; auf dem Schulhof wurde er wieder wach, als (lebenslang) Blinder. Aber wenige Wochen später wurde ihm das „innere Licht" geschenkt, „Licht und Freude" zusammen, „weit beständiger", als es vorher die Augen gesehen hatten.[5] Wir verlassen die Biographie dieses ungewöhnlichen Mannes und wenden unsere Aufmerksamkeit einem Vortrag zu, den er 1971 hätte halten sollen, der schon niedergeschrieben war, aber nach seinem tödlichen Autounfall nicht mehr vorgetragen werden konnte.[6]

Lusseyran hört Nachrichten „von der Front" des Vietnam-Kriegs, aber auch von der ökologischen Front (Verschmutzung der Luft Colorados durch ein riesiges Kohlekraftwerk; Abholzung der ausgedehnten Wälder Südost-Alaskas). Von der ökologischen gelangt er zu der noch viel schlimmeren inneren Verschmutzung, die für ihn „unser Ich ... tödlich bedroht". Die Menschen sind nur um das Ego bemüht, „diesen trügerischen Teil unseres Ich"[7], der ja nur „die Oberfläche" ist. „Man führt Krieg gegen das Ich."[8]

„Ob Sie wohl bereit sind, mit mir eine kleine Übung zu machen? Tun Sie es bitte! Es braucht so wenig dazu: verpflichten wir uns also, es von heute ab zu tun. Halten wir

---

[5] Das wiedergefundene Licht, Siebenstern-Taschenbuch 155, 11 ff.
[6] Gegen die Verschmutzung des Ich, Verlag Freies Geistesleben, Stuttgart 1972.
[7] Ebd., 7.
[8] Ebd., 9.

heute abend beim Schlafengehen zwei Minuten inne. Zwei Minuten genügen. Zwei Minuten, das ist lange für einen Menschen, der innehält, der stillsteht. Dann wollen wir uns fragen, was wirklich in unserem Innern ist. Es ist eigentlich eine Gewissenserforschung, zu der ich Sie auffordern möchte, ja, aber eine ganz konkrete, gestatten Sie mir den Ausdruck, eine materielle. Denn in jedem von uns ist ein Innenraum, den wir durchqueren müssen, so wie wir dies etwa bei einem Zimmer machen würden, in dem wir nachschauen, welche Gegenstände sich darin befinden und wo sie sich befinden.

Wir werden ein wirres Durcheinander von Bildern und Tönen finden, Töne, die plötzlich entstehen und dann nicht mehr enden wollen, Bildfetzen, von denen es keinem gelingt, sich zu einer ganzen Form zu entwickeln. Wir werden aber auch noch undeutlichere Dinge finden, eine Art von Drang, Regungen, die die Stärke von Bedürfnissen annehmen. Dies ist nichts anderes als der gewöhnliche Trödelkram eines Alltagsbewußtseins, und es besteht wirklich kein Grund, sich darüber zu verwundern."[9]

Ich bin erfüllt von Teilen „von Bildern und Tönen", mit Bruchstücken von Wünschen. Meine eigene Stimme, „die Stimme meiner Frau, meiner Kinder, meiner Freunde" identifiziere ich im Grunde gar nicht mehr, sie haben ihre Lebendigkeit verloren. Am Ort meiner Arbeit bin ich ebensowenig wirklich anwesend, wie in der Stunde, die ich abends vor dem Fernsehapparat verbringe. Mein Inneres wird zum Werbeträger. Im Grunde findet bei alldem nichts statt, denn heute läßt sich das Wort verkaufen.[10]

„Mein Innenraum gehört mir gar nicht: dies ist die widerwärtige Entdeckung, die ich machen muß. Gewiß finde ich in ihm noch einige ‚persönliche Effekten', aber so, wie eine

---
[9] Ebd., 9f.
[10] Ebd., 10f.

Stecknadel in einem Heuhaufen. Aber auch den andern gehört mein Innenraum nicht, denn ich habe ja nicht den Vorsatz gehabt, ihn diesen zu geben. Er gehört niemandem. Er ist vollgestopft mit irgendwelchen Sachen. Es gibt schon Autofriedhöfe. Ich beklage mich darüber, weil sie die Landschaft verschandeln. Und nun werde ich meinerseits zu einem Friedhof, einem Friedhof von Worten, von Schreien, von Musik, von Gesten, die niemand ganz im Ernst macht, von Informationen, Gebrauchsanweisungen, hundertmal wiederholten Wortfolgen, die aber eigentlich gar niemand will."[11]

Von alldem meint Lusseyran, daß er gar nicht mehr sagen könne, ob es überhaupt vorhanden war. Das ist zwar im Kopf, „aber wo wird es leben?" Es gibt gar keinen Ort dafür, denn jeder Platz ist doch schon besetzt.

„Bald wird es keinen Zollbreit unseres inneren Raumes mehr geben, der nicht jeden Tag niedergetrampelt wird. Die Liebe, ja selbst die Liebe – und wer hätte gedacht, daß sie eines Tages aus dem geheimsten Zufluchtsort im Innern der Wesen hervorkommen würde? – wird zum Schauspiel: man hat angefangen, den Geschlechtsakt in aller Öffentlichkeit auszuführen.

All dies wäre ja nicht weiter schlimm, wenn die Menschen nur Maschinen wären. Aber es erweist sich, daß sie doch etwas anderes sind, denn sie besitzen ein Ich. Und dieses Ich hat eigene Gesetzmäßigkeiten. Um es mit anderen Worten auszudrücken: das Ich hat gewisse Wachstumsbedingungen. Es ernährt sich ausschließlich nur von den Bewegungen, die es selbst macht. Solche, die andere an seiner Stelle machen, sind ihm nicht nur nicht Hilfen, sondern schwächen es nur. Hat es nicht aus eigenem Antrieb den halben Weg zu den Dingen gemacht, so stoßen diese es zu-

---

[11] Ebd., 11. – ‚Effekten' sind ‚Sachen, die man besitzt', speziell ‚Wertpapiere'.

rück, schränken es ein und ruhen nicht, bis es das Feld räumt oder stirbt. Die zünftige Psychologie würde wohl große Schwierigkeiten haben, diese einfache Tatsache zu beweisen. Aber wer redet hier denn von Psychologie? Der Tod des Ich ist eine Erfahrungstatsache. Und liegt der Grund, weshalb die Mehrheit unserer Zeitgenossen diese Erfahrung gar nicht mehr machen können, nicht eben darin, daß ihr Ich ihnen schon entflohen ist?"[12]

Pädagogen errichten „ein System" des Lernens, in dem ein Lehrer und Schüler nicht mehr vorkommen. Zehntausende junger Menschen wollen sich „an das, was sie nicht selbst sind", hingeben: Rock-Festivals mit ihren übersteigerten musikalischen Rhythmen, den „Trip" der Drogen.[13]

Lusseyran kennt den Tod „an Ich-Mangel". Er hat ihn (jenseits der unmenschlichen Lebensbedingungen) im KZ erlebt, als seine Kameraden, mit denen er gemeinsam aus Frankreich deportiert worden war, schon wenige Wochen nach der Ankunft in Buchenwald verstarben. Dort wurde man bei der Ankunft seiner Kleidung beraubt, vollständig desinfiziert und geschoren – eine nicht nur äußerliche Prozedur, sondern eine Maßnahme, das Ich zu zerstören.[14]

Dem tödlichen Ich-Mangel stellt Lusseyran am Schluß seines Vortrags einen Wunsch entgegen: den nach „Wiedervereinigung" von Ich und Gott („religio"; „Yoga": Wir finden dieses Wort im deutschen „Joch" wieder, das seinerseits auf „Verbindung" oder „Vereinigung" verweist). Wie soll aber die tätige Wiedervereinigung aussehen, wird sie von den meisten überhaupt noch gewünscht und welche „Gefahren der falschen Vorstellungen und der Sinnestäuschungen" stehen ihr entgegen – wir dürfen hinzufügen: Welcher intellektuelle Protest (gerade auch von Theologen), welcher

---

[12] Ebd., 12 f.
[13] Ebd., 18.
[14] Ebd., 23 f.

Ideologieverdacht wird hier vorgebracht? Wird da nicht schon wieder die Forderung laut, man solle sich ganz und gar der Aktion widmen, statt sich für die Wiedervereinigung von Gott und Ich zu öffnen? Lusseyran schließt: „Andererseits aber vergesse ich auch nicht, daß dieser Arbeit des Ich, so langsam sie voranschreitet und so schwierig und ausgesetzt allen Gefahren der falschen Vorstellungen und der Sinnestäuschungen sie auch ist, doch von allen Arbeiten, die wir machen können, die größte Hoffnung innewohnt. Und ich weiß auch, daß ich heute abend nicht der einzige bin, der diese Arbeit liebt und sie zu leisten versucht." [15]

4.1.3 Simone Weil

Für Weil ist Religion nichts anderes als „un regard", ein Hinsehen. „Aktive Suche ist schädlich." Damit ist nun keineswegs ein Abfall in die Schwäche des „alles und jedes Geschehenlassens" gemeint. Weil spricht von *„un effort négatif"*, einer „negativen Anstrengung"[16], nämlich die der unermüdlichen, konsequenten Aufmerksamkeit, wie sie zum Beispiel beim Studium der Geometrie, beim Erlernen der Sprachen, bei der Formulierung eines Aufsatzes begegnet. Abgesehen davon, daß es nützlich ist, mit der eigenen „Dummheit" konfrontiert zu werden, denn das verhilft zur Demut (viel mehr noch als das Eingeständnis der eigenen Bosheit), die den Weg zur Gottes- und Nächstenliebe ebnet. Das negative Moment dieser Aufmerksamkeit oder Wachheit zeigt sich im Nutzen der Studien, die, bezogen auf die studierte Sache, keinen Erfolg bringen, zum Beispiel, wenn ich einfach nicht in der Lage bin, das geometrische Problem zu lösen, mit dem ich mich beschäftige.

---
[15] Ebd., 25.
[16] In: Attende de Dieu: le Livre de Poche Chrétien, A 32, Paris 1950, 92.

In dem Aufsatz „Reflexionen über den guten Gebrauch der Studien"[17] sind die Basisbegriffe „*attention – attente – attentif/ve*": „Achtsamkeit – Erwarten – achtsam". Die „Achtsamkeit" bei den Studien wird religiös legitimiert, weil das Gebet „Achtsamkeit" erfordert und die Achtsamkeit des Gebets bei den Studien vorbereitet und geschult werden soll.[18] Die zu studierende Sache (z. B. die Geometrie) hat keine Bedeutung gegenüber der vollkommenen selbstlosen, vom Erfolg absehenden, wachen Achtsamkeit als solcher. Offenbar kommt es darauf an, sich selber zu lassen und den sachlichen Erfolg der Studien nicht zur Bedingung dessen zu machen, daß die studierende Person in der guten Weise „achtsam" ist. Volle Gegenwärtigkeit, unter Absehen vom subjektiven „Vermögen" und vom objektiven „Erfolg", sind eine Haltung des sich der Gegenwart Gottes ausliefernden Menschen. Deshalb bringt das Studieren „der Gottesliebe" Nutzen und bereitet jene Nächstenliebe vor (welche im übrigen mit der Gottesliebe identisch ist!), die in der Lage ist, auf das Unglück des Unglücklichen als dieses konkreten Menschen schlicht hinzublicken. Diese achtsame Nächstenliebe verdient allein die Bezeichnung der „Fülle der Liebe"[19]. „Dieser Blick ist vor allem ein achtsamer Blick, wo die Seele jedes eigenen Inhalts ledig wird, um das Wesen in sich selbst anzunehmen, das sie betrachtet, so, wie es ist, in seiner ganzen Wahrheit. Dessen ist allein fähig, wer der Achtsamkeit fähig ist."[20]

Zwischen der Erwähnung des Gebets und den Ausfüh-

---

[17] Der Aufsatz „*Réflexions sur le bon usage des études scolaires en vue de l'amour de Dieu*", in: „*Attende de Dieu*". Die deutsche Übersetzung von Friedhelm Kemp, Das Unglück und die Gottesliebe, München ²1961, ist vergriffen. Eine neue Auswahl von Kemp, die den zitierten Aufsatz enthält, gibt es als dtv-Taschenbuch (September 1990); siehe dort: 45–53.
[18] A.a. O., 85.
[19] 96 f.
[20] 97, Übersetzung G. St.; diese Beschreibung der Achtsamkeit hat eine große Nähe zum „Leerwerden" und „Ledigsein" des Meister Eckhart.

rungen über Nächstenliebe macht Weil ganz ungewöhnliche Aussagen über das achtsame (aufmerksame) Studium: „Jedesmal, wenn man wirklich achtsam ist, zerstört man in sich selbst Böses. Ist man achtsam in dieser Absicht, so wiegt eine Viertelstunde der Achtsamkeit viele gute Werke auf." Der in seinen Studien achtsame (aufmerksame) Mensch gleicht dem Knecht des Evangeliums, der auf seinen Herrn wartet. Ihm gilt die Seligpreisung Weils: „Selig also, die ihre Reifezeit und ihre Jugend damit verbringen, dieses Vermögen der Achtsamkeit zu bilden ... Wer die Studienjahre verbringt, ohne in sich diese Achtsamkeit zu entwickeln, hat einen großen Schatz verloren." Von „unsern Brüdern", die „auf den Feldern oder in den Fabriken arbeiten" (und jene offene Achtsamkeit nicht realisieren können), sagt Weil, daß sie dem Guten nicht weniger nah seien. Sie haben die „Nähe Gottes, die in der Armut, dem Mangel an sozialer Anerkennung und den andauernden schleichenden Leiden" besteht.[21]

Simone Weil bietet in ihrem Aufsatz ein Stück ‚Phänomenologie spiritueller Erfahrung', deren Besonderheit ist, daß die spirituelle Relevanz der Studien, nämlich: des „Lernens" aufgezeigt wird. Es liegt ihr fern, *einen* Weg zur vollen Wachheit und Aufmerksamkeit „*vorzuschlagen*", *eine Didaktik* der Wachheit *zu entfalten.* Ihre Beschreibung läßt jedoch erkennen, daß die Wachheit oder Aufmerksamkeit beim Lernen nicht im Vollzug erworben wird, sondern durch die Übung der Gegenwärtigkeit vorzubereiten ist.

Wie man volle Gegenwärtigkeit übt, wird an dieser Stelle an den Übungen des Theravāda (= Altbuddhismus) aufgezeigt. Werfen wir also einen Blick auf diese jahrtausendealten Übungen.

---

[21] 97 f. Wenn Weil von Studien spricht, ist stets auch die Schule gemeint!

4.1.4 Satipatthāna

Dieses Sanskritwort bedeutet „Vier Erweckungen der Achtsamkeit", nämlich auf den Körper, auf seine Empfindungen, auf den Geist und auf die Geistobjekte.[22] Solche Achtsamkeit ist wesentliche Praxis des Theravādabuddhismus, wie er in Ceylon und in Indochina praktiziert wird. Dieser südliche Weg des Buddhismus wird auch als Hīnayāna („kleines Fahrzeug") bezeichnet. Die Anhänger dieser Richtung bezeichnen sich selbst aber als Theravāda („Lehre der Ordensältesten"). In den westlichen Ländern werden die Āsanas („Körperhaltungen") des Yoga und seine Atemübungen als eine Art Sport betrieben. In Wirklichkeit handelt es sich um die dritte und vierte Stufe auf dem Weg des Raja-Yoga zum Samādhi, nämlich dem Aufhören des Bewußtseins in der Vereinigung mit Gott. Auf die Haltungen des Körpers und auf den Atem achten, aber um über sie hinauszugelangen! Die Amerikanerin Jane Hamilton-Merritt hat faszinierend festgehalten, wie sie in einem thailändischen Kloster das Sitzen, das Gehen, das Essen neu gelernt hat, und wie sie so sich selbst „verloren hat" in eine neue große „Aufgeschlossenheit" hinein.[23] Alle Hast des Vielerlei verschwindet dabei. Das zugeschüttete Ego Lusseyrans wird vom Schutt befreit.[24]

Ziel der Achtsamkeit auf den Körper ist „Entfremdung" vom Körper: „Das bin ich nicht." Der evangelische Theologe Georg Schmid gibt in seinem Buch „Wo das Schweigen beginnt. Wege indischer und christlicher Meditation" einen Überblick, der den Vollzug der „Achtsamkeit" und des „reinen Beobachtens" verständlich macht und seine Be-

---

[22] Lexikon der östlichen Weisheitslehren, Bern / München / Wien 1986, 327.
[23] Wandlung durch Meditation, Olten und Freiburg 1981.
[24] Von „Schutt" und von „Befreitwerden vom Schutt" spricht übrigens auch die französische Mystikerin Marguerite Porete (ca. 1300).

deutung für christliche Meditation aufzeigt.[25] Bei der Übung der Achtsamkeit geht es um das Einüben „reiner Präsenz". Die vier Körperhaltungen (Stehen, Gehen, Sitzen, Liegen), den Atem (wie er durch die Nase ein- und ausgeht; wie er über das Zwerchfell den Bauch bewegt) zu beobachten, das ist *ein* Weg, „ganz bei der ... Sache zu sein" (die Nähe zu dem Nutzen der Studien bei Weil liegt auf der Hand). *Isolierte Beobachtung* geht nur auf „dieses eine", zum Beispiel nur auf das Eintreten des Atems durch die Nase („kühl") und sein Ausgehen aus der Nase („warm"). Und dieses eine wird beachtet, nicht bewertet, nicht beeinflußt. Schließlich erfolgt *„die Beschränkung auf eine einzige Weise des Zugangs"*[26].

Schmid faßt seine Darstellung zusammen: „Daß dieses Einüben des reinen Beobachtens einen neuen Zugang zur Wirklichkeit eröffnet, liegt auf der Hand. Wer achtsam wird, wer ganz bei einer Sache sein kann (in reiner Beobachtung), der wird frei von allen Vorurteilen und Gefühlsregungen, von allem Werten und Behandelnwollen. Er wird Wirklichkeit in einer Weise erfahren, wie es ihm bisher noch nicht möglich war. Achtsamkeit eröffnet als reines Beobachten einen neuen Zugang zur Welt."[27]

4.1.5 Praxis der Aufmerksamkeit

Daß hier drei verschiedene Quellen benutzt und für dieses Buch ausgewertet wurden, verweist natürlich darauf, daß der Autor dieses Buches selber seit längerer Zeit für „Acht-

---

[25] GTB-Sachbuch 775, Gütersloh 1984, 67–72.
[26] A.a. O., 71 – Es wird nur „gesehen" oder nur „gehört", nichts mehr! Auf unsere Praxis übertragen: Was könnte es für Kinder und Jugendliche bedeuten, wenn sie lernten, nur auf den Ton der läutenden Kirchenglocken zu hören, nur den am Abendhimmel hell werdenden Planeten Venus zu sehen, während einer fünf Minuten dauernden Stilleübung nur zu atmen ...
[27] Ebd.

samkeit" sensibilisiert ist. Das Leben des Alltags, die Arbeit, die ich zu verrichten habe (als Freude und als Last), die Freizeit, die mir geschenkt ist und in der ich zu meiner Zerstörung beitragen kann, die mich aber auch zu regenerieren vermag, all das verweist auf die eine, einzige Aufgabe: in allem, was man tut, mit Körper, Seele und Geist, ganz anwesend zu sein. Nichts sollte nur nebenbei erledigt werden, nichts mit geteilter Aufmerksamkeit aufgenommen werden; aus dem Vielerlei, was mir stets begegnet, sollte ich jeweils das aussondern, auf das ich mich ganz einstellen will. Dann könnte sich ereignen, was die Mystiker, hier speziell Ignatius von Loyola, aber vor ihm schon Meister Eckhart, den Christen als Aufgabe stellen: in allen Dingen Gott finden. Gotteserfahrung ist nicht *nur* eine Sache der spirituellen Vollzüge. Aber der Alltag ist auf spirituelle Vollzüge angewiesen, in denen die volle Aufmerksamkeit sich regenerieren soll.

Im Gottesdienst, in der Katechese, im Religionsunterricht ist durch kompetente Liturgen, Katecheten und Lehrer Anwesendsein zu lehren: Ihr seid da, und ich sehe euch an. Meine Augen „ruhen auf euch", eure Augen „ruhen auf mir". Spricht einer von uns, so hören wir alle ihm zu. Wir suchen ihn zu verstehen; wir befragen ihn; wir gehen auf ihn ein; wir stellen uns seiner Aussage.

Die Gruppe teilt sich in Partner. Diese sehen einander in die Augen, finden sich als Püppchen (pupilla) im Auge des andern.

Wir lernen es, auf die Stimme des anderen zu hören, die eigene Stimme zu formen, uns stimmlich auszudrücken.[28] Unser Sprechen soll mimisch und gestisch begleitet werden. Es gibt eine Sprache des Leibes. Ihre höchste Form ist die Hingabe der Liebenden als vollkommene Zärtlichkeit.

Stille wird gelernt über intensives Zuhören und Hin-

---

[28] E. Unkel, Musikbuch „Religion", Zürich und Köln 1978.

schauen. Das Wichtige (ein Gedicht, ein Wort Jesu, ein Psalmvers) kann und soll wiederholt werden, immer schöner gesprochen, schließlich auch niedergeschrieben werden. So lernen wir zu verweilen. Wir verkosten die Schönheit, die eindrucksvolle Kraft eines Worts (so wie wir es schon gelernt haben, Speisen zu kosten). Wir lernen es, Schönheit mit den Augen aufzunehmen: Tanz im Gottesdienst, eine Prozession, einen Gesang des Chors, den Schmuck des Altars. Unschönes, das sich in Ordnung bringen läßt, empfinden wir als Störung.[29]

All das sind Übungen, den Augenblick auszukosten, zu entdecken, daß Ewigkeit in der Erfahrung des Augenblicks liegt, in der vollkommenen Gegenwart – nicht in der endlosen Dauer vorübereilender Zeit. Infolgedessen beginnt echte Innerlichkeit mit voller sachbezogener Aufmerksameit.[30]

Was immer an den Orten geschieht, an denen Glaube praktiziert und ausgesprochen wird, es müssen erfüllte Zeiten sein, die ausgekostet werden. Dabei kann und soll gelernt werden, Probleme, Schmerz, Demütigung ebenso auszukosten wie Freude, Sieg, Begeisterung.

---

[29] H. Halbfas (Das dritte Auge, Düsseldorf 1982) verweist auf die Notwendigkeit, daß sich Studenten vor Beginn des Seminars durch herumstehende Stühle stören lassen. Sie müssen das lernen!
[30] Die sachbezogene Innerlichkeit begegnet in literarischer Form in dem Buch von Robert M. Pirsig, Zen und die Kunst ein Motorrad zu warten. Ein Versuch über Werte (Frankfurt 1976). Der Autor versteht dieses Buch als einen Tatsachenbericht. Das, was Pirsig als Zen bezeichnet (und was natürlich nicht mit der in China entwickelten und in Japan lebendigen Übung des Zen zu identifizieren, sondern als daraus erwachsene Haltung zu verstehen ist), stellt sich im wesentlichen als ein außerordentlich intensiver Sachbezug dar. Äußerste Aufmerksamkeit auf das Motorrad, mit dem der Autor durch die USA fährt, zum Beispiel Neueinstellung des Vergasers bei der Auffahrt in die Rockies; sachgemäßes Verhalten beim Bergsteigen; minuziöse Aufgabenstellung im Rhetorik-Unterricht an einer Hochschule: nicht eine ganze Straße, nicht ein Haus, nicht ein Fenster beschreiben, sondern einen einzigen Stein aus der Rahmung des Fensters.

Ästhetische Kompetenz erwerben (denn um diese geht es uns, weil zum Gläubigwerden die Glaubensästhetik unerläßlich ist) ist eben nicht, Ästhetizist zu werden, das heißt nicht, sich auf das Angenehme zu fixieren und dem Unangenehmen auszuweichen. Christlicher Glaube richtet sich auf Kreuz und Auferweckung. Also geht auch er den Weg über „Verlorensein" zur „Vereinigung mit Gott".

4.2 Kontemplation / Schweigen / Nichts

Die Entdeckung des Unsagbaren, des *arrheton*, geschieht bereits bei Platon (und wahrscheinlich bei seinem hinter ihm stehenden Lehrer Sokrates). Platon erzählt von Sokrates als von einem, der am Alltag seiner Stadt teilnahm, aber als ein Weiser zur göttlichen Ebene, eben zum „Unsagbaren" vordrang. Sokrates blieb plötzlich stehen und versank in Schweigen, das unter Umständen „vom frühen Morgen den ganzen Tag hindurch und die ganze Nacht bis zum Sonnenaufgang" andauerte.[31] Für Platon gibt es einen Aufstieg der Seele aus dem Dunkeln ins Helle, einen mühevollen Weg, den nicht jeder steigen kann, an dessen Ende aber ein Schauen ermöglicht wird (Platon bevorzugt diesen Sinn), ein Schauen des Göttlichen, „von einem Geheimnis umgeben, das nicht willkürlich gesetzt ist, sondern das darum eine Entweihung durch Worte nicht zu besorgen braucht, weil es mit Worten nicht ausgesagt werden kann"[32]. Durch Erkennen oder Denken erfolgt die Reinigung, die für eine solche Schau unerläßlich ist. Diesen Aufstieg des Geistes zu Gott finden wir bei Dante und bei Bonaventura wieder. Aber Platon ist der erste, der ihn bezeugt. Ihn und Heraklit (von dem uns nur Fragmente überliefert sind) dürfen wir

---

[31] Paul Friedländer, Platon, I, Berlin und Leipzig 1928, 68.
[32] Ebd., 81.

für die ersten Mystiker des Abendlandes halten, freilich in der Form, daß Erkennen und Denken auf der einen Seite und der Überschritt in die Mystik auf der andern Seite unlöslich verbunden sind: jenes ist die Voraussetzung für dieses.[33] Sucht man Mystik bei denen zu verstehen, die wirklich Mystiker waren, wäre es vielleicht wichtig, sich auf Platon zurückzubesinnen und an der zentralen Figur Meister Eckharts sich zu orientieren. Gesunde Sinnlichkeit (und, parallel dazu, der Verzicht auf abtötende Askese), Erkenntnis und Anerkennung der Einheit des Seins (bei aller Analogie, die das Irdische und Kreatürliche vom Göttlichen unterscheidet), Vertrauen auf die Vernunft, soweit sie uns zu begleiten vermag, Mangel an Gefühlsseligkeit und brünstiger Minne (aber das Getragensein von einer Liebe, die größer ist als die Gefühle) und (bei den reinsten Mystikern) Abwesenheit von Visionen und Ekstasen, an deren Stelle die große, einzigartige und in allen Kulturen ähnliche Erfahrung des Zunichtewerdens und der Einung mit der Fülle göttlichen Seins tritt, die auch Fülle des Nichts genannt wird – das eigentlich ist Mytik. Alles andere ist an ihren Rändern angesiedelt und hat so viel Wert oder Unwert, wie es der Einheit dient, nicht dem „Dahinschmelzen": „Für den christlichen Mystiker gilt oftmals dieses, daß sein Wesen bleibt, nur in anderer Form."[34]

Natürlich wird bei dem Neuplatoniker Plotin Neues und anderes gesagt, aber ich glaube nicht, daß man Plotin im Gegensatz zu Platon sehen muß. Für Plotin folgt auf das Erken-

---

[33] Friedländer, a. a. O., 85, stellt freilich den „dialektischen Weg Platons" dem „mystischen Weg mit Lösung und Umkehr, Losreißung von den Banden der sinnlichen Welt, Zuwendung der Seele zu Gott" gegenüber und bemerkt nicht, daß beides unlösbar zusammengehört. Aber Friedländer gehört zu den ersten (neben Heiler und Rudolf Otto), welche die Universalität mystischer Einsichten im Hinduismus, im Buddhismus, bei den muslimischen Sufis, bei Plotin, bei Dante und Bonaventura und den deutschen Mystikern des Hoch- und Spätmittelalters bemerkt haben.
[34] Ebd., 92, unter Verweis auf Underhill.

nen der Vernunft etwas Übervernünftiges: Die „Einung" bewirkt, daß Erkennen, Erkennender und Erkanntes nicht mehr getrennt sind. „Denn es ist nicht mehr das Eine draußen und das Andere draußen. Sondern das Scharfblickende hat das Gesehene in sich, und wie es das hat, weiß es zumeist nicht, daß es das hat, und blickt nach ihm wie nach Einem, das draußen ist." „Man muß sich in das Innere geben und anstelle eines Sehenden nunmehr Anschauung eines andern Schauenden werden." „Dann sieht weder der Sehende, noch unterscheidet er, auch stellt er sich nicht zwei Wesenheiten vor, sondern er wird ein anderer und nicht er selbst und ist nicht unter eigener Botmäßigkeit dort, und Eigentum jenes andern geworden ist er Eines, gleichsam Mitte mit Mitte vereinend."[35]

Wovon hier die Rede ist, das läßt sich schwer interpretieren. Man könnte es vielleicht so versuchen: Unser Denken und Erkennen geht von einem erkennenden Subjekt zu einem erkannten Gegenstand. Je nachdem, welcher philosophischen Richtung ich angehöre, werde ich die Wahrheit „objektivistisch" im Gegenüber des erkannten Objekts verankert sehen oder „subjektivistisch" vom Bewußtsein des erkennenden Subjekts ausgehen lassen. Aber schon diese so grundverschiedenen Ansätze philosophischen Denkens im Abendland verweisen ja schließlich auf eine Aporie. Diese Aporie ausformuliert, könnte folgendermaßen lauten: Wahrheit ist weder allein im Objekt noch im Bewußtsein des Subjekts, sondern sie ist zugleich im Subjekt und im Objekt. Eben diese Überwindung des Subjekt-Objekt-Dualismus, ohne daß daraus ein pantheistischer Monismus, eine All-eines-Lehre, werden müßte, ist das Ziel hinduistischen Denkens, das in dem Begriff der adwaita (der Nicht-

---

[35] Ich zitiere die Übers. Plotins von Friedländer, ebd., 94 f. Zum Studium P.s empfiehlt sich: W. Beierwaltes, Plotin. Über Ewigkeit und Zeit, Frankfurt 1969.

Zweiheit) niedergelegt ist. Dieses ist nun nicht ein Ergebnis des Denkens, wie gelegentlich gesagt wird: ein erkenntnistheoretischer Sprung auf eine neue Ebene der Erkenntnisqualität, sondern es ist eine Erfahrung, die man machen kann, die man machen muß, um ein Mystiker zu werden. Die Verschiedenheit von Subjekt und Objekt mit dem Wahrheitsproblem, auf das wir hingewiesen haben, fällt dahin, wenn „es" geschenkt wird. Die geschenkte Einheit ist allerdings etwas Unnennbares. Wird versucht, etwas darüber zu sagen (und dazu sehen sich die Mystiker verpflichtet), so müssen gegensätzliche Aussagen nebeneinandergestellt werden. Verstehen kann das nur, wer es selbst erfahren hat oder doch in die Nähe solcher Erfahrungen gelangt ist.

Wer das alles für töricht und überflüssig hält, der muß auch auf eine Lösung des Problems verzichten, wie man von Gott reden kann, ohne ihn zum Gegenstand, zum Objekt, zu machen. Hierin ist sich die Theologie aller Richtungen einig, daß sie Gott nicht zum „Gegenstand" hat. Vielfach bleibt es allerdings beim „Lippenbekenntnis" der Nicht-Gegenständlichkeit Gottes, und dann wird doch über ihn gegenständlich geredet. Die aporetische Rede von Gott, nämlich die Aussage, daß er ist und doch wieder nicht ist, oder der Gebrauch von Bildern, von denen von vornherein bekannt ist, daß sie der (vergebliche) Versuch sind, Gott „anzuschauen", sind da entschieden die angemessenere Lösung.

An dieser Stelle ist es erforderlich, auf die hinter dem Pseudonym des Dionysius Areopagita verborgene Gestalt eines syrischen Theologen zu verweisen, der gegen Ende des fünften Jahrhunderts den Versuch unternommen hat, die für den Gebildeten seiner Zeit anziehenden Lehren des heidnischen Neuplatonismus als mit dem Christentum verträglich zu erweisen.

Freilich mußte er sich dabei zweier Eigenheiten des Neuplatonismus bedienen, von denen die eine negative Konsequenzen hatte, die andere nicht leicht zugänglich ist. Die eine Konsequenz ist, daß der Abstieg vom Einen zu der durch die Seele verursachten zeitlich-materiellen Vielheit über Stufen vorgestellt wird, die bei der Rückkehr zum Einen wiederum beschritten werden müssen. So ist über Dionysius eine Hierarchie in vielfältiger Form ins lateinische Christentum transportiert worden, die sich in der mittelalterlichen Kirche negativ auswirkt und heute noch den „garstigen Graben" zwischen der römischen Konzeption des Zugangs zur Wahrheit, der Verwaltung der Lehre und des Heils, der Vermittlung an alle Gläubigen auf der einen Seite und einem von Jesus sich herleitenden brüderlichen Verständnis der Kirche auf der andern Seite bildet. – Die andere Übernahme aus dem Neuplatonismus ist die Konsequenz, daß sich über das „Eine" an sich nichts anderes sagen läßt, als daß es „Nichts von Allem" sei.[36] Will man über das Eine Aussagen machen, so ist die am ehesten angemessene Form des Redens das Paradox, das so notwendig wie – für den Unkundigen – mißverständlich ist. Die paradoxe Redeweise der Mystiker im Christentum und im Islam hat zu deren Verfolgung, gelegentlich sogar Hinrichtung Anlaß geboten. Man zitiere ausschließlich die eine Seite einer paradoxen Aussage und werfe sie dem Sprecher oder Schreiber vor, dann fällt es nicht schwer, ihn zu verurteilen.

Der erste, der im Abendland über Gott aporetisch gesprochen hat, ist übrigens Heraklit[37]: *„hen to sophon mounon legesthai ouk ethelei kai ethelei Zenos onoma* – das Eine

---

[36] Vgl. hierzu: W. Beierwaltes, Hen (= das Eine), in: Reallexikon für Antike und Christentum, hrsg. v. E. Dassmann u. a., Lieferung 107, Stuttgart 1987, 445–471, hier: 456. – Neuerdings konfessionsübergreifend: R. Haubst, Die „negative" Theologie im Christentum und den Ostreligionen, in: Internationale katholische Zeitschrift, 17 (1988), 295–311. – Für das Verständnis des Dionysios verweise ich nochmals auf K. Ruh, Geschichte der abendländischen Mystik, Band I, München 1990, 31–82.
[37] H. Diels, Fragmente der Vorsokratiker, Heraklit, 32.

und allein Weise will nicht genannt werden und (doch) genannt werden mit dem Namen des Zeus." Von Zeus muß gesprochen werden, aber es ist wiederum fast besser, davon zu schweigen. Jedenfalls hat das aporetische Sprechen auf der Basis von Schweigen zu erfolgen. So sagt schon ein ägyptisches Gebet, das der Alttestamentler Hermann Gunkel in seinem Psalmenkommentar zitiert[38]: „Thot (eine ägyptische Gottheit), du süßer Brunnen für den Dürstenden in der Wüste. Er ist verschlossen für den, der redet. Er ist geöffnet für den, der schweigt. Kommt der Schweigende, er findet den Brunnen. Kommt der Hitzige, so bist du verschüttet." Bei Friedrich Heiler[39] findet sich eine Vielzahl von aporetischen Aussagen der Mystiker gesammelt. Aus dem Kena-Upanishad 2,11 (einer hinduistischen Quelle) zitiert er das schöne Gedicht:

> „Nur wer es nicht erkennt, kennt es,
> wer es erkennt, der weiß es nicht –
> nicht erkannt vom Erkennenden,
> erkannt vom Nichterkennenden."

Augustinus sagt von der Gotteserkenntnis: „Von ihm ist keinerlei Wissen in der Seele, außer zu wissen, wie sie ihn nicht weiß."[40] Derjenige, dem es am besten gelungen ist, die Aporetik der Mystik in „rechtgläubiger" Form vorzulegen, Nikolaus von Kues, nennt Gott die *coincidentia oppositorum*, den Zusammenfall der Gegensätze. Der bedeutendste Religionswissenschaftler dieses Jahrhunderts, Rudolf Otto, verwendet diesen Begriff zur Bestimmung dessen, was Mystik ist. Sie schwebt oder ruht zwischen den beiden Polen, daß Gott Eines ist und daß er zugleich Nichts ist. So ist die Mystik die Ruhe im Zusammenfall der Gegensätze.

---

[38] 1929, Neuauflage 1968, 564.
[39] Das Gebet, München ⁵1923, Nachträge, 584–593, hier: 589.
[40] De ordine, II, 44.

Damit ist nun allerdings keinesfalls etwas Beruhigendes gesagt worden, sondern es sollte lediglich verständlich gemacht werden, daß derjenige, dem es um die Erfahrung Gottes geht, keinen bequemen Weg zu erwarten hat. Die überwältigende Erfahrung, nach einem anstrengenden, schmerzlichen Weg ist einfach; aber über sie zu reden ist nicht anders möglich als widersprüchlich oder aporetisch. Die aporetischen Aussagen soll man nicht zu erklären versuchen, sondern man sollte versuchen, mit ihnen zu leben, so ähnlich, wie man mit den angenehmen und den weniger angenehmen oder gar unangenehmen Eigenschaften eines Partners schlicht leben muß, ohne sie wegerklären oder gar beseitigen zu können. Gott zu erfahren ist gewiß das Unbequemste, was einem Menschen widerfahren kann. Die Gotteserfahrung muß, nach dem, was wir im Vorhergehenden überlegt haben, als eine Nicht-Erfahrung bezeichnet werden, womit wir uns wiederum der Redeweise Bernhard Weltes angeglichen haben.

Aussagen über das „Nichts" als Chiffre für „alles" finden sich in der Form eindrucksvoller Dichtung bei dem neben Eckhart größten Mystiker des christlichen Abendlandes, Johannes vom Kreuz:

> „Seitdem ich mich ins Nichts versenke,
> gewahre ich, daß nichts mir fehlt."
>
> „Die Weise, um zu allem zu gelangen:
> Um zu erreichen Ungewußtes,
> mußt du durch Ungewußtes gehn ...
> Die Weise, alles zu besitzen:
> Um zu erreichen alles Wissen,
> wolle nicht irgend etwas wissen."[41]

Solche Einsicht wird gewonnen und ausgesprochen auf der

---

[41] Zitiert nach: Irene Behn, Spanische Mystik. Darstellung und Deutung, Düsseldorf 1957, 555 (aus: „Subida").

Basis des Glaubens des Evangeliums: „Gott hat keiner je gesehen. Der eingeborene (Sohn) Gottes, der an der Brust des Vaters ruht, er hat (uns) Kunde gebracht" (Joh 1,18).

Nun ist aber die Mystik weder auf das Christentum noch auf die monotheistischen Religionen beschränkt. Die großen Mystiker des Islam haben dieselbe Botschaft. So sagt Rumi[42]:

> „Du bist das Ende, du bist der Beginn –
> Wir sind ein schweigendes, ein Nichts darin."

> „Nun werde still und geh den Weg des Schweigens zum Nicht-Sein hin.
> Wenn du nicht-seiend wirst, so wirst du gänzlich zu Lob und Preis."

Man darf (vielleicht: man soll) christliche Mystik von andern Formen der Mystik abgrenzen, worauf neuerlich, den ausschließlichen Bezug von Mystik auf Erfahrung in den verschiedenen Religionen kritisierend, Vladimir Satura[43] aufmerksam gemacht hat. In seiner Tendenz, christliche Mystik von jedermanns Mystik abzugrenzen, geht Satura allerdings zu weit. Seine Aussage: „So war es auch verfehlt, Plotin zum Mystiker zu erheben, nur weil er einmal nach dem Zeugnis seiner Schüler die Erfahrung der Verschmelzung mit dem letzten ‚Ein' hatte", belegt schlicht unzureichende Information. Satura sollte zur Kenntnis nehmen, was Werner Beierwaltes über die mehrfache Erleuchtung Plotins publiziert hat.[44] Jedoch gilt: Wer an den Gott, „der da ist", und an den Gott und Vater unseres Herrn Jesus

---

[42] Zitiert aus A. Schimmel, Rumi. Ich bin Wind und du bist Feuer, Köln 1978, 169 und 167.
[43] Besteht die Mystik nur aus Erfahrung? Über den Schrumpfungsprozeß eines Begriffs, in: Meditation 3/1988, 83–86.
[44] Am knappsten und leichtesten zugänglich in: Reflexion und Einung. Zur Mystik Plotins, in: Beierwaltes / Urs v. Balthasar / Haas, Grundfragen der Mystik, Einsiedeln 1974, 7–36.

Christus glaubt, für den hat die mystische Erfahrung einen ganz anderen Horizont, und er wird anders über sie sprechen, als jemand, der diesen Glauben nicht hat. Nun läßt sich aber Gottes Wirken nicht durch erregte Forderungen von Theologen eingrenzen, sondern sein Geist weht, wo er will. Und er richtet das Festmahl für den aus der Fremde heimgekehrten Sohn, ohne den anderen um Erlaubnis zu fragen, der immer schon bei ihm ist (vgl. Lk 15,11–32).

Eher ist es richtig, christliche Mystik im Horizont von Mystik überhaupt in ihrer besonderen Bedeutung zu verstehen. So geschieht das zum Beispiel bei Alois Halder in seinem Aufsatz „Aktion und Kontemplation"[45]. Halder problematisiert Kontemplation in ihrem Insel- und Nischen-Dasein in der modernen Lebenswelt. Er erklärt die für Meditation-Kontemplation „schrumpfenden Lebensräume ... aus der Vorgeschichte des europäisch-neuzeitlichen Prozesses" und bezieht dabei gerade auch die Griechen ein, blickt auch auf die östliche Meditation hinüber, welche er mit den unschönen Begriffen „Praktiken" und „Techniken" belegt – ein Zeichen dafür, daß er sie nicht praktiziert hat. Überzeugend ist bei ihm die Skepsis gegenüber einer vom Menschen zu bewältigenden Kontemplationsaufgabe, nämlich „den Sinn des Ganzen seiner selbst und der Welt und Gottes zu retten", und eindrucksvoll ist der Schluß seines Aufsatzes: „Gott noch um Gottes willen lassen *(Meister Eckhart)*. Das freilich hätte für die kontemplative Vernunft ... kaum geahnte Hörfolgen."[46]

Die religionsgeschichtliche Forschung am Anfang dieses Jahrhunderts entdeckte Mystik zuerst und vor allem in den nichtchristlichen Religionen. Ihnen gegenüber sucht Heiler die Bedeutung christlicher Mystik festzuhalten: „Die Be-

---

[45] In: Christlicher Glaube in moderner Gesellschaft, Bd. 8, Freiburg 1980, 71–98.
[46] Ebd., 79 und 84, 97.

hauptung, daß eine konsequente Durchbildung der Mystik nur außerhalb des Christentums möglich sei, ist unrichtig. Die Mystik hat die Symbole des Christentums ebenso als Ausdrucksmittel ihrer religiösen Erfahrung verwendet wie die Riten, Vorstellungen und Lebensformen anderer Religionen. Wohl hat der Personalismus der christlichen Gotteserfahrung der Mystik bestimmte Schranken gesetzt, wohl haben die neutestamentlichen Grundgedanken neue Elemente dem Heilsgedanken der Mystik zugefügt; aber die Reinheit, Zielstrebigkeit und Folgerichtigkeit der Mystik hat dadurch nicht gelitten. Was das Christentum der Mystik vor allem geboten hat, war eine Fülle von Symbolen und Bildern, deren Plastik und Schönheit den Symbolismus der östlichen Religionen weit übertrifft. Das Christentum hat erst der Mystik zu einer unendlich reichen, feinen und ausdrucksvollen Symbolsprache verholfen."[47] Mystik zuerst im Hinduismus und Buddhismus zu entdecken (wo sie auch zeitlich früher aufgetreten ist), sie bei Plotin (auch Platon!) festzustellen, der zweifellos ein großer Mystiker war, um sodann die Eigenart christlicher Mystiker aufzuzeigen, ist sachlich und historisch angemessen.

Darüber hinaus müssen wir uns heute die Frage stellen, ob nicht mitten unter uns und ohne Gottesglauben Erfahrungen möglich sind, die eine Analogie zur Mystik haben. Solche Erfahrungen ausschließen zu wollen, halte ich für unbegründeten Hochmut oder für theologische Ängstlichkeit. Steht nicht hinter dem Gedicht von Bertolt Brecht von 1954 eine Erfahrung?

> „Geh ich zeitig in die Leere
> Komm ich aus der Leere voll.
> Wenn ich mit dem Nichts verkehre
> Weiß ich wieder, was ich soll.

---

[47] Das Gebet, 5. Auflage, a. a. O., Nachträge, 593.

> Wenn ich liebe, wenn ich fühle
> Ist es eben auch Verschleiß
> Aber dann, in der Kühle
> Werd ich wieder heiß."

Soll man Gott in allen Dingen suchen, so läßt er sich auch in allen Dingen finden. Ist die Erfahrung Gottes eine Nicht-Erfahrung, so wird Gott in allen Dingen als ein Nicht gefunden. Warum soll ein moderner Dichter nur deshalb nichts finden, weil er keiner christlichen Konfession angehört? Der Dichter, der Maler, der Bildhauer, der Komponist, alle Künstler, die es noch wirklich sind, haben einen Zugang zur Wirklichkeit, der eine Analogie zu dem hat, was Auftrag des Propheten ist. Sie alle sollen in sinnenhafter Form aussprechen und darstellen, was sich an Wirklichkeit symbolisch zeigt und in seiner Bedeutung uns darbietet. Dies bedarf nicht durchaus der Interpretation diskursiven Denkens, so wie es Theologen pflichtgemäß betreiben. Allerdings sucht dieses Buch, als ein christliches Buch, seine Aussagen innerhalb der großen Tradition zu formulieren, die durch die Heiligen Schriften des Alten und Neuen Bundes grundgelegt worden ist.

Innerhalb dieser Tradition begegnet nun auch, was Dionysius Areopagita in seinem Buch „Mystische Theologie" als erster ausgesprochen hat. Der Abstieg vom Einen zum Vielen und der mystische Wiederaufstieg vom Vielen zum Einen, den Dionysius aus der neuplatonischen Philosophie übernommen hat, macht seine mystische Theologie zu einem „Aufstieg"[48]. Bei diesem Aufstieg wird die positive Theologie (die Namen und Begriffe für Gott gebraucht) zu einer negativen Theologie, die die Geltung dieser Namen und Begriffe wieder aufhebt und ohne Begriffe auszukommen sucht. Das letzte Kapitel seiner „Mystischen Theolo-

---

[48] Vgl. Dionysios Areopagita, Mystische Theologie und andere Schriften. Aus dem Griechischen übersetzt von Walter Tritsch, München 1956, 188.

gie" hat die Überschrift „Über die Unfaßbarkeit Gottes". Wir wollen es hier zitieren, weil es in der Tat auf die Entwicklung der abendländisch-christlichen Mystik einen außerordentlichen Einfluß gehabt hat:

Noch höher steigend, sprechen wir jetzt aus, daß dieser Urgrund nicht Seele ist und auch nicht Geist, daß ihm weder Einbildungskraft zu eigen sein kann noch Meinung, noch Vernunft, noch Erkenntnis; daß Gott weder ausgedrückt werden kann noch auch Ausdrücke vor anderen Ausdrücken wählt. Er kann auch weder Zahl haben noch Ordnung noch Größe, noch Kleinheit. Er kann nicht Gleichheit sein, nicht Ungleichheit, nicht Ähnlichkeit, nicht Unähnlichkeit. Er kann nicht unbeweglich sein, noch auch sich bewegen, kann weder seine eigene Veränderung wollen, noch seine eigene Veränderung bewirken. Er ist auch nicht „das Mögliche", noch auch „das Licht", lebt nicht und ist auch nicht Leben (welches immer Veränderung wäre): Er ist also auch nicht Essenz oder Existenz, nicht Sein, nicht Zeit, nicht Wirken, nicht Gelten, nicht Abfolge, nicht Beharrung, kein Hingebreitet-Sein und kein Hinbreiten – man kann ihn daher mit Gedanken niemals fassen. Er ist aber auch nicht Wissen, nicht Wahrheit, nicht Herrschaft, nicht Weisheit, nicht die Eins oder die Einheit oder Göttlichkeit oder Güte oder Schönheit oder Geist in dem Sinne, in welchem wir Menschen es begreifen könnten. Er ist nicht Vaterschaft, nicht Kindschaft, nichts was sich mit irgend etwas Bekanntem oder Erfahrenem irgendeines wesbaren Wesens vergleichen ließe. Er ist nichts von dem, was dem Nichtsein angehört, aber auch nichts von dem, was dem Sein angehören könnte. Und so kann ihn niemand erkennen, so wie er ist, aber auch er, als der Unendliche schlichthin, kennt uns nicht: Er kann das Endliche nicht als ein bloß Endliches hinnehmen, denn auch dies wäre schon Verzicht auf Unendlichkeit.

So entzieht er sich unserem Denken, Rufen, Wissen, ist also auch nicht Dunkel, auch nicht Helle, nicht Irrtum oder Wahrheit; man kann ihm nichts zusprechen vor anderen, nichts absprechen vor anderen, nichts anvertrauen und nichts ableugnen – denn wenn wir ihm im Endlichen Grenzen setzen, durch Zuspruch oder durch Leugnung, muten wir ihm Beschränkungen zu, die an ihn niemals heranreichen können. Und so viel wir ihm auch gläubig zuschreiben mögen, glauben wir doch in all unserer Frömmigkeit nie etwas ihm Zumutbares, da er jenseits von aller Zumutung bleibt. Er allein ist der Urgrund, der allumfassende Ursprung allen Seins und Nichtseins, darin Vollkommenheit und Überschwang, die Fülle von allem und der Verzicht auf alles und die Jenseitigkeit selbst über alles umschlossen liegt, kein Sein und kein Nichtsein kann ihn treffen, und Ja und Nein erreichen ihn nicht.

4.3 Kontemplation üben

Von der Vieldeutigkeit des Begriffes Mystik war schon mehrfach die Rede, auch von dem Streit, den Begriff und Sache auslösen.

Vieldeutig, aber weniger umstritten und weniger erregt, wird von „meditieren" und „kontemplieren" gesprochen. Was ist Kontemplation? Auch hier handelt es sich um einen Begriff, der aus dem Lateinischen zu uns gekommen ist, also eine Tradition hat, die in der Neuzeit nicht ohne weiteres selbstverständlich ist. Seiner Herkunft nach bezieht sich kontemplieren auf den eingegrenzten Bezirk eines „templum", was ursprünglich nicht unbedingt der Platz eines Tempel-Gebäudes ist. Der Kontemplierende hat sich eingegrenzt. Im christlichen Verständnis beschränkt er sich darauf, vor Gott anwesend zu sein. Später hat man diesem Begriff (unter Ausklammerung des Hörens) das Schauen zugewiesen. Kontemplation und Beschauung wurden zu gleichsinnigen Begriffen. Im „Lexikon für Theologie und Kirche" wird unter „Kontemplation" auf „Beschauung" verwiesen.[49] Heinz Schuster, dem die Behandlung dieses Stichworts zugefallen ist, geht von der in der Theologie üblich gewordenen Unterscheidung von „erworbener" und

---

[49] Diese findet sich behandelt in Bd. 2, Freiburg 1958, 288 f.

„eingegossener Beschauung", wie sie sich bei Thomas von Aquin vorfindet, aus. Bei der Lektüre seines Artikels merkt man, wie unbequem ihm diese Unterscheidung ist. Alles hängt davon ab, so sagt er, wie die „zentralen Erfahrungen der christlichen Mystik" gedeutet werden. Im folgenden muß er lauter Fragen aufwerfen, auf die er keine Antwort weiß. Er will die „Kontroversen offenlassen". Das war wahrscheinlich ein redliches Vorgehen. Besserwisserei auf dem Gebiet der Spiritualität ist besonders unangenehm.

Ein Vierteljahrhundert später behandelt ein ebenfalls bedeutender Autor, Yves Raguin, Missionar und Lehrer des Jesuitenordens in Taiwan und Kenner speziell der frühen chinesischen Mystik, das Stichwort *„Contemplation"* im bereits erwähnten „Dictionnaire des Religions"[50]. Aus dem breiten Horizont der Kenntnis vielfältiger mystischer Tradition sagt Raguin:

„Kontemplieren ist dem Menschen so natürlich wie Sehen, Empfinden oder Atmen. Eine Landschaft, ein Gemälde, eine Statue, ein Menschenwesen kontemplieren sind Akte des täglichen Lebens ... Kontemplation beginnt mit einem schlichten Blick, der sich auf einen Gegenstand richtet, entfaltet sich dann zu einem stummen Dialog zwischen dem Kontemplativen und dem Geheimnis ... Die Kontemplation ist also eine ganz bestimmte Aktivität des Geistes ... In dem Maße, wie der Kontemplative das Geheimnis als Gegenstand seiner Kontemplation ins Bewußtsein nimmt, wird auch das Bewußtsein, das er von sich selbst hat, tiefer und klarer ...

Im gewöhnlichen Sprachgebrauch schließt die Meditation vernünftiges Nachdenken, Betrachtungen, Vergleiche ein, von denen die Kontemplation nichts weiß. Die Kontemplation ist normalerweise nichts anderes als eine stille Aufmerksamkeit auf das Geheimnis der Dinge oder des Menschenwesens, wie es der Fall ist in der spirituellen Tradition Chinas, und hier besonders im Taoismus und auch im Buddhismus. Jegliche Kontemplation verlangt

---

[50] Paris, ²1985, 317 f. (Zitate übersetzt von G. St.).

eine innere Haltung des Friedens und der tiefen Sammlung. Kontemplation schließt ein, daß die Aufmerksamkeit gesammelt und nicht zerstört ist. Gelangt der Kontemplative in diesen Zustand schlichter, aufmerksamer Gegenwart, so dringt er durch die Erscheinungen hindurch, um in die Gemeinschaft mit dem Geheimnis einzutreten: der Dinge, Gottes und der Person, Geheimnisse, die sich enthüllen in dem Maße, wie seine Kontemplation tiefer wird."

Bei der Behandlung der christlichen Tradition von Kontemplation sieht Raguin zwei sehr verschiedene Formen, sie zu üben: eine aktive und eine passive. Die aktive Kontemplation wurde insbesondere von Ignatius von Loyola geübt. Unter passiver Kontemplation versteht Raguin das, was in der klassischen Terminologie als eingegossene Beschauung bezeichnet wird.

„Eine solche Kontemplation ist ein Geschenk Gottes, das er ganz für umsonst verleiht und durch das er den Kontemplativen in den Zustand der Rezeptivität versetzt. Deshalb wird eine solche Kontemplation auch ‚passiv' genannt. Das Geheimnis manifestiert sich, sei es in der Vernunft, sei es im Herzen, sei es noch tiefer, auf eine so geheimnisvolle Weise, daß es der Kontemplative empfängt, ohne zu wissen, was er empfängt ... Er ist eingetreten in die passive, eingegossene oder mystische Kontemplation ...

Es gibt wohl Methoden, die von den Meistern vorgestellt werden, um die kontemplative Erfahrung zu vertiefen ... Aber jede menschliche Anstrengung der Kontemplation ist immer zu kurz. Es ist nötig, daß Gott selbst sich zeigt, mitten in unserer Anstrengung und unserem Sein, damit wir zur Kontemplation unseres Geheimnisses und des Geheimnisses Gottes gelangen können. Solche Kontemplation ist auf der einen Seite eine Manifestation Gottes selbst und auf der andern Seite das Bewußtsein dessen, daß Gott selbst es schenkt, was der Mensch tut."

Im Prinzip hat Raguin hiermit, ohne sich terminologisch festzulegen, eine Brücke geschlagen zwischen der Kontemplation im Chan (japanisch: Zen) und der christlichen Kontemplation. Daß die eingegossene Beschauung eine göttliche Gnade ist, wird von Raguin festgehalten, aber auch die gesammelte Aufmerksamkeit fernöstlicher Übung, die ermöglicht, „in die Gemeinschaft mit dem Geheimnis einzutreten", ist ein Geschenk Gottes.

Über die Frage, was die Natur bewirkt und was durch Gnade geschenkt wird, hat man schon zu Zeiten des Meister Eckhart heftig gestritten. Eckhart rät, die Diskussion gar nicht erst zu führen, denn das bewirke ja wieder bloß überflüssiges und schädliches Nachdenken. „Ein Mensch hätte gerne eine Quelle in seinen Garten geleitet und sprach: ,Damit ich Wasser bekomme, achte ich allzumal nicht darauf, welcher Art die Rinne ist, durch die ich es bekomme, sei es eisern oder hölzern oder beinern oder rostig, wenn ich nur das Wasser bekomme.' Also tun die gar unrecht, die sich darum bekümmern, wodurch Gott seine Werke in dir wirkt, sei es Natur oder Gnade. Dabei laß ihn wirken und habe nur Frieden. – Denn so viel bist du in Gott, soviel du in Frieden bist und so viel aus Gott, soviel du aus Frieden bist. Ist etwas eins mit Gott, das selbe hat Frieden. So viel in Gott, soviel in Frieden!" „Laß Gott in dir wirken und kümmere dich nicht darum, ob er mit der Natur wirkt oder über die Natur (= übernatürlich); beides ist sein, die Natur und die Gnade. Was geht dich das an, womit es ihm zu wirken paßt oder was er wirkt in dir oder in einem andern? Er soll wirken, wie oder wo oder in welcher Weise auch immer es ihm paßt."[51]

In diesem Fall redet nun einmal Eckhart nicht aporetisch, es verschlägt ihm nicht die Sprache, und er verwickelt sich nicht in Widersprüche noch äußert er sich inquisitionsverdächtig. Wäre es nicht für die moderne Diskussion nütz-

---

[51] Reden der Unterscheidung, Kapitel 23. Meine Übersetzung findet sich in: Meister Eckhart. alles lassen – einswerden. Mystische Texte – Reden der Unterscheidung und Predigten, hrsg., übers. und kommentiert von G. St., München 1992, 88.

lich, eine so schlicht ausgesprochene Einsicht eines großen Meisters zu realisieren?

Kontemplation, sei sie nun erworben oder eingegossen, besagt auf jeden Fall, daß der Mensch in die Nähe des Geheimnisses Gottes gekommen ist; sie ist „eine Sammelbezeichnung für alle Gotteserfahrungen", durch welche menschliche Aktivitäten „eingeengt und schließlich abgelöst" werden.[52] Nach Johannes vom Kreuz gelangt die Kontemplation dorthin, „wo du (Gott) geheimnisvoll allein wohnst"[53]. Ein Buch, das über die Gotteserfahrung zu sprechen versucht, ist also im Grunde ein Buch über Kontemplation.

Wer das „Wiederkäuen", das Rezitieren-Meditieren von Schriftworten übt, wird die Grenze erreichen und überschreiten, wo die Übung zur Kontemplation wird, nämlich das Geschenk der Anwesenheit vor Gott gegeben wird. Aber diese Übung, sosehr sie sich in der frühen Tradition des Mönchtums bewährt hat (und auf dem Athos in der Form des Jesus-Gebets auch noch weiter lebt), ist bei uns derzeit nur in der Liturgie lebendig. Als Antiphon wird sie seit dem Rückgang des Gregorianischen Chorals defizitär praktiziert. Die Antiphonen, die im „Gotteslob" zu den Psalmen geboten werden, begegnen im realen Gottesdienst selten. Sie machen auch keine „Freude", weil sie im Text der Schriftworte einer kraftlosen Übersetzung folgen, oft auch diese noch verändern, und weil sie in der Melodie meist nur den Vorteil aufweisen, daß sie schlicht und leicht zu singen sind, aber nicht faszinieren. Die Taizé-Lieder haben den großen Vorteil der Faszination. Deshalb haben sie sich auch in vielen Sprachen durchgesetzt, bis hin zur Liturgie des Veits-Doms in Prag.

---

[52] I. Behn, a. a. O., 748.
[53] Zitiert nach dem schönen Beitrag der deutsch-spanischen Schwester Annemarie Schlüter, in: Übung der Kontemplation (hrsg. v. G. St.), Mainz 1988.

Für die in diesem Buch vorgestellte und vorgeschlagene Meditation-Rezitation der Schrift gibt es noch keine Lehrer. Exerzitien, in denen auf der Basis solider Exegese Schrifttexte in ihrer gegenwärtigen Bedeutung nahegebracht und zur Rezitation angeboten werden, setzen Exerzitienmeister voraus, die exegetisch kompetent sind und die Übung des Rezitierens-Meditierens selber praktizieren.

4.4 Zazen – im Sitzen kontemplieren

Das Zazen (Zen-Sitzen) kann man insofern als Meditation bezeichnen, als Zen regelrecht geübt wird und Meditieren ja ursprünglich üben heißt. Eine nähere Bestimmung des Gehalts von Meditation und Kontemplation führt dazu, daß die schon in den frühen zwanziger Jahren in Heidelberg mit dem Rinzai-Meister Schuéj Ôhasama zusammenarbeitenden August Faust und Eugen Herrigel vorschlagen, die Übung des Zazen (damals noch phonetisch richtig „Sasen" geschrieben) als Kontemplation zu bezeichnen.[54] – In den letzten Jahren hat Willigis Jäger damit begonnen, neben Zen-Sesshins, die er regelmäßig hält, für Christen speziell „Kontemplation" anzubieten. Dies geschah offensichtlich in der Absicht, einem unfruchtbaren Disput zu entgehen mit jenen, die eine Übung von Zen unter Christen für gefährlich, ja für „Verrat an Christus" (Hans Urs v. Balthasar) halten. Wenn in beiden Arten von Kursen dasselbe angeboten wird, handelt es sich allerdings um eine bloße Unterscheidung der Benennung.

Unabhängig von solchen theologisch-ideologischen Diskussionen und (zum Teil) polemischen Auseinandersetzungen sollte die Bezeichnung an der Sache orientiert sein.

---

[54] S. Ôhasama – A. Faust, Zen. Der lebendige Buddhismus in Japan, Gotha 1925.

Praxis und Literatur des Zen unter Christen lassen es als sachrichtig erscheinen, von einer Übung der Kontemplation zu sprechen. Hier wird nicht rezitiert, nicht betrachtet. Die Übung ist vielmehr ungegenständlich, und der Christ, der übt, weiß, daß er „vor Gott sitzt". Es sind also die Elemente gegeben, die wir eben als Charakteristika der Kontemplation erkannt haben.[55]

Nun kommt es freilich weniger auf die Benennung an (obwohl diese insofern Bedeutung hat, als sie geeignet ist, Mißverständnisse vermeiden zu helfen), sondern auf die Art und Weise, wie Zen praktiziert wird. Diese Praxis ist vielfach vorgestellt worden, unter Christen zuerst und besonders eindrucksvoll in dem Buch von Hugo M. Enomiya-Lassalle, Zen – Weg zur Erleuchtung.[56] Vielleicht sollte auch an dieser Stelle knapp beschrieben werden, wie Zazen (= Sitzkontemplation) geübt wird.

Es ist nicht gleichgültig, *wie man sitzt*. Wer zur Stille kommen will, muß *zugleich vollkommen aufrecht und vollkommen entspannt* sitzen. Auf dem Stuhl ist das nur angenähert möglich. Am besten sitzt man am Boden und benutzt jenen Sitz, für den sich der Name Lotussitz eingebürgert hat (vgl. den abgedruckten tibetischen Holzschnitt). Man findet ihn auch in den Taschenbüchern, die Yoga vorstellen. Elastische junge Menschen (vor allem auch Kinder) nehmen diese Sitzhaltung sofort ein, wenn man sie ihnen zeigt. Für die meisten Erwachsenen ist dazu ein monatelanger Vorbereitungsweg erforderlich.

---

[55] Deshalb wurde auch die Schrift, bei der sich einige Schüler Pater Lassalles anläßlich seines 90. Geburtstags zusammengefunden haben, bewußt und in Absprache miteinander als „Übung der Kontemplation" betitelt (Mainz 1988).

[56] Als Herdertaschenbuch erhältlich. P. Lassalle ist 1990 verstorben. Seine Urne wurde nach Japan überführt und in einem Seitenaltar der von ihm erbauten Friedenskirche in Hiroshima beigesetzt.

In einem ruhigen Zimmer oder an einer ruhigen Stelle in der Natur sorgt man zunächst für eine weiche Unterlage, die den Druck auf die Fußgelenke mindert. Auf diese Unterlage legt man sich einen Sitz aus Decken oder festen Kissen. Mit Kappock gefüllte Kissen sind am besten. Kaufen (bestellen) kann man sie im Meditationszentrum Haus St. Benedikt (S. 193). Auch andere Unterlagen sind geeignet sofern sie eine ebene Sitzfläche abgeben. Anfangs wird man lieber höher sitzen als niedrig und eventuell den Fuß nur auf den Unterschenkel legen, vielleicht auch den „burmesischen" Sitz einnehmen: der rechte Unterschenkel liegt vor dem linken auf dem Boden. In der Übung gelangt man weiter. Später legt man den linken Unterschenkel flach auf die Unterlage und zieht die Ferse bis dicht an den Damm. Man versucht, den rechten Fuß auf den linken Unterschenkel zu legen und senkt dann das rechte Knie langsam nach vorn auf die Unterlage. Der Schmerz, den man in Fußgelenken und Knien verspürt, verliert sich im Vollzug wiederholten Übens. Nach einigen Wochen werden selbst steife Beine wieder so elastisch, daß man es schafft, den rechten Fuß auf den linken Oberschenkel zu legen. In manchen Zen-Klöstern ist dies die vorgeschriebene Meditationshaltung. Noch aufrechter sitzt man jedoch im Lotussitz: Der linke Unterschenkel, bisher unter dem rechten Unterschenkel plaziert, wird nun derart angehoben, daß der linke Fuß auf dem rechten Oberschenkel liegt. Vom Schneidersitz bis zum Lotussitz wird die Unterlage immer flacher. Während man anfangs 20 Zentimeter Deckenstapel und mehr als angenehm empfand, genügt jetzt *eine* vierfach zusammengefaltete Decke unter dem Gesäß.

Die Handhaltung („Meditationsmudra") ist auf dem Holzschnitt gut zu erkennen. Die Wirbelsäule ist vom Steiß bis zum Kopf vollkommen vertikal und gestreckt. Wie gerade sie bei diesem Sitz wird, sieht man am besten an einem andern, der den Sitz eingenommen hat. Das Kinn ist eher angezogen. Man sinkt nicht nach vornüber, lehnt sich aber auch nicht zurück. So ist man aufrecht und kann sich zugleich immer mehr entspannen: die Beine werden locker, die Anspannung der Hüftgelenke läßt nach, die Oberarme hängen unverkrampft neben dem Oberkörper, die Unterarme laufen zum Schoß hin zusammen, in dem die Hände gekreuzt sind, und zwar die Handflächen nach oben, die linke Hand über die rechte geschoben, bis die nach oben weggespreizten Daumen aneinanderstoßen. – Die Nase ist genau über dem Nabel. Man schließt den Mund, so daß die Zähne aufeinander ruhen (ohne daß man zubeißt, was ja wieder verkrampfen würde). Die Zunge berührt die oberen Schneidezähne oder den Kiefer oberhalb der Schneidezähne.

Man setzt sich niemals gegen das grelle Licht. Auch die Augen ruhen. Aber sie werden nicht geschlossen, sondern auf einen Punkt gerichtet, der etwa einen Meter vom Sitzenden entfernt ist. Wer die Augen offen läßt, sie auf einen Punkt am Boden richtet, bleibt leichter davon dispensiert, innere Bilder an sich vorbeiziehen zu lassen.

Die Haltung ist von der Art, daß man später mit Leichtigkeit eine halbe Stunde und länger in ihr verbleiben kann. In Indien gibt es Übende, die sie tagelang nicht verlassen. Auf dem Stuhl aufrecht zu sitzen wird jedoch schon sehr bald anstrengend.

Die lockere, aufrechte Haltung ermöglicht *eine freie, lokkere Atmung.* Brustatmung spannt an, Zwerchfellatmung (Bauchatmung) lockert. Zwar sind die Augen auf den oben erwähnten Punkt gerichtet, an ihm „festgemacht". Aber sie fixieren ihn nicht. Es gibt ja nichts an ihm zu sehen. Die Aufmerksamkeit ist vielmehr auf den im Atem sich bewegenden Bauch gerichtet, auf einen Punkt, zwei Finger breit unter dem Nabel. Folgen wir der Bewegung dieses Punktes beim Atmen! Beim Einatmen wird er von der einströmenden Luft ein wenig nach außen gedrückt. Der Bauch oberhalb dieses Punktes bläht sich nach außen und oben: er hebt sich. Die Brust bleibt ruhig. Brustatmung wird nur bei tiefem Atmen gebraucht. – Wenn der Rücken schmerzt, ist das ein Zeichen der Verkrampfung. Diese löst sich, wenn beim Einatmen die Flanken ein wenig mitatmen, sich ebenfalls (unterhalb des Rippenbogens) etwas blähen. – Unmittelbar auf die Einatmung folgt die Ausatmung. Sie geschieht langsam und hat die Aufgabe zu lösen, zu entkrampfen. Der Bauch senkt sich ein wenig, ohne daß deshalb die Bauchmuskeln angespannt würden. – Das Ausatmen braucht in der Regel mehr Zeit als das Einatmen. Auf das Ausatmen folgt eine Pause, je nach Atembedürfnis und Atemtiefe kürzer oder länger. Man atmet ein, sobald man das „von selbst" tut. Wer zu wenig atmet, kann leichte Beschwerden verspüren (etwa ein Stechen in der Herzgegend).

Der Atem ist sehr viel schwerer zu beeinflussen als die Haltung. Man kann sich mit Atemübungen schaden, ebenso wie Atemübungen heilen können, wenn sie mit geduldiger Konsequenz richtig gemacht werden. Besser ist es, den Atem kaum zu beachten, als sich verkrampft auf ihn zu konzentrieren. Vieles, was wir falsch machen, führt zu falschem Atem. Umgekehrt kann richtigeres Atmen dazu führen, daß wir „es" richtiger machen. Atem ist irgendwie das Leben selbst, nicht nur *Zeichen* für das Lebendig-Sein. Im Atem wird die Einheit von Leib und Geist im Menschenleben repräsentiert. Darüber macht Romano Guardini in Exerzitien, die er 1930–32 gehalten hat, Aussagen, in denen ein katholischer Theologe erstmals auch „Fernöstliches" betont:[57]

„Einen besonderen Sinn hat die Atembildung. Von den vielen lebendigen Rhythmen, die wir in uns haben, ist der Atem der reichste. In ihm erneuert sich das Blut; er unterhält die innere Ver-

---

[57] Publiziert in: Wille und Wahrheit, Mainz 1933, 12.–15. Tsd. 1954.

brennung, worin Wärme entsteht, die Nahrung sich in die Baustoffe des Leibes umsetzt, die Leibesgestalt sich aufbaut, wandelt und erneuert. Er ist jener Rhythmus, worin der Mensch mit der Weite des Raumes, mit dem Meer der Luft, mit dem umgebenden Ganzen im Zusammenhang steht. Dann ist der Atem ein zartes Zwischenglied zwischen dem Leben der Seele und des Leibes – soweit man diese beiden Bereiche unseres Daseins überhaupt in dieser Weise trennen kann. Der Atem ist gleichsam die feinste Form des Leibes: seine seelen-nächste Höhe. Nicht umsonst werden ‚Geist' und ‚Atem', ‚Seele' und ‚Hauch' mit den gleichen Worten ausgedrückt. Atem ist ein Rhythmus, der den ganzen Leib bis in die letzten Elemente durchwirkt; ja der selbst die feinsten Ausschwingungen des Leibes darstellt. So ist er es auch, der auf jede seelische Regung anspricht: indem er stockt oder sich befreit; offen und stark geht oder sich verhält; ausbricht im Ruf, im Schrei, im Lachen oder Weinen. Und wiederum ist's der Atem, der dem Geistigen im Menschen, dem Worte, Hauch leiht und Ton gibt.

Der Atem ist ein Zwischenglied, wodurch das Leben der Seele und des Leibes ineinander wirken. Wenn ich aus klarem Gemüt den Atem froh, still und tief gehen lasse, tut das dem Körper wohl, und kann manche Beschwerde heben. Umgekehrt wird ein voll und freudig gehender Atem Geist und Herz befreien.

Endlich aber ist der Atem ein Zwischenglied zwischen Gedanken und Sein" (72 f.)

Guardini sieht sich ähnlichen möglichen Einwänden gegenüber, wie sie heute noch erhoben werden:

„Und seine (sc. des Willens) Arbeit ist wahrlich nicht leicht! Es könnte vielleicht scheinen, als mache man sich auf diese Art die Sache einfach: setzte an Stelle echten, sittlichen Tuns, an Stelle mühsamer, aber allein wertschaffender Arbeit eine Methode, wodurch die Dinge von selbst laufen ... Es ist Wachsamkeit nötig, nicht nachlassende Zähigkeit, immer neues Einsetzen; Überwindung, Zucht und Opfer. Auch dieses Wollen hat seinen Kampf und seine Übung, seine Siege und seine Niederlagen; nur daß seine Gestalt eine andere ist, und daß es auf anderen Wegen läuft.

Der Atem aber bildet ein Verbindungsglied zwischen Gedanken und Wirklichkeit; ein Mittel der Verwirklichung.

Dieser Atem ist heute ganz verwahrlost. Seine Bewegungen sind meist auf einen Teil ihrer Reichweite eingeschrumpft, mechanisch und unruhig geworden. Sein Rhythmus ist zerstört; er hat keine Tiefe, keine Freiheit, keine Schwingung. Die Übungen wollen ihn lösen; ihm Weite und schöne Ordnung geben. Dabei wird sich auch zeigen, was der Atem für die Meditation leisten kann. Er ist ein vortreffliches Mittel, um die vorbereitenden Übungen der Sammlung aufzunehmen, wie das Still- und Anwesendwerden. Sie gelingen noch einmal so leicht und gewinnen eine besondere Tiefe, wenn man sie mit dem ruhig und vollgehenden Atem verbindet" (75 f.).

Woher bekam Guardini seine Anregungen? Wir dürfen annehmen, daß es einen Bezug Guardinis zu a-katholischer Literatur gegeben hat. Diesen konnte er in seinem Buch nicht in Fußnoten aufweisen, ohne ein Verbot zu riskieren. Zwar hatte Friedrich Heiler bereits 1918 über „Die buddhistische Versenkung"[58] publiziert; aber er hatte dies als Religionswissenschaftler getan, war zudem ein „Abgefallener", und sich auf ihn zu beziehen, hätte unweigerlich zur Folge gehabt, selber des Abfalls verdächtigt zu werden. Daß Heiler dreißig Jahre später zur Mitarbeit an der Festschrift für Guardini eingeladen wurde und diese Mitarbeit mit einem Beitrag über „Das Gebet in der Problematik des modernen Menschen"[59] auch geleistet hat, spricht für eine Beziehung zwischen Guardini und Heiler. Jacques Albert Cuttat hat in seinem Beitrag in der Guardini-Festschrift[60] die Auseinan-

---

[58] In: Das Gebet, a. a. O.

[59] In: Interpretation der Welt, a. a. O., 227–246.

[60] In: Interpretation der Welt, a. a. O., „Buddhistische und christliche Innerlichkeit in Guardinis Schau", 445–471. Cuttat zeigt auf, wo zwischen Buddha und Christus die unüberbrückbare Kluft sich zu befinden scheint. Für die Interpretation Guardinis ist das ein wesentlicher Aufweis. Die Theologie der letzten zwanzig Jahre ist jedoch insofern weitergegangen, als sie sich dessen bewußt geworden ist, daß uns das Sprechen von Christus

dersetzung Guardinis mit dem Buddhismus sensibel aufgewiesen. Er vermutet, daß „bereits in den zwanziger Jahren" der Kontakt Guardinis zum Pali-Kanon eintritt: „... es dürfte Paul Dahlkes buddhistische Gemeinschaft – Sangha – in Berlin-Frohnau gewesen sein, die ihn veranlaßte, sich in die deutschen Übersetzungen des Pali-Kanons zu vertiefen" (446). Auch Cuttat ist der Meinung, „daß Guardini, als er sich Buddha zuwandte, einem theologischen Dilemma gegenüberstand, dem die Theologie bisher mehr oder weniger ausgewichen war" (449).

Ein starkes religionsgeschichtliches Interesse ist bei Guardini gegeben. Es tritt in den fünfziger Jahren in den Vordergrund: „Wissen Sie, was ich studieren würde, wenn ich noch einmal anfinge?", sagte er zu vier Theologiestudenten, mit denen er ein Gespräch gewünscht hatte: „Exegese und Religionsgeschichte!"

Der ruhige Atem, der entkrampfte Leib, sind nun nicht Selbstzweck, sondern sie dienen der Sammlung des Zerstreuten: „Überall hinaus ist mein Wesen verstreut. Also muß ich es zurückholen und zusammenbringen, damit ich gegenwärtig werde. Wollte man den Inbegriff dessen, was Meditation heißt, aussprechen, so könnte man geradezu sagen: Meditieren heißt, gegenwärtig werden, allerdings vor Gott" (33 f.). Der „Gegenwärtigkeit" ist eine eigene Bemerkung „Zur Meditation" gewidmet: Meditieren heißt, eine Haltung zu haben, „die der Weise entspricht, wie Gott zu uns ist" (79), nämlich „in Bewegung, auf uns zu". „Meditie-

---

immer nur in der dogmatisch geprägten Form kirchlicher Lehre begegnet. Es ist nicht damit zu rechnen, daß sich der ‚dogmatisch gelehrte Christus' so im Neuen Testament findet, und es ist wiederum ein (wahrscheinlich niemals befriedigend zurückschreitender) Weg vom neutestamentlich bezeugten Jesus des Glaubens zum historischen Jesus. Diese Probleme sind allerdings fundamental-kirchlich so schwer befrachtet, daß auf sie an dieser Stelle lediglich verwiesen werden und der Versuch, sie in Breite zu entfalten, nicht unternommen werden kann.

ren bedeutet ..., ihm mit der Bewegung des eigenen Herzens entgegengehen" (74).

Man soll seinen Atem nicht kommandieren. Wir sind ja so angelegt, daß unser Atemrhythmus neurovegetativ-unbewußt gesteuert wird. Vermutlich kann man aber über besseres Atmen seinen (neurovegetativen) Lebensrhythmus verbessern.

Goethe sieht im „Atemholen ... zweierlei Gnaden: die Luft einziehen – sich ihrer entladen". Er verspürt im Rhythmus des Ein- und Ausatmens Erfrischung und Bedrängung zugleich:

> Im Atemholen sind zweierlei Gnaden:
> Die Luft einziehen, sich ihrer entladen;
> Jenes bedrängt, dieses erfrischt;
> So wunderbar ist das Leben gemischt.
> Du danke Gott, wenn er dich preßt,
> Und dank' ihm, wenn er dich wieder entläßt.

Goethes Sechszeiler ist so schlicht formuliert, wie gedanklich tief. Er ist das letzte von fünf Gedichten, die unter dem Titel „Talismane" in „West-östlicher Divan" veröffentlicht sind. In meiner Schrift „Aufruf zur Meditation" (Graz 1972), aus der ich einiges für dieses Kapitel übernommen habe, wird das Gedicht in den Kontext einer Beschreibung des Atems beim Zazen gestellt. Das war für nachfolgende Meditationsliteratur eine fruchtbare Anregung.

Der Zeile „Jenes bedrängt, dieses erfrischt" meine ich jetzt entnehmen zu können, daß Goethe Brustatmung praktiziert hat. Bei der Bauchatmung ist Einatmen nicht „bedrängend".

Der Zen-Übende sitzt aufrecht am Boden und atmet. Das ist alles. Mehr ist – im Sinne moderner Tatsachenwissenschaft – nicht konstatierbar. Aber eben dies ist wichtig und auffällig: alles andere, was Menschen sonst tun, wird nicht getan. Sieht man die Gemeinschaft der Übenden bei Zen-

Exerzitien, so nimmt keiner mit dem andern Kontakt auf. Zur Wand gewendet (im Soto-Zen), richten sie (ganz gerade am Boden sitzend) ihren Blick mit halbgeschlossenen Augen vor sich auf den Boden. Sie verursachen keine Geräusche und regen sich nicht. Auch ihr Atem geht leise, ohne Geräusche, die den Nachbarn stören könnten. Und doch bilden sie in einem eminenten Sinn eine Gemeinschaft: sie schweigen gemeinsam. Und dieses Schweigen ist spürbar intensiver, weil in der Gemeinschaft solche mitschweigen, die es schon gefüllter tun. Keiner sieht den Lehrer (der als einziger nach innen gewendet sitzt), und doch werden alle von seiner größeren Stille mitgetragen. – Umgekehrt können einzelne, die gekommen sind, ohne wirklich bereit zu sein, in die Stille einzutreten, die andern auch dann stören, wenn sie keine Geräusche machen.

Aber was geht im Innern vor? Was geschieht mit dem Denken? Beim Üben des Zen lernt man über Wochen, Monate und Jahre immer besser, an nichts zu denken, nichts sich vorzustellen, die Phantasie ruhen zu lassen. *Das Nichtdenken des Zen* ist vom Vor-sich-hin-Dösen radikal verschieden. Es ist gewissermaßen aktives, kraftvolles Nichtdenken. Aber die Kraft des Nichtdenkens wird nur spürbar in dem Maße, wie man sie auf dem Weg über das Loslassen des Denkens geschenkt bekommt. Was man tut, ist Loslassen. Man hört auf, nachzudenken oder sich etwas vorzustellen. Dabei wird auch die Sinneswahrnehmung eingeschränkt. Die Fußgelenke oder Kniegelenke schmerzen, ein Fuß stirbt ab: ich vergesse es. Man erfährt, daß es möglich ist, den Schmerz zu vergessen.

Das zeichnet Sesshins gegenüber herkömmlichen Exerzitien aus: Hier wird wenig gemacht und angeordnet und überhaupt wenig gesagt. Auch dieses Wenige ist meist eher technisch. Es antwortet auf die Frage: Wie macht man das? Die Tagesordnung scheint streng und karg. Niemand sagt, was man zu tun hat, nur daß man sitzen und schweigen soll. Und jetzt „erfährt" man etwas, Kleinigkeiten zunächst, von denen man nicht wußte, daß man sie kann. Man wird freigesetzt. Man wird nicht überfremdet, nicht aszetisch gesteuert – heute zur Zerknirschung, morgen zur Freude, übermorgen zum Entschluß. Aber was geschieht, ist so sehr mein eigen, daß ich es niemals vergesse. Ich lasse mich gleichsam in Räume führen, die ich noch nie betreten habe, obwohl sie mir zugänglich, meine Räume sind (und doch wieder nicht meine, sondern, christlich gesprochen, eher die Räume des Gottesgeistes).

Beim Zen erfährt man, was einem niemand vorher gesagt hat. Man wird „spontan", gerade indem man alle seine Spontaneität anscheinend ablegt. Weil alles andere, was ich sonst treibe, nicht ich selbst bin, sondern mich von mir trennt, bedarf es des radikalen Schweigens, damit ich selbst etwas geschenkt bekomme, das mich aufs neue freisetzt.

Personen und Orte, mit bzw. an denen Za-Zen geübt wird

Die Aufzählung beschränkt sich hier auf jene Lehrer und Meditationshäuser, die christlichen Charakter haben. Bedeutung und Wert jener Meditations-Zentren, in denen bewußt nichtchristlich, zum Teil deutlich buddhistisch geübt wird, sollen damit nicht abgewertet werden. Die folgende Liste beschränkt sich auf Häuser, in denen christliche Lehrer Sesshins abhalten. Den Ausdruck „Meister" verwenden wir selten und sprechen bewußt von Zen-Lehrern, weil „Meister" für das japanische Wort „Roshi" vorbehalten bleiben sollte. Der Roshi ist eine in der Zen-Praxis unabhängige Person, die das Recht hat, Zen-Lehrer zu ernennen und – gegebenenfalls – die Würde des Roshi weiterzugeben.

Niklaus Brantschen SJ
Bildungshaus Bad Schönbrunn
CH-6311 Edlibach/Zug

Christliches Zen-Zentrum
Eintürnen
Detlef Witt
D-7954 Bad Wurzach 1

Rolf Drosten
Wilhelm-Busch-Straße 4
D-5090 Leverkusen

Sr. Ludwigis Fabian OSB
Haus der Stille
Schweibern 2
D-8213 Sachrang

Pia Gyger
Holeestraße 145
CH-4054 Basel

Willigis Jäger OSB
Uta Dreisbach
Meditationszentrum
Haus Benedikt
St.-Benedikt-Straße 3
D-8700 Würzburg

Johannes Kopp SAC
Steigerweg 1
D-4330 Mülheim/Ruhr

Peter Lengsfeld
Quellenweg 17
D-4405 Nottuln-Darup

Loccumer Arbeitskreis
für Meditation
Evangelische Akademie
D-3056 Rehburg-Loccum

Viktor Löw OFM
Meditationszentrum
St. Franziskus
Klostergasse 8
D-8435 Dietfurt/Altmühltal

Meister Eckhart Haus
Klaus-Werner Stangier
Odenthaler Straße 401
D-5000 Köln 80

Gundula Meyer
Am Dorfanger 2
D-3176 Meinersen-Ohof

Ökumenisches
Meditationszentrum
Willi Massa
Michael von Brück
Neumühle
D-6642 Mettlach

Sylvia Ostertag
Landhaus
D-8959 Seeg

Joan Rieck
Sonnenhof
Holzinshaus 1
D-7869 Schönau

Viele werden zugeben, daß die Übung des Nichtdenkens, die gegenstandslose Meditation, ihren humanen und ihren religiösen Sinn hat. Aber was bedeutet sie für den Christen? Hat nicht der Christ sein „Gegenüber", nämlich den Gott und Vater unseres Herrn Jesus Christus? Der Christ lebt doch „in Christus Jesus", und dessen Kreuz ist seine „Weisheit" und seine „Kraft". In welchem Verhältnis steht die Zen-Übung zum Glauben an Gott in Christus (1 Kor 1 und 2)? Einige Andeutungen müssen an dieser Stelle genügen:

Wer schweigt, wer seinen Verstand und seine Vorstellungskraft entleert, *schweigt vor Gott*, dessen Sein Geheimnis ist. Dieses „vor Gott" mag dem Meditierenden verborgen sein. Mindestens sucht er von all dem, was nicht Gott ist, frei zu werden. Wer aber an Gott glaubt und in Jesus Christus Zugang zu ihm erhalten hat, für den *ist das Vor-Gott-still-Werden vollkommenes Gebet*. Das Schweigen des Meditierenden schafft dem Gebet des Geistes in ihm Raum.

Wir wissen, daß wir Gott nicht nach Art eines Gegenstands zur Kenntnis nehmen und begreifen können. Gott ist uns zugleich innerlicher, als wir selbst es uns sind, und – jenseits aller Gegenstandskategorien – höher als alles. Wenn es schon theologisch sicher ist, daß der Mißerfolg der Anwendung begrifflichen Denkens auf Gott den Erfolg je übersteigt, welchen Grund sollte man haben, den gegenstandslosen Weg der Meditation für weniger angemessen zu halten als eine gegenständliche Betrachtung?

Das Geheimnis Gottes begegnet dem Christen vor allem in der „Dummheit des Kreuzes" (1 Kor 1,24 ff.). Sie wird in der „Schwachheit" des ungegenständlichen „Schweigens vor ihm" wohl nicht schlechter bezeugt als in „gescheiter Rede" (1 Kor 1,17; 2,4).

Dennoch hört der Christ nicht auf das Nichts in sich (und im Kosmos), sondern auf Gottes Botschaft in Gottes Wort. Sein Schweigen, auch in der gegenstandslosen Meditation, korrespondiert dem *Hören auf Gottes Wort*, wovon oben (Kapitel 3.3) bereits ausführlich gehandelt wurde.

Zwischen der gegenstandslosen Kontemplation (wie sie im Zen und anderswo geübt wird) und der Meditation des Schriftwortes bei Christen, Juden, Muslimen gibt es ein wechselseitiges Aufeinander-Verwiesensein. Die Meditation der Schrift wird erleichtert, gelingt anders, wenn ich aus dem Schweigen komme. Und die Übung des Zazen geschieht „vor Gott in Christus", wenn der Meditant aus dem Wort Gottes lebt. Im *Sesshin* kann man auch erfahren, daß durch die gegenstandslose Kontemplation eine neue Fähigkeit zur liturgischen Gemeinschaft und zum aufmerksamen Hören und Sprechen der liturgischen Texte zuwächst.

Ein indischer Theologieprofesor, der in Madras wirkt, berichtet, daß dort Gemeinde und Priester in ihrem Gottesdienstraum am Boden sitzen und langsam, aber ohne Pause „om shanti om" rezitieren (*om* als das heilige Mantram, das den Körper schwingen läßt und die Gegenwart des Absoluten bedeutet; *shanti* = Friede), etwa eine Viertelstunde lang, bis sie die Sammlung zur Feier der Liturgie erlangt haben – eine Analogie zu dem, was sich beim Üben des Zazen ereignet.

Weit entfernt davon, vom christlichen Glauben wegzuführen, bewirken solche Übungen eine größere Wachheit und Sensibilität für das Gebet, das während der Übung selbst nicht verrichtet, aber in den Pausen gesprochen werden kann und in der täglichen Eucharistie gemeinsam ertönt. Die Befürchtung, diese Übung führe aufgrund ihrer Eigenart von Christus weg, ist also unbegründet. Freilich ist Zen selber „inhaltsfrei" und infolgedessen für den, der es betreibt, ohne selber inhaltlich-weltanschaulich bestimmt zu sein, eine Gelegenheit, daß sich diese oder jene Ideologie einschleicht. Wer sich schon vom christlichen Glauben distanziert hat, sei es auch stillschweigend und ohne daß ihm das bewußt geworden ist, wird natürlich durch diese Übung der Kontemplation nicht ohne weiteres zum Glauben an einen persönlichen Gott zurückgeführt, denn die Erfahrung, die auf dem Weg des Zen erreicht werden kann und soll, ist nicht die Erfahrung des „persönlichen Gottes", der sich uns geoffenbart hat. Die Offenbarung Gottes als einer Person oder als eines Du ist ihrerseits von dem sprachlichen und philosophischen Hintergrund des Volkes Israel und der christlichen Völker mitbestimmt, so daß es für andere Kulturen ein möglicher Weg sein muß, sein Geheimnis zu verehren und vor ihm gegenwärtig zu sein, ohne ihn als Person zu verstehen und ihn mit „Du" anreden zu können. Die Aussage des Plotin [61] „Wir sagen, was er nicht ist, was er aber ist, sagen wir nicht", wurde von Dionysius Areopagita [62] ins Christliche übersetzt: „Dadurch, daß wir sagen, was er nicht ist, verstehen wir, was Gott ist." Auf keinen Fall sollte man Zen als gottlos bezeichnen. Wer angesichts des Geheimnisses schweigt, leugnet ja nicht, daß da ein Geheimnis ist. Rinzai (Lin-Chi, † 866/867; Begründer einer einflußreichen Zen-Schule, die neben dem Soto-Zen heute noch in Japan besteht) warnt davor, sich mit Worten und Phrasen abzugeben; solche Worte sind wie Kleider, die Menschen anziehen, nichts weiter. Daran anschließend zitiert er einen „alten Meister", der von Namen nichts weiß: „Ich begegne (ihm) und kenne (ihn) doch nicht, ich spreche (mit ihm) und weiß doch (seinen) Namen nicht." [63]

Ein Argument, warum ein Christ nicht kontemplierend vor dem „namenlosen Gott" anwesend sein könne, ist also nicht zu erkennen. Anderseits sind wir durch die betende Anrede der Heiligen Schrift darauf festgelegt, Gott mit

---

[61] Enneaden, V 3,14.
[62] De divinis nominibus, 13,3.
[63] Zitiert nach D. T. Suzuki, der auch die in Klammern gesetzten Fürworte eingefügt hat: Über Zen-Buddhismus, in: Zen-Buddhismus und Psychoanalyse, hrsg. v. E. Fromm u. a., Suhrkamp-Taschenbuch 37, 1972, 59.

„Du" anzureden. Dies, so scheint mir, ist ein Ausdruck der Nähe, die uns unser Schöpfer und Erlöser geschenkt hat. Aber damit ist keine Aussage *über* ihn gemacht, wie er in sich selbst ist.

Es gehört – auch im Kontext der Schrift und ihres vertrauensvollen Du's – zur Aufgabe der Theologie, den Dualismus zu überwinden. Deshalb formuliert P. Lassalle: „Die Meditation, vor allem die ungegenständliche Meditation wie Zen, befähigt uns, den latenten Dualismus und die daraus resultierende Feindschaft ... aufzufangen und das kosmische Ganze als eine Einheit zu erfahren."

Ziel der Übung des Zen, das ja nicht nur über den Weg des schweigenden Sitzens erreicht wird, sondern auch auf dem Weg des Bogens (Eugen Herrigel), dem Weg des Blumensteckens (Ikebana), dem Weg der Pinselzeichnung, dem Weg der Teezeremonie, ist die Erleuchtung *(satori)* oder Wesensschau *(kensho)*. Diese Erfahrung, die wiederum nicht zureichend benennbar ist, sondern auf die man mit Worten höchstens verweisen kann, ist auch Plotin mehrfach geschenkt worden. In der Weise, wie Marguerite Porete von ihr gesprochen hat, werden wir sie im nächsten Kapitel kennenlernen.

5

Mystik

5.1 Marguerite Porete – Das Aufleuchten

Marguerite Porete war eine nordfranzösische Begine. Ihr Heimatort Valenciennes (im Hennegau; frz. Hinault) gehörte zu ihren Lebzeiten noch nicht zum französischen Königreich. Die Beginen waren eine Art dritter Orden, ein Laien-Institut, in dem sich Frauen zusammenschlossen, die in größeren Städten, vor allem Ober- und Niederdeutschlands, über eigene Häuser verfügten, sich schlicht und einfarbig kleideten, von einfacher Arbeit ernährten und ein Leben des Gebets und der Kontemplation führten. Marguerite Porete, die offenbar zu einer großen Erfahrung gelangt war, hat in Mitteilungen, die in einem Buchmanuskript niedergelegt wurden, die Absicht offengelegt, anderen ihre Erfahrung mitzuteilen und für ihren Weg zu werben: sie hatte etwas Didaktisches, das sich bei andern großen Beginen wie Hadewijch (13. Jahrhundert) und Mechthild von Magdeburg († 1282/83) nicht findet. Während wir von Hadewijch und Mechthild wissen, daß sie verfolgt wurden, eventuell sogar gefangengesetzt waren, mindestens sich Gefährdungen ausgesetzt sahen, und Mechthild sich schließlich zu ihrem Schutze in ein Kloster zurückziehen mußte, ist uns von Marguerite Porete die doppelte Verurteilung durch die Inquisition, zunächst des Bischofs von Cambrai, Guy de Colmieu (vor 1306), sodann durch Wilhelm von Paris, den offiziellen Inquisitor von Frankreich (1309/1310), bekannt. Nach einer feierlichen Verurteilung am 31. Mai 1310 wurde sie am Morgen des 1. Juni 1310 auf der Place de Grève in Paris auf dem Scheiterhaufen verbrannt. Zu ihrer Verurteilung führten aus ihren Erfahrungen abgeleitete Aussagen über ihr Verhältnis zu den Tugenden und den Werken der Frömmigkeit, die sich in ähnlicher Form auch bei Eckhart und bei Johannes vom Kreuz belegen lassen. Für den, der zur höchsten Erfahrung der Nähe Gottes gelangt ist, gibt es keinen Weg der Tugenden mehr, sondern Gott selbst hat seine Führung übernommen. Marguerites Buch trägt den Titel „Der Spiegel der einfachen Seelen, die zunichte geworden sind und die nur noch verbleiben im Willen und in der Sehnsucht der Liebe"[1].

Was ist außer dem pädagogischen Eifer an Marguerite Besonderes? Von Hadewijch und Mechthild von Magdeburg unterscheidet sie, daß sie zwar die Terminologie der provençalischen *trobadors* und nordfranzösischen *trouvéres* (Minnesänger) verwendet, die ihrerseits wohl durch die spanische, arabische Liebeslyrik inspiriert war (die provençalische Sprache wurde damals von Barcelona bis Norditalien gebraucht; noch Dante schwankte am Beginn seines dichterischen Schaffens, ob er sich nicht dieser Sprache bedienen sollte). Bei Marguerite begegnen Begriffe wie „*fine amour* = feine Liebe", „*noble amour* = edle Liebe", „*gentilesse* = Vornehmheit", „*courtoisie* = Höflichkeit", „*vilain* = häßlich, grob". Der in der Minnelyrik übliche Begriff der „*servage* = Sklaverei" wird von Marguerite umgepolt:

---

[1] Die Schrift galt lange Zeit als verschollen, wurde dann aber von der italienischen Forscherin Romana Guarnieri 1946 in einer Handschrift identifiziert, schließlich 1965 in Rom herausgegeben. Die römische Ausgabe, nur in 500 Exemplaren und auf Bütten gedruckt, findet sich nur in wenigen Bibliotheken. Neuerdings ist der altfranzösische Text zusammen mit einer lateinischen Übersetzung in der Reihe *Corpus Christianorum* als 69. Band der mittelalterlichen Folge herausgegeben worden (Turnhault 1986). – Über die Beginenmystik und über den Spiegel der Marguerite hat Kurt Ruh kundige Aufsätze publiziert in: Kleine Schriften, II, Berlin / New York 1984.

der Minnesänger ist seiner Herrin „versklavt", während Marguerite von der „Sklaverei" der Tugenden befreit wird. Wir wissen schon, daß dies Hauptanlaß für ihre Verurteilung war, wie es auch später zur generellen Verurteilung der Beginen und Begarden (der männlichen Form dieses Zusammenschlusses) gedient hat.

Aber im Unterschied zu Mechthild und Hadewijch findet sich bei Marguerite gar nichts Erotisches. Es wäre deshalb falsch, sie der abendländischen „Liebesmystik" zuzuzählen, die man von der Lichtmystik des östlichen Christentums unterscheidet. Mit Meister Eckhart und Johannes vom Kreuz verbindet Marguerite das Hervortreten des Begriffs „Zunichte-Werden". Dieses Wort erscheint bereits im Titel ihres Buches und begegnet in fast jedem Kapitel. Es ist der zentrale Begriff ihrer Mystik. Die verschiedenen Übersetzungen von *„a(d)nientie"* haben etwas Skurriles. Louise Gnädinger beginnt ihre Übersetzung mit „vernichtigen"[2], bekehrt sich dann aber zu dem normalen Begriff „vernichten". Elisabeth Gössmann übersetzt mit „zu

---

[2] Margareta Porete, Der Spiegel der einfachen Seelen. Wege der Frauenmystik, aus dem Altfranzösischen übersetzt und mit einem Nachwort und Anmerkungen von L. Gnädinger, Zürich u. a. 1987. Leider bietet diese Übersetzung noch nicht, was der interessierte, des Altfranzösischen nicht mächtige Leser braucht. Der deutsche Text Gnädingers ist noch schwerer zu verstehen als das Original oder die lateinische Übersetzung. Es wird dem (falschen) Prinzip gefolgt, bei der Übersetzung gleicher Worte „abzuwechseln", was doch den Leser der Übersetzung nur irreführt, und es begegnen Fehler in einer solchen Vielzahl, und auch ganz einfache, daß man sieht, unter welchem Zeitdruck hier gearbeitet wurde, denn Gnädinger ist eine ausgewiesene Expertin! Das Nachwort und die Anmerkungen sind leider zu einem guten Teil irreführend. Die Darstellung des inneren Wegs nach Margarete Porete (237 ff.) ist, angesichts der 169–178 gebotenen Übersetzung des Kapitels, in dem doch die Stufen des inneren Wegs von Marguerite beschrieben werden, beinahe schon abstrus zu nennen. Da Marguerite selber sagt, daß man in diesem Leben von der siebten Stufe *keine Kenntnis* haben kann, weil sie die ewige Herrlichkeit bedeute, mutet die Bemerkung (243) fremdartig an, die Beatrijs von Nazareth habe den „von Margarete Porete beschriebenen siebenten Zustand" erreicht.

Nichts geworden"³. Da der Begriff des „Vernichtet-" oder „Zunichte-Werdens" in der neuplatonisch-mystischen Tradition, also auch bei Dionysius nicht begegnet, ist wahrscheinlich die Sprache der Bibel als Quelle zu benennen. In der griechischen und – aus ihr übersetzt – in der lateinischen Bibel begegnet diese Form des Redens. Die *adnihilatio* und die *anima adnihilata*, nämlich das Zunichtewerden und die zunichte gewordene Seele (der lateinischen Übersetzung der Bibel), haben wohl ihren Ursprung in einer von mehreren Psalmstellen, vielleicht Ps 27,22: „et ego ad nihilum redactus sum et nescivi – und ich wurde zunichte gemacht und wußte es nicht". Marguerites „Spiegel" zeigt auch somit eine gute Kenntnis der Heiligen Schrift.⁴

Daß Meister Eckhart bereits in den „Reden der Unterweisung" vom „Zunichtewerden seiner selbst" spricht und diesen Begriff in inhaltlicher Übereinstimmung mit Marguerite entfaltet, ohne daß zwischen den „Reden der Unterweisung" und dem „Spiegel" eine Beziehung bestehen könnte, verweist auf gleichartige, originäre Erfahrung. Was wird hier vernichtet oder zunichte gemacht? Es ist der eigene Wille und die Wahrnehmung. Bei Marguerite erscheint das als Stufe eines Aufstiegs; Eckhart spricht von dem Faktum zum Beispiel in Predigt 52, wo er „nicht wollen, nicht wissen, nicht haben" postuliert. Marguerites Aufstieg soll gleich dargestellt werden. Zuvor aber ist noch ein Hinweis nötig, in welch fast grausamer Subtilität die Mystik der Marguerite den Vorgang der Vernichtung darstellt: Der Spiegel endet ursprünglich mit dem Kapitel 122, einem Ge-

---

³ Diese Übersetzung wird vorgeschlagen in dem sonst genau informierenden und klugen Aufsatz „Die Geschichte und Lehre der Mystikerin Marguerite Porete" in: A. Häring/K.-J. Kuschel (Hrsg.), Gegenentwürfe. 24 Lebensläufe für eine andere Theologie, München 1988, 69–79.
⁴ Das *Dictionnaire de l'Ancien Français* von A. J. Greimas, Librairie Larousse 1980 und 1987 weist darum auch einen altfranzösischen Psalter um 1120 als ersten Ort des Vorkommens von „anientir" auf.

dicht, in dem die Seele von der heiligen Kirche gelobt wird und ihrerseits den Preis der göttlichen Liebe singt (in diesem Lied heißt es übrigens: „Diese Gabe hat mein Denken getötet"). Mit den Kapiteln 123 bis 139 beginnt ein Nachtrag (?).

In dem Kapitel 131 wird die Preisgabe des eigenen Wollens entfaltet:
- die Seele bejaht, nie gewesen zu sein, um nie gegen Gottes Willen gehandelt zu haben;
- alles zu leiden, statt gegen Gottes Willen zu handeln;
- ins Nichts zurückzukehren, wenn dies zu seiner Genugtuung erforderlich wäre;
- Werte, wie sie Gott hat, ohne sie in ihn zurückgießen zu können, lieber nicht zu haben und ins Nichts zurückzukehren;
- lieber selber ins Nichts zu gehen, als Werte aus sich selbst zu haben;
- lieber Qualen zu erleiden, die von ihm kommen, als aus sich selbst ewige Herrlichkeit zu erlangen;
- lieber alles wieder ins Nichts gehen zu lassen, als Gott zuwider zu handeln, wenn er wollte, daß alles ins Nichts geht;
- wenn Gott es so wollte, lieber von ihm keine Gabe zu empfangen, sondern ins Nichts zu gehen.

Daraus ergeben sich drei für Marguerite „unlösbare Fragen".

Wie ist es, wenn er will:
- daß ich jemand mehr liebe als ihn;
- daß er jemand mehr liebt als mich;
- daß, mit seinem Willen, mich jemand mehr liebt als er?

Beim Nachdenken über diese Fragen, die Marguerite lieber nicht beantworten möchte, aber Gott besteht auf einer Antwort, „verliert sie das Bewußtsein". Von solcher Not „weiß keiner, wenn er's nicht erfahren hat".

Nachdem die Seele auf Gottes Drängen hin all seine Fragen zustimmend beantwortet hat, hat sie das Martyrium erlitten. Marguerites Herz hat aus Liebe gelebt und hätte dies gern guten Willens weiter getan. Das ist nun zu Ende, denn ihre Kindheit ist gestorben. Die Sprache des Buches ist in diesem Kapitel von einer ungekünstelten Eindringlichkeit. Sie leuchtet ein, auch wenn man die Gedanken, die hier erwogen werden, für unangemessene Folter hält. Und nach der Lektüre dieses Kapitels weiß man, was Marguerite unter einer „zunichte gewordenen Seele" versteht.

Der „Spiegel" will einen Weg weisen, einen Aufstieg in sieben Stufen, deren letzte man vor seinem Tod nicht kennt, weil sie die von Gott bereitgehaltene Verherrlichung bedeutet. Die Autorin des Spiegels befindet sich offenbar auf der fünften, gelegentlich, als eine rasch vorübergehenden Gabe Gottes, auf der sechsten Stufe. Der Hierarchie eines Abstiegs von oben nach unten und der Notwendigkeit eines Wiederaufstiegs sind wir, im Gefolge der neuplatonischen Philosophie, vor allem des Plotin und des Proklos, in der mystischen Theologie des Dionysius begegnet. Bei Paulus (2 Kor 12,1-4) findet sich eine Erfahrung ausgesprochen, die auf die nachfolgende christliche Mystik großen Einfluß hatte. Hier begegnet auch erstmals das Element des Nichtwissens und die Unmöglichkeit, beziehungsweise das Verbot, davon zu reden: „... so will ich auf Gesichte und Offenbarungen des Herrn kommen. Ich kenne einen Menschen in Christus, der vor vierzehn Jahren – ob im Leibe weiß ich nicht, ob außerhalb des Leibes weiß ich nicht: Gott weiß es – entrückt wurde bis zum dritten Himmel. Und ich weiß, daß dieser Mensch – ob im Leibe oder außerhalb des Leibes weiß ich nicht: Gott weiß es –, daß er entrückt wurde in das Paradies und ungesagte Worte hörte, die zu sprechen einem Menschen nicht erlaubt ist." Das Ungesagte oder Unsagbare begegnet bei Dionysius wieder. Das „Entrücktwerden" und die „drei Himmel" (ohne daß sie dieses Wort gebrauchte) mit vier „Vorstufen" finden wir bei Marguerite.

Im 118. Kapitel ihres Buchs spricht sie von diesen Stufen, den *estats*[5] oder *estres*, den Ständen oder Seinsweisen, die allerdings erst dann beginnen, wenn sich ein Mensch dazu entschlossen hat, ein wirklicher Christ zu sein. Es ist übrigens bezeichnend, daß in diesem Kapitel die für den „Spiegel" charakteristische Form des Gesprächs mehrerer Partner (Liebe, Seele, Vernunft, Kirche, Trinität ...) aufgegeben wird und nur „die Seele" referiert.

Auf der ersten Stufe wird die Seele durch Gnade davon befreit zu sündigen und hält *alle* Gebote.[6]

Die zweite Stufe ist dann erreicht, wenn die Seele nach den „Räten des Evangeliums" lebt, also Armut, Keuschheit und Gehorsam bewahrt.

Auf der dritten Stufe tut die Seele aus „brennender Liebe" viele Werke. Sie bringt den eigenen Willen zum Martyrium und wird „selber gemahlen, zerknirscht und zerbrochen".

Auf der vierten Stufe ist die Seele auf dem Gipfel der Liebe angekommen, und Meditation und Kontemplation sind ihr geschenkt. Sie genießt „Wonnen der Liebe", „gnadenvolle Liebe macht sie ganz trunken und so trunken, daß die Liebe es sie nicht einmal verstehen" läßt, was mit ihr geschieht. – All diese Stufen haben gewissermaßen noch etwas Vor-Mystisches. Das Paradies der Nähe Gottes ist noch nicht erreicht.

Auf der fünften Stufe ereignet sich durch „die göttliche

---

[5] In der zeitgenössischen amerikanischen Psychologie wird über „stages" des moralischen Urteils (Kohlberg) und des religiösen Urteils (Fowler), in der Schweiz über Stufen des religiösen Urteils (Oser) empirisch geforscht. Die Stufen der Marguerite müßte man, suchte man nach einem modernen Wissenschaftsbegriff, als Phänomenologie mystischer Erfahrung bezeichnen.

[6] Keineswegs nur „der Todsünde" abgestorben, wie Gnädinger sagt (237), deren Darstellung der Stufen Poretes auch sonst wenig gelungen ist.

Güte eine entzückende Erweiterung der Bewegung des göttlichen Lichtes". Schon die Aneinanderreihung schwer verständlicher bis unverständlicher Worte zeigt, daß die Grenze der Sagbarkeit erreicht ist. Daß die fünfte Stufe der eigentliche Zustand ist, in dem sich die Mystikerin Marguerite Porete befindet, wird schon aus der für Marguerite außerordentlich langen Beschreibung dieser Stufe deutlich, die sämtliche Stufen um ein Vielfaches übertrifft (es handelt sich um fast zwei volle Seiten der Ausgabe von Guarnieri, die für 139 Kapitel insgesamt 125 Seiten benötigt). (Die fünfte Stufe wurde vorher bereits im 58. Kapitel dargestellt. Auch das unterstreicht ihre Bedeutung für die Mystik Marguerites.) Die Seele erkennt jetzt, „daß ihre Natur und ihr eigener Wille zum Nichts gebeugt ist und so sieht sie durch Erleuchtung, daß der Wille wollen soll einzig göttlichen Willen, ohne anderen Willen". Auf den Krieg der Natur achtet die Seele nicht mehr. Friede erfüllt sie und wird ihr zur göttlichen Nahrung. Der Wille, den die Seele hatte, bleibt nackt dort zurück, wo er hingehört, dem Nichts überlassen. „Jetzt ist diese Seele Nichts *(nulle)*, denn sie sieht im Übermaß göttlichen Erkennens ihr Nichts, das sie zum Nichts *(nulle)* macht und ins Nichts setzt." Die Liebe hat sie ins Nichts versetzt, so daß sie kein (eigenes) Sein mehr hat.

Auf der sechsten Stufe sieht sich die Seele selbst nicht mehr. „Gott sieht in ihr seine göttliche Majestät, durch die er die Seele erleuchtet [7] hat, die nicht sieht, daß noch irgend etwas wäre, außer Gott selbst, der jener ist, dessen alles ist." „Die Seele, so rein und erleuchtet, sieht weder Gott noch sich selbst, sondern Gott sieht sich in ihr, für sie, ohne sie." Im göttlichen Licht sieht Gottes Güte seine Güte.

---

[7] Das Wort *„clarifie"* kommt in einem Text von 22 Zeilen viermal vor und wird von *„glorifiee"* unterschieden. Mit *clarifie* ist eine Verklärung, Erleuchtung, ein Hellmachen benannt, das von der Verherrlichung *(glorifiee)* der siebten Stufe zu unterscheiden ist.

Da das Verhältnis von fünfter und sechster Stufe Marguerite Porete betrifft und sie sich im „Spiegel" darum bemüht, das Unverständliche mit „vielen Worten" darzustellen, die für die Hörer/Leser doch wiederum „zu wenige Worte" sind, weil sie nicht verstehen werden, was die Autorin sagen will, soll das Kapitel 58 vollständig vorgestellt werden.[8]

„Wie die zunichte gewordenen Seelen auf der fünften Stufe bei ihrem Freund sind.

(Vernunft) Bei Gott, sagt die Vernunft, was haben denn Seelen, die so zunichte geworden sind, noch zu geben?

Liebe: Zu geben, fragt die Liebe? Schau, sagt die Liebe, alles, was Gott an Kraft hat. Die Seele, die so ist, ist nicht verloren, noch verirrt. Vielmehr ist sie in Überschwenglichkeit auf der fünften Stufe bei ihrem Geliebten. Da fehlt ihr nichts, und oft wird sie auf die sechste (Stufe) verzückt, aber das dauert nur kurz. Denn das ist ein Auftun nach Art eines Aufleuchtens und raschen Verschließens; da kann man nicht lang verweilen, und es gab da keine Mutter (unter den Beginen), die davon zu sprechen wußte.

Das verzückende Auftun, das Weitmachen dieses Auftuns, macht die Seele, nachdem es sich ihr wieder verschlossen hat, voll des Friedens dieses Wirkens, so frei, so edel, so entleert von allem (so lange der Friede dauert, der in diesem Auftun gegeben wird), daß wer sich frei zu bewahren vermag, nach solchem Ereignis auf der fünften Stufe sich fände, ohne auf die vierte zurückzufallen: auf der vierten ist (eigener) Wille da, auf der fünften ist gar nichts davon vorhanden. Und weil auf der fünften Stufe, von der dieses Buch redet, es gar keinen (eigenen) Willen gibt – die Seele verweilt da schlicht nach dem Wirken des ‚Verzückenden Fernnahen', das wir Aufleuchten nennen, auf die Weise des Auftuns und raschen Verschließens – darum kann es keiner glauben, sagt die Liebe, was für ‚Frieden über Frieden allen Friedens' solche Seele empfängt, wenn es nicht mit ihm selbst so steht.

Versteht, ihr Hörer dieses Buches, um der Liebe willen die Worte dieses Buches ‚göttlich'. Der Fernnahe, den wir Aufleuch-

---

[8] Übersetzt von G. St.

ten nennen, auf die Weise des Auftuns und raschen Verschließens, ergreift die Seele auf der fünften Stufe und versetzt sie auf die sechste, (wo sie) so lange ist, wie sein Wirken verbleibt und dauert, und so (lange) ist sie eine andere, aber nur kurz dauert für sie der Zustand der sechsten Stufe, denn sie wird auf die fünfte zurückgestuft. Und das nimmt nicht wunder, sagt die Liebe, denn das Wirken des Aufleuchtens, so lange es dauert, ist nichts anderes als das Vorzeigen der Herrlichkeit der Seele. Das dauert bei keinem Geschöpf lange an, einzig nur im Zeitraum, da es sich vollzieht (wörtlich: seiner Bewegung). Und deshalb ist das eine edle Gabe, sagt die Liebe, weil ihr Wirken solcher Art geschieht, daß die Seele von ihrem Wirken (das ist: dem der Gabe!) nicht Erscheinen, noch Wahrnehmung hat. Aber der Friede, sagt die Liebe, die Wirkung dessen, was ich wirke, verbleibt in der Seele, solange ich wirke, und er ist so köstlich, daß die Wahrheit ihn Herrlichkeits-Speise heißt; und keiner kann damit gespeist werden, der im Begehren verbleibt. Solche Leute, sagt die Liebe, regierten ein Land, wenn es notwendig wäre, und das ganz ohne (daß) sie (etwas täten)."

Zwar ist das kein Kapitel der Heiligen Schrift. Aber auch dieser Text muß mehrfach gelesen werden und gewissermaßen im Herzen bewahrt werden. Es ist eines der intimsten und intensivsten Zeugnisse christlicher Mystik. Da ist nichts von falschem Gefühl, da gibt es keine Begierde mehr, da existiert keine Selbstsucht, und auch vom Selbstbewußtsein ist nur jener Rest geblieben, der das göttliche Wirken bemerkt.

Was ist jenes göttliche Wirken? Es ist ein Weitmachen oder Öffnen, ein Hellmachen oder Aufleuchten, das im dritten Absatz dieses Kapitels die beste Formulierung gefunden hat: „Aufleuchten, auf die Weise des Auftuns und raschen Verschließens". Dies ist ausschließlich ein Wirken Gottes, für den Marguerite den Namen des *Loingpres*, des Fernnahen gefunden hat.[9] Ein Verweis auf den Begriff des

---

[9] In Anlehnung an einen Minneroman, den Alexander-Roman, in dem

Aufleuchtens (*le esclar*[10]): Wir finden uns hier in der Nähe einer Terminologie, die wir vom Zen und von Plotin kennen. Das Geschenk Gottes, an den, der ganz leer geworden ist, der zunichte geworden ist, ist ein „plötzliches" Aufleuchten von ganz kurzer Dauer. Schon bei Platon finden wir das Wort *exaiphnes*[11], das auch Plotin und (in lateinischer Übersetzung) Augustinus verwenden. Die Prägung eines solchen Wortes geht nicht auf spekulatives Denken zurück. Es ist nicht ausgedacht, worüber hier gesprochen wird, sondern es handelt sich um eine Erfahrung, die nachträglich (freilich stets unzureichend) gesprochen wird. Marguerite sagt, daß dieses nur verstehen kann, wer es selbst ist. Eine Aussage, die bei Meister Eckhart sich ebenfalls häufig findet, ohne daß sich ein Bezug der Schriften Meister Eckharts zu Marguerite Porete aufweisen läßt.[12]

Was bleibt und bleiben kann, ist das Verweilen auf der

---

sich die Liebende ein Bild des geliebten Alexander besorgt, um seine Ferne sich erträglich zu machen.

[10] Die Übersetzung mit „Blitz" (normal: *la* esclar) ist auch möglich. „Aufleuchten" paßt jedoch besser zum „Auftun".

[11] Das Wort bedeutet „plötzlich" und wird gewöhnlich mit dem Verbum „anrühren" verbunden. Platon verwendet das Verbum „haptomai": ἄν τι ἄπτοιτο τοῦ τέλους – daß er etwa ans Letzte rühre (Gastmahl: Sokrates referiert Einsichten der Diotima). – *Exaiphnes* findet sich auch im 3. Brief des Dionysius (Migne, PG, 3, 1070), wo es heißt: „Plötzlich ist das, was wider Erwarten (und) aus dem bisher Unsichtbaren in das Sichtbare heraustritt." Dabei handelt es sich um ein Geheimnis, das „verborgen" ist „und mit keinem Wort und mit keinem Gedanken wird dieses sein Geheimnis herausgeführt; sondern auch gesagt bleibt es unaussprechlich, und gedacht bleibt es unerkennbar."

[12] Dies wird zwar von einigen Forschern behauptet, dabei ist aber übersehen worden, daß die „Reden der Unterweisung" ja schon geschrieben sind, bevor der „Spiegel" verbreitet wurde. Ich folge dabei dem zeitlichen Ansatz des besten deutschen Kenners der Spiritualität des Spätmittelalters, Kurt Ruh, der die Niederschrift des „Spiegels" vor oder nach 1300 vermutet. Es scheint so, als ob im Jahr ihrer Verbrennung (1310) Marguerite noch eine junge Frau war. Romana Guarnieri hat einen andern zeitlichen Ansatz, nach dem Marguerite als Greisin verbrannt worden wäre.

fünften Stufe. Die sechste Stufe wird nur rasch und vorübergehend gewährt, aber dieses Ereignis (Marguerite gebraucht dafür das Wort *aventure* = Abenteuer) des göttlichen Wirkens hinterläßt ein kostbares Geschenk, das als „Nahrung" bezeichnet wird: den Frieden über Frieden allen Friedens. Auch hier trifft sich Marguerite mit Eckhart, der im letzten Kapitel seiner „Reden" unaufhörlich den Frieden preist, den Gott schenkt. Am Frieden kann man erkennen, ob Gott am Werke war, und wo Unfriede herrscht, da hat notwendig der Mensch sein fehlerhaftes Werk getan, denn wo Unfriede ist, ist nicht Gott, weil *er* reiner Friede ist.

Es gibt bei Marguerite wie bei Eckhart eine notwendige Alternative zum „normalen" Leben: Du mußt leer werden, zunichte werden, „abgeschieden sein" (wie Eckhart sagt), damit dir die Gabe zuteil werden kann, die Gott dir zugedacht hat: Das Weitmachen und Hellmachen, das Aufleuchten, der Friede. – Keiner kann mit der Speise des göttlichen Friedens gespeist werden, der noch im Begehren verbleibt.

Eine ähnliche Bedingung knüpft Marguerite an anderer (von der Inquisition verurteilter) Stelle an das Freiwerden von der Tugend. Die Sorge um Armut, um Versuchung, um Messe und Predigt, um Fasten und Gebet, die Angst davor, der Natur zu gewähren, was sie braucht, hat die vernichtete Seele verloren. „Und diese Sorge kann keiner verlieren, wenn er nicht unschuldig ist."[13] Es geht nicht um Hochmut und Auflehnung, auch nicht um eine neue Theologie, die für Marguerite eine Wissenschaft ist, also an die Vernunft gebunden bleibt, wenn auch unterstützt durch göttliche Vernunft, sondern es geht um eine Erfahrung jenseits aller

---

[13] Der betreffende Satz findet sich im 9. Kapitel. Die Übersetzung „und diese Sorge kann niemanden zugrunde richten, wenn er unschuldig ist", ist unrichtig.

Vernunft, die auch der theologischen Vernunft nicht nachvollziehbar ist. Daß Marguerite sich vor der Inquisition nicht verteidigt hat, keine Frage beantwortet hat, den Widerruf verweigert hat und sich verbrennen ließ, ist für mich ein Zeugnis der Echtheit ihrer Erfahrung, die zu verraten sie nicht bereit war.

5.2 Meister Eckhart – Der leere Tempel der Seele

Meister Eckhart, eine der großen Gestalten der Kirchengeschichte des Spätmittelalters (1260–1327/28), hat einige Besonderheiten. Er hat – wie Thomas von Aquin – zweimal als Magister in Paris gelehrt, auf dem theologischen Lehrstuhl, der einem nichtfranzösischen Dominikaner vorbehalten war (1302/03 und 1311–13). Also muß man ihn zu den großen Theologen zählen. (Im Auftrag der Deutschen Forschungsgemeinschaft wurden seit 1936 je vier Bände Lateinische und Deutsche Werke herausgegeben.) Er war der erste große Theologe, der sich der Volkssprache, des Mittelhochdeutschen, bedient hat, und das auf kraftvolle, sprachschöpferische Art. Worte wie *unsprechelich* (unsagbar), das er wohl nach dem *„indicibilis"* geprägt hat, das in der lateinischen Übersetzung des Proklos gebraucht wird, oder der moderne Sinn von *eigenschaft* (das ursprünglich „Besitz" oder „Selbstbezogenheit" bedeutete) treten bei ihm (erstmals?) auf. Ferner hat er höchste Ämter in seinem Orden bekleidet – als Prior wirkte er am Dominikanerkloster in Erfurt; er war Provinzial der Niederdeutschen Provinz und wurde zusätzlich als Vikar des Generals für Böhmen bestellt; als man ihn zum Provinzial der Oberdeutschen Provinz wählen wollte, schickte ihn das Generalkapitel nach Paris und ernannte man ihn anschließend zum Vikar für die Seelsorge der Frauenkonvente der Oberdeutschen Provinz, die damals fast die Hälfte aller Dominikanerinnenklöster ausmachten. In Erfurt, Paris, Straßburg und Köln begegnen wir seinem Wirken.

Schon während seiner Seelsorge für die Dominikanerinnen, die er von Straßburg aus betreute, dürfte er in Kontakt mit den Beginenhäusern gekommen sein. Da zogen sich bereits dunkle Wolken über ihm zusammen. Die Mystik und die Schriftauslegung von Frauen war als solche verdächtig, und die Freiheiten, die Frauen aus ihren mystischen Erfahrungen gewannen, mißfielen der Inquisition. Als Eckhart schließlich am Ordensstudium in Köln lehrte, eröffnete der damalige Erzbischof gegen ihn ein Inquisitionsverfahren. Da Ordensangehörige exempt [14] sind, also der Jurisdiktion des Diözesanbischofs nicht unterstehen, appellierte Eckhart an den Papst in Avignon, unterließ es allerdings nicht, sich gegen die Vorwürfe, die gegen ihn erhoben wurden, zu verteidigen. Das letzte, was wir von ihm wissen, ist, daß er nach Avignon gegangen ist. Der damals regierende Papst, Johannes XXII., informiert 1328 den Erzbischof von Köln darüber, daß jener Eckhart vor seinem Tode seine Irrlehren widerrufen habe. 1329 wurden Sätze aus den lateinischen und deutschen Werken Eckharts zusammengestellt, die als häretisch oder übelklingend verurteilt wurden.

Schließlich wurde er im vorigen Jahrhundert von dem Münchener Philosophen Franz v. Baader wiederentdeckt und anschließend von so vielen Seiten „vereinnahmt", auch von Nationalsozialisten, die in ihm die deutsche Ausprägung des Christentums erkannten, und vom Marxismus, zuletzt von Ernst Bloch. Nicht zu Unrecht wird gesagt, daß in der Eckhart-Auslegung ein Krieg aller gegen alle herrsche.

Noch eine Besonderheit ist zu vermelden: Eckhart ist der

---

[14] Wörtlich: „losgekauft", nämlich nicht der Aufsicht des Bischofs, sondern derjenigen des Ordensoberen und des Heiligen Stuhls unterstellt.

einzige große Theologe und Ordensobere solchen Ranges, von dem man nicht weiß, wann und wo er gestorben ist und wo er begraben wurde. Er ist nach Avignon gegangen und dort „verschwunden".

Das Interesse an ihm wächst außerordentlich. Neben der kostspieligen und langwierigen Arbeit der Herausgabe seiner Werke aus in zahlreiche Bibliotheken verstreuten Manuskripten bschäftigen sich Germanisten und Theologen (Philosophen) publizistisch mit ihm, beide allerdings in der Regel mit dem charakteristischen Mangel, daß ihnen die andere Disziplin nicht so zugänglich ist wie die eigene. Unter ihnen haben sich allerdings Kurt Ruh[15] und Alois M. Haas[16] als Germanisten in die Theologie eingearbeitet, und Dietmar Mieth[17] hat als Theologe auch eine germanistische Herkunft. Neben diesen, gegenwärtig besonders hervorragenden Autoren gibt es zahlreiche andere Publikationen. Dabei wird nebeneinander publizistisch vertreten: Eckhart ist ein gefährlicher, stellenweise unverständlicher Autor, den man am besten nicht zur Lektüre empfiehlt; er war ein scholastischer Theologe, dessen Denken auf der Basis von Thomas von Aquin, von Augustinus und Dionysius Areopagita das Äußerste an Spekulation zu leisten versucht hat, bis über den Rand des rechten Glaubens hinaus; sein Denken ist sozial engagiert und drängt zur Aktion (Mieth); er hat die Fakten der Heilsgeschichte, besonders den historischen Jesus von Nazareth, unterbewertet und die individuelle Innerlichkeit überbetont; er war der größte oder doch einer der größten Mystiker der deutschen Sprache und vielleicht der Christenheit überhaupt (Ruh; Haas). Es gibt eine wichtige Studie über ihn, die ein Japaner geschrieben hat (Shizuteru Ueda), und japanische wie deutsche Zen-Meister

---

[15] Meister Eckhart. Theologe – Prediger – Mystiker, München 1985.
[16] Sermo mysticus. Studien zur Theologie und Sprache der deutschen Mystik, Freiburg/Schweiz 1979, dort: Meister Eckhart, 186–254.
[17] Meister Eckhart. Gotteserfahrung und Weg in die Welt, Olten 1979.

finden die Erfahrungen ihres mystischen Wegs bei Eckhart wieder. Der Roshi Yamada, von dem in Deutschland und in der Schweiz wirkende Zen-Lehrer unterrichtet und anerkannt wurden, billigt Meister Eckhart die Erleuchtung zu.[18]

Das mag für europäisches wissenschaftliches Denken keine besondere Geltung haben, ist aber für jeden Sachkenner der mystischen Tradition Asiens ein gewichtiges Indiz, wenn jemand, der als Meister höchste Anerkennung genießt und das Recht besitzt, die Erfahrungen anderer anzuerkennen und sie mit der Lehre zu beauftragen[19], die Äußerungen des Meister Eckhart als Beleg höchster Erfahrung anerkennt. In den Traditionen Chinas und Japans kommt solcher Anerkennung ausschließliche Bedeutung zu, und es wird gesagt, daß einer, der selber erleuchtet sei, mit Sicherheit erkenne, ob ein anderer auf der Basis tatsächlicher Erleuchtung sich äußere oder derartiges nur vortäusche. Visionen, Sondererfahrungen, Ekstasen (die bei einigen Autoren als charakteristische Zeichen individueller Innerlichkeit gelten und einen Ausstieg aus den gesellschaftlichen und sozialen Verpflichtungen anzeigen) spielen im Zen keine Rolle. Derartiges, das in der katholischen Theologie zwar für andere keine Beweiskraft hat, aber doch als große religiöse Erfahrung anerkannt wird, wird von den Zen-Meistern als *makyo* (Teufelswerk) bezeichnet. Die Äußerungen, die als Signale stattgefundener Erleuchtung anerkannt werden, haben für den normalen Zuhörer/Leser oft etwas Paradoxes oder Widersprüchliches. Solche Paradoxien, ja glatten Widersprüche, signalisieren bei Eckhart, bei dem sie häufig begegnen, die Unmöglichkeit, über das

---

[18] Vgl. Yamadas Beitrag, in: G. Stachel (Hrsg.), Übung der Kontemplation, Mainz 1988, 168.
[19] Im Zen gibt es eine Sukzession, die der apostolischen Sukzession in der römisch-katholischen Kirche in nichts nachsteht, ja im Grunde seit dem siebten Jahrhundert (Chan in China, das dann als Zen nach Japan kam) kaum eine Veränderung toleriert hat.

schlüssig und eindeutig zu reden, worüber er anderseits auch nicht schweigen darf. Wir sind diesem Phänomen schon bei Marguerite Porete begegnet. Auch andere Mystiker im Christentum, im Islam und in der chinesisch-japanischen Tradition betonen immer wieder, daß ihre Erfahrung unaussprechlich sei und sie dennoch davon reden müssen. Von den großen Erfahrungen reden, die man eben nicht mit Gefühlen oder Verzückungen gleichsetzen sollte, das bedeutet für das chinesische Chan allerdings nicht mehr, als wenn einer dem andern den Mond zeigt, indem er mit ausgestrecktem Arm auf ihn verweist. Sehen muß ihn der andere schon selber. Was es in der Mystik zu „sehen" gibt, muß allerdings geschenkt werden. Bei Marguerite Porete ist uns in dem übersetzten Kapitel 58 des „Spiegels" das Wort Gabe oder Geschenk *(don)* begegnet, und wir wissen, daß diese Gabe von dem „Fernnahen" kommt.

Nun sind es gerade auch die paradoxen Aussagen über Gott, über das Heil der Menschen, über die Tugend und die Gebote der Institutionen, die dazu geführt haben, daß Mystiker der monotheistischen Religionen getötet oder doch verfolgt wurden. Den Anfang macht Halladsch, der erste Höhepunkt islamischer Mystik, der aus seiner Einheitserfahrung heraus das Paradox formuliert: „Ich bin die absolute Wahrheit." 922 wurde er in Bagdad grausam hingerichtet (nach: Schimmel). Solches Reden bricht aus der Ordnung des Denkens aus, für das die Hüter der Ordnung sich verantwortlich sehen. Karl August Fink, der bedeutende Gelehrte der mittelalterlichen Kirchengeschichte, stellt in seinem Buch „Papsttum und Kirche im abendländischen Mittelalter" fest, daß die Inquisition solche Mystiker oft ungenau zitiert hat. „Dabei sind die zu untersuchenden Sätze oft aus dem Zusammenhang gerissen." In dem Buch von Fink zeigt schon die Zahl der Seiten, die dem Meister Eckhart gewidmet werden, welche Bedeutung ihm der Autor beimißt.

Was galt denn bei Meister Eckhart als häretisch? Vielleicht schauen wir uns einmal den ersten der verurteilten Sätze an, den ich aus dem Enchiridion von Denziger übersetze[20]: „Er wurde einmal gefragt, warum Gott die Welt nicht früher geschaffen hätte, und gab zur Antwort, daß Gott die Welt nicht hat früher schaffen können, denn nichts kann handeln, bevor es ist, also gilt: Sobald Gott war, alsbald hat er die Welt geschaffen." Uns heutigen Lesern, insofern uns die Subtilitäten theologischer Diskussionen interessieren, verwundert zunächst einmal die Fragestellung. Was für ein Interesse steht denn dahinter, wenn jemand die Frage aufwirft, ob Gott die Welt früher hätte schaffen können, als er sie geschaffen hat? Wir wissen ja, daß auch die Frage ernsthaft diskutiert wurde, wieviel Engel auf einer Nadelspitze Platz fänden. Es gibt Fragen, von denen wir heute wissen, daß jede Antwort auf sie töricht ist. Die Antwort kommt dann in die Nähe sinnloser Sätze, wie sie von Wittgenstein in seinem „Tractatus" vorgestellt werden. Es ist weder falsch noch richtig, sondern nur sinnlos, wenn jemand sagt, morgen nachmittag um drei Uhr sei 2x2 = 4! Hier ist also wohl nicht zunächst Meister Eckhart zu verurteilen, sondern die Frage zu stellen, was Theologen damals für Gründe hatten, Fragen aufzuwerfen, für deren Beantwortung kein Bedarf besteht. Das braucht doch überhaupt niemand zu wissen, wonach Meister Eckhart hier gefragt wurde.

Die Antwort, die Eckhart auf die ihm gestellte Frage gegeben haben soll, entspricht seinem Grundansatz. Im Wirken werden Gott und Geschöpf eines: Gott wirkt und das Geschöpf wird gewirkt. Das ist die Einheit einer Beziehung oder Funktion. Auf der Basis solcher Einheit ergibt sich, daß keine Schöpfung ohne Schöpfer gedacht werden kann und daß es sinnlos ist, von einem Schöpfer zu sprechen,

---

[20] Vgl. J. Koch, Theologische Quartalsschrift, 113 (1932), 150 ff.

wenn es keine Schöpfung gibt. Über das eine ist nur vermittels des andern zu reden, und infolgedessen gibt es aus Eckharts Sicht da kein „früher" und kein „bevor", sondern nur ein „sobald" und „alsbald". Der inkriminierte Satz will also gar nichts anderes behaupten, als daß Gott als Schöpfer und die von ihm geschaffene Welt in der Einheit und Gleichzeitigkeit der Beziehung stehen. Der Satz wird dann noch richtiger, wenn man das Perfekt des „hat geschaffen" ins Präsens setzt: Gott schafft die Welt noch immer, und schüfe er sie nicht jeden Augenblick, so fiele sie ins Nichts zurück.

Aus meiner Kenntnis der übrigen verurteilten Sätze meine ich sagen zu dürfen, es lohne sich nicht, sich mit der Bulle Johannes' XXII. „In agro dominico = Auf dem Acker des Herrn" zu befassen. Was damals die Theologen beschäftigt hat und zum Eingreifen der Inquisition führte, liegt jenseits der Fragestellungen, die uns heute bewegen.

Ein Problem ist heute allerdings geblieben, und das wird ja durch den Krieg aller gegen alle, der hinsichtlich der Auslegung Meister Eckharts herrscht, bestätigt: Wie haben wir die paradoxen Aussagen dieses Meisters zu verstehen, und welche mystischen Erfahrungen, die auch für uns bedeutsam sind, stehen hinter diesen Aussagen? Weist Meister Eckhart auch für heutige Christen einen Weg auf, der für diese gangbar ist? Oder hindert er uns nur daran, uns sozial zu engagieren? Da sollte man zunächst von Versuchen der Vereinnahmung absehen und geduldig hinschauen, lesen, was da steht, und vernehmen, was gesagt wird. Und hierzu muß man sich aller Hilfen bedienen, die durch historische Forschung, durch Sprachwissenschaft und die Mitteilung mystischer Erfahrung bereitgestellt werden.

Wenn Eckhart den Schöpfergott in funktionaler Einheit und Gleichzeitigkeit mit der Schöpfung sieht, so muß man wissen, daß er auch von der „Gottheit" spricht, so wie das auch Marguerite Porete getan hat, bei der der Begriff der

„*deité pure* = der reinen Gottheit" begegnet. Von der Gottheit, so lehrt Eckhart, kann man nichts sagen. Sie „ist, was sie ist". Im 15. Jahrhundert lehrt Nikolaus von Kues dasselbe. Er hat Eckhart gekannt und recht interpretiert, wenn er sagt, daß „jener mit Sicherheit Gott nicht kenne (die Gottheit nicht kenne), der von ihm Namen und Begriffe gebraucht".

Aber durch die Inkarnation des göttlichen Worts in die Schöpfung belehrt, weiß Eckhart von der ewigen Geburt des Sohnes durch den Vater und erkennt, daß der Sohn den Vater zugleich widergebiert, auch daß der Vater im Sohn sich selber erkennt (und der Sohn den Vater erkennt) und in dieser Erkenntnis alle, noch gar nicht geschaffenen, noch in der Gottheit schlummernden Kreaturen miterkannt werden, von denen die Seele des Menschen die größte ist, größer noch als die Engel, denn im Grunde der Seele gibt es einen Funken Gottheit. Das kommt der Seele nicht ihrer Natur nach zu, sonden als geschaffener. Deshalb muß Eckhart auch dem Grund der Seele zubilligen, daß er „*unsprechlich* = unsagbar" ist. Bei dem Neuplatoniker Proklos ist von der „Blüte der Seele" oder der „Spitze der Seele" die Rede.

Die Nähe der Aussagen von Mystikern, die durch Jahrtausende voneinander getrennt sind – oder, wenn sie gleichzeitig lebten, wie Eckhart und Marguerite, doch einander nicht hören und lesen konnten –, läßt sich am besten dadurch erklären, daß man unterstellt, die gleiche Erfahrung werde, den Möglichkeiten der eigenen Sprache entsprechend, ähnlich niedergeschrieben. Es gibt eine Gleichheit oder Ähnlichkeit des mystischen Bewußtseins vom China des siebten Jahrhunderts (und, ohne daß wir davon schriftliche Zeugnisse hätten, wohl schon von Buddha her) bis in unsere Tage. Und dieses Bewußtsein hatte bei Marguerite und Eckhart eine besondere Vollkommenheit. Da Eckhart Theologe war, findet seine Erfahrung angemessenen Ausdruck, wenn er lehrt, daß Gott den Sohn vor Ewigkeit geboren (gezeugt) habe, und mit ihm jeden Menschen, der damals noch ungeschaffen in Gott ruhte, als Sohn und als Tochter, und daß er es zuläßt, selber im Grunde der Seele widergeboren (zurückgeboren) zu werden. So versteht Eckhart die Einheit im Wirken: Gott wird und der Mensch entwird.

Daß ich, bevor ich geschaffen wurde, in der Gottheit war, sagt Eckhart in der Predigt 22: „Hier hab ich ewiglich geruht und geschlafen in der verborgenen Erkenntnis des ewigen Vaters, darinnen bleibend, ungesprochen." Wird hier die Auffassung vertreten, es handle sich um kühne Spekulationen eines scholastischen Denkers und wird die Aussage bestritten, hier finde mystische Erfahrung (also etwas von Gott Geschenktes) seinen sprachlichen Ausdruck, dann muß Eckhart gleichzeitig für verwegen erklärt werden. Eckhart schätzt die menschliche Vernunft außerordentlich hoch, und auch bei Gott hat die Vernünftigkeit einen höheren Rang als das Sein. Gottes Vernünftigkeit ist vor Gottes Sein. Aber der Mensch soll ja gerade dazu gelangen, daß er „nicht weiß" (Predigt 52), und so in der „klarsten Armut" stehen.

Damit haben wir angedeutet, was Eckhart in der berühmten Aufzählung: „Wenn ich predige, dann pflege ich zu sprechen ..." (Predigt 53) als viertes und drittes aufführt: die „Lauterkeit göttlicher Natur – das ist wunderbar" und den Adel, den Gott in die Seele gelegt hat und der macht, daß sie zu Gott heimkommen soll. Der erste und der zweite Themenkreis, den Eckhart benennt, soll uns im folgenden beschäftigen, denn hier wird so etwas wie ein Weg sichtbar, den der Meister zu gehen rät: Zuerst spricht Eckhart von der „Gelassenheit", nämlich, daß der Mensch „ledig" werde aller Dinge, und als zweites spricht er davon, daß der Mensch wieder „in Gott eingebildet" werden solle. Das erste ist die Voraussetzung für das zweite. Da gibt es eine Entsprechung, auf die Eckhart wiederholt hinweist. Es kommt bei Eckhart nicht auf äußere Askese, auf Abtötung und auf gute Werke an, sondern darauf, daß die Seele ganz „leer" wird von allem Handel *(„koufmannschaft")* und aller aszetischen Betriebsamkeit. Davon spricht die Predigt 1, die wir anschließend vorstellen wollen. Alles, was Gott fremd ist, ist einer solchen „abgeschiedenen" oder „zunichte gewordenen" Seele zuwider („Vom edlen Menschen").[21]

Die „zunichte gewordene Seele" ist, wie wir sahen, das Hauptthema des „Spiegels" der Marguerite Porete, der um 1300 niedergeschrieben wurde. Eckhart spricht vom Zunichtewerden bereits, als der „Spiegel" vermutlich noch gar nicht geschrieben war, nämlich in seinen „Reden der Unterweisung", die zwischen 1294 und 1298 entstanden sind. Da Marguerite mit Sicherheit keine mittelhochdeutschen Traktate gelesen hat und ihr „Spiegel" damals entweder noch gar nicht vorlag oder doch (mit höchster Wahrscheinlichkeit) Eckhart nicht bekannt war[22], läßt sich die Behauptung einer literarischen Abhängigkeit beider Autoren

---

[21] Die hier erwähnten Predigten und Traktate Meister Eckeharts findet man (außer in der großen wissenschaftlichen Ausgabe „Deutsche Werke") in dem Diogenes-Taschenbuch „Meister Eckhart. Deutsche Predigten und Traktate", hrsg. und übers. von Josef Quint, 1963 (Taschenbuch 1979). Allerdings muß beachtet werden, daß Quint in der wissenschaftlichen Ausgabe eine andere Zählung der Predigten hat als in den eben zitierten Übersetzungen.

[22] Es wird zwar mit Recht darauf hingewiesen, daß Eckhart, als er zum zweitenmal „Professor" *(Magister)* an der Pariser Universität war, also ein Jahr nach Marguerites Verbrennung, mit Sicherheit von diesem Vorgang und von dem Inhalt der Verurteilung Marguerites erfahren haben müsse, denn er wohnte im Nebenhaus des Großinquisitors. Das besagt aber noch nicht, daß ihm eine Abschrift des „Spiegels" zugänglich war. Denn mit der Verurteilung der Mystikerin und ihrer Verbrennung wurden ja sämtliche Exemplare des „Spiegels" verbrannt, deren man habhaft werden konnte. Die Vorstellung, der Großinquisitor Wilhelm von Paris habe ein Leihexemplar des „Spiegels" für die Lektüre Eckharts zur Verfügung gehabt, hat doch wenig für sich. Auch muß man bedenken, daß die Verteidigungsschrift Eckharts zeigt, daß er unter keinen Umständen als Häretiker gelten wollte.

schwer verteidigen. Die Ähnlichkeit, manchmal fast Gleichheit, der Aussagen beider Mystiker ist eine Bewußtseinsgleichheit von Menschen, denen die gleiche große Erfahrung geschenkt worden ist.

Eckhart geht es also nicht um Abtötung, wozu er auch nirgendwo auffordert. Es geht ihm auch nicht darum, daß wir freudlos und niedergedrückt leben, sondern daß wir unsere größte Möglichkeit wahrnehmen, nämlich, von Gott erfüllt zu werden. Gott *muß* den erfüllen, der „leer" ist. Und er tut dies unverzüglich. Wo die Fülle Gottes wohnt, da ist unaussprechlicher „Friede". Von Frieden redet Eckhart an zahlreichen Stellen, besonders intensiv im letzten Kapitel der „Reden". Und *„paix* = Friede", nämlich der zunichte gewordenen Seele, ist eines der häufigsten Worte im „Spiegel" der Marguerite. Wo dieser Friede ist, bedarf es keiner Anstrengung mehr. Da weisen nicht mehr Tugenden und Gebote den Weg, damit man Gutes tue und Böses meide. Da gibt es keine Werke mehr (Eckhart), und die Seele wird nicht mehr von den Tugenden „beherrscht" (Marguerite), sondern das Gute geschieht als ein Wirken Gottes in der Seele und durch seinen Willen, und es herrscht ein unaufhörlicher Friede. Eckhart spricht vom „Durchbrechen" zu Gott als dem großen Geschenk, und Marguerite redet, wie wir sahen, bei der Beschreibung der fünften und sechsten Stufe von diesem Geschenk, das den erwartet, der über die Trunkenheit der Liebe hinaus „vernichtet wird" und „von Gott verklärt" oder „erleuchtet wird". Das ist ein Geschenk, für das Gott alle seine Kreaturen bestimmt hat, nämlich: zu ihm heimzukehren.

Wie Meister Eckhart dieses Geschenk sieht und welche Voraussetzungen er dafür benennt, daß dieses Geschenk zuteil wird, davon spricht die Predigt 1 *„Intravit Jesus in templum",* die die sogenannte „Tempelreinigung" Jesu zum Gegenstand hat. Der Schriftauslegung seiner Zeit folgend, geht Eckhart dabei allegorisch vor (was bei ihm nicht die

Regel ist), das heißt, die im Evangelium genannten Dinge, Menschen und Vorgänge werden aus ihrer konkret-materiellen Bedeutung in eine geistige und moralische Bedeutung übertragen. Weil diese Predigt verhältnismäßig lang ist, ziehe ich es vor, interpretierende Gedanken in normaler Schrift zwischen die einzelnen Abschnitte der Predigt, die nun in meiner Übersetzung im Kleindruck geboten wird, einzuschieben [23].

Jesus ging in den Tempel und begann auszutreiben, die verkauften und kauften (Mt 21,21 f.).

Wir lesen in dem heiligen Evangelium, daß unser Herr in den Tempel ging und dort hinauswarf, die da kauften und verkauften, und zu den anderen sprach, die da Tauben und ähnliche Dinge feilboten: „Tut das dorthin, tut das weg!" Warum fing Jesus an hinauszuwerfen, die da kauften und verkauften, und ließ die (sie) wegzustellen, die da Tauben hatten? Er hatte nichts anderes im Sinn, als daß er den Tempel leer haben wollte, gerade so, als ob er spräche: Ich habe ein Recht auf diesen Tempel und will allein darinnen sein und Herrschaft darinnen haben. Was bedeutet das? Dieser Tempel, darin Gott herrschen will gewaltig nach seinem Willen, das ist des Menschen Seele, die er sich selbst so ganz gleich gebildet und geschaffen hat, wie wir lesen, daß unser Herr sprach: „Laßt uns Menschen machen nach unserm Bild und zu unserm Gleichnis!" Das hat er auch getan. Als sich selber gleich hat er des Menschen Seele gemacht, so daß weder im Himmelreich noch auf dem Erdreich von allen herrlichen Kreaturen, die Gott so wonnevoll geschaffen hat, es keine gibt, die ihm so gleich ist, als allein die Seele des Menschen. Darum will Gott diesen Tempel leer haben, so daß nichts anderes darinnen sei als er allein. Das geschieht darum, weil ihm dieser Tempel so wohl gefällt, weil er ihm so wirklich gleich ist und es ihm selbst so wohl behagt in diesem Tempel, wenn er denn allein darinnen ist.

---

[23] Die Predigt 1 und andere Predigten finden sich auch übersetzt und interpretiert in: Meister Eckhart. alles lassen – einswerden. Mystische Texte, München 1992.

Die Erschaffung des Menschen nach Gen 1,26 ist für Eckhart einer der wichtigsten Schrifttexte. Sein Reden von der Gleichheit von Gott und der Seele (das für manche Theologen ärgerlich ist) leitet sich her von dem im ersten Kapitel der Schrift gebrauchten Wort „Gleichnis". In der lateinischen Bibel wird dafür das Wort *similitudo* gebraucht und für gleich wird das Wort *similis* verwendet. Spricht Eckhart in diesem Sinn davon, daß die Seele Gott gleich sei, so denkt er an das Wort *similis* und eben nicht an das Wort *aequalis*, das wir ebenfalls mit „gleich" übersetzen müssen. Es ist von der Ähnlichkeit des Gleichnisses die Rede und nicht von einer Wesensgleichheit.

Der Schwerpunkt der Aussage Eckharts ist die Tatsache, daß Gott im Tempel der Seele allein sein will und daß es ihm wohlgefällt, wenn er in diesem Tempel allein ist. Die Seele ist Gottes Tempel, eine Aussage, die wir auch schon bei Paulus finden, und der Mensch ist gewürdigt, daß Gott bei ihm Wohnung nimmt (was im Johannesevangelium gesagt wird). Das sind keine Kleinigkeiten, sondern Feststellungen von höchstem Gewicht.

Nun gebt acht! Wer waren die Leute, die da kauften und verkauften, und wer sind sie noch? Nun gebt auf mich wirklich acht! Ich will jetzt und hier nicht predigen als nur von guten Leuten. Dennoch will ich diesmal aufweisen, welches die Kaufleute da waren und es noch sind, die so kauften und verkauften, und es noch tun und die unser Herr hinausschlug und hinaustrieb. Und das tut er immer noch mit allen denen, die in diesem Tempel kaufen und verkaufen. Davon will er nicht einen einzigen darinnen lassen. Seht, das sind alles die Kaufleute (die hier gemeint sind), solche, die sich vor groben Sünden hüten und gerne gute Leute wären und ihre guten Werke Gott zu Ehren tun, wie Fasten, Wachen, Beten und was alles es gibt, allerhand gute Werke; und sie tun sie doch darum, daß ihnen unser Herr dafür etwas gebe oder daß ihnen Gott etwas tue, das ihnen lieb ist. Diese sind alles Kaufleute. Das soll man im groben Sinn verstehen, denn sie wollen das eine um das andere geben und wollen also mit unserem Herrn Handel treiben. Bei solchem Handel sind sie betrogen. Denn alles, das sie haben, und alles, das sie wirken können, gäben sie alles, das sie haben (und sie geben es doch durch Gott), und wirkten sie es alles zusammen aus (und sie wirken es doch durch Gott), dafür wäre ihnen Gott überhaupt nichts zu geben schuldig, noch zu tun, außer er wollte es gern für umsonst tun. Denn was sie sind, das sind sie von Gott, und was sie haben, das haben sie von Gott und nicht von sich selbst. Darum ist ihnen Gott für ihre Werke und für ihre Gaben überhaupt nichts schuldig, außer er wolle es gern aufgrund seiner Gnade tun und nicht um ihrer Werke noch um ihrer Gabe willen, denn sie geben nichts, was ihnen gehörte, und wirken auch nicht aus sich selbst heraus, wie Christus selber spricht: „Ohne mich könnt ihr nichts tun."

Die Kaufleute des Meister Eckhart befinden sich offenbar auf der dritten Stufe der Marguerite. Sie wollen zu Gott kommen auf dem Weg der guten Werke. Dabei sind sie von der Vorstellung geleitet, daß Gott ihnen für ihre Werke und ihre Gabe etwas zurückgeben werde, nämlich Gnade und Heil. Aber dieser Weg ist verbaut, weil Gott anders ist, als ihn diese Werkfrömmigkeit sich vorstellt. Eckhart spricht hier auf der Basis der Gerechtigkeit, die uns Gott aus Gnade und um unsres Glaubens willen schenkt. Was er vorträgt, entspricht der Theologie des Paulus, die im Römerbrief und im Galaterbrief vorgetragen wird: Nicht durch Werke (des Gesetzes, also durch Werke, die von irgendeiner Moral angeordnet sind) bekommt der Mensch die Gnade Gottes. Niemand hat einen Anspruch gegenüber Gott. Wer glaubt, Gott lasse sich mit ihm auf einen Handel ein, der ist betrogen, denn Gott läßt nicht mit sich handeln. Und was er gibt, das gibt er gern und umsonst. Eckhart will damit natürlich nicht sagen, der Mensch solle aufhören Gutes zu tun. Vielmehr vertritt er nur mit großer Entschiedenheit die Lehre des Paulus, daß Gottes Geschenke alle aus Gnade und umsonst gegeben werden und dem nicht gegeben werden, der glaubt, darauf einen Anspruch anmelden zu können. Die Moral der guten Werke wird von Eckhart insofern nicht gänzlich abgewertet, als er ja ausdrücklich sagt, er wolle hier nur von „guten Leuten" sprechen. Aber das normale Christsein von Menschen, die sich Gott wie einen Kaufmanns-Partner auf dem Markt denken, ist für Eckhart unerträglich, denn er hat die Größe Gottes erfahren.

Eindrucksvoll scheint mir zu sein, wie wenig pädagogisch und moralisch Meister Eckhart ist. Kaum einer, der über gute Werke und Gnade predigt, würde es unterlassen, darauf hinzuweisen, daß die guten Werke dennoch getan werden müssen. Sagte er das nicht, so hätte er die Sorge, die Menschen würden von ihren guten Werken ins Unmoralische absinken. Solche Ängste haben Meister Eckhart nicht geplagt. Er weist den Weg nach oben, nämlich den Weg, wie der Tempel leer wird, um von Gott erfüllt zu werden. Und er vertraut darauf, daß ihn seine Hörer richtig verstehen.

Dies sind harte, törichte Leute, die mit unserm Herrn einen solchen Handel haben wollen; sie haben von der Wahrheit eine kleine oder gar keine Erkenntnis. Deshalb schlug sie unser Herr aus dem Tempel hinaus und trieb sie aus. Es dürfen nicht beieinander stehen das Licht und die Finsternis. Gott ist die Wahrheit und ein Licht, das aus sich selbst leuchtet. Wenn also Gott in diesen Tempel kommt, so vertreibt er das Nichterkennen, nämlich die Finsternis, und offenbart sich selber voll Licht und Wahrheit. Dann sind die Kaufleute weg, wenn die Wahrheit erkannt wird, und die Wahrheit verlangt nicht nach Handel. Gott sucht nicht das Seine; in allen seinen Werken ist er ledig und frei und wirkt sie aus wahrer Liebe. So tut es auch der Mensch, der mit Gott vereint ist; er ist auch ledig und frei in allen seinen Werken und wirkt sie allein Gott zu Ehren und sucht das Seine nicht, und Gott wirkt es in ihm.

Das Problem von eben, das sich als ein Problem des Handels, der Moral und der Gerechtigkeit aus Gnade darstellte, wird jetzt in seinem Wahrheitsgehalt bedacht. Dabei wird die Metapher gebraucht, die wir als bereits im Alten Testament und besonders in den johanneischen Schriften bedeutsam erkannt haben: Licht und Finsternis. Kommt Gott in seinen Tempel, so ist der Tempel von Licht und Erkenntnis erfüllt und voll von Wahrheit. Der Versuch, mit Gott Handel zu treiben, widerspricht auch der Wahrheit Gottes, denn zu dieser Wahrheit des lichtvollen Gottes gehört es, daß er sich selbst nicht sucht und daß er ledig und frei ist, und was er wirkt, wirkt er aus lauterer Liebe. Wem die Einheit mit Gott (ein mystischer Begriff!) geschenkt ist, der gelangt zur gleichen Freiheit, und was er wirkt, das wirkt er „ledig" und Gott zu Ehren, richtiger gesagt: er wirkt es nicht mehr selbst, sondern Gott wirkt es in ihm.

Ich gehe noch weiter: Solange der Mensch überhaupt etwas sucht in allen seinen Werken und alldem, was Gott geben kann oder geben will, gleicht er diesen Kaufleuten. Willst du der Kaufmannschaft ganz und gar ledig sein, so daß dich Gott in diesem Tempel läßt (und dich nicht hinaustreibt), so sollst du alles, das du in allen deinen Werken kannst, rein und lauter tun zum Lobe Gottes ..."[24] Du sollst dafür überhaupt nichts begehren. Immer wenn du so wirkst, so sind deine Werke geistlich und göttlich, und dann sind die Kaufleute auch gänzlich aus dem Tempel getrieben, und Gott ist allein darinnen, dann, wenn der Mensch nichts als Gott meint. Seht, so ist dieser Tempel ledig von allen Kaufleuten. Seht, der Mensch, der nichts meint[25], als allein Gott und die Ehre Gottes, der ist wahrhaft frei und aller Kaufmannschaft in allen seinen Werken ledig und er sucht das Seine nicht, wie Gott in all seinen Werken ledig ist und frei und das Seine nicht sucht.

---

[24] Die folgende Zeile der Ausgabe in: Deusche Werke, I,9 beruht auf einer „Konjektur" Quints und wird von mir nicht übersetzt.
[25] In der Übersetzung dieser Stelle folge ich Handschriften, denen Quint nicht gefolgt ist. Er liest: „der sich noch nicht meint", worin ich keinen guten Sinn erkennen kann.

Dieser Abschnitt bietet keine neuen Einsichten, sondern faßt zusammen. Im Vordergrund steht das Wort „ledig": Der Mensch soll aller Kaufmannschaft ledig sein, so wie Gott ledig ist in allen seinen Werken und frei; der Mensch soll so wenig das Seine suchen, wie Gott das Seine sucht. Dann ereignet sich, daß der Mensch, der kein Kaufmann ist, nicht aus dem Tempel herausgetrieben wird, sondern in ihm bleiben darf und sobald der Tempel frei ist (der allegorisch als Seele verstanden wird), geschieht es, daß Gott „allein" in diesem Tempel ist. Ledig, allein und frei sind die Voraussetzung für Einheit mit Gott und für göttlich sein.

Ich habe ferner gesagt, daß unser Herr zu den Leuten, die Tauben feilboten, sprach: „Tut das weg, tut das hin!" Er trieb diese Leute nicht hinaus und strafte sie nicht sehr; sondern er sprach voller Güte: „Tut das weg!", als ob er sprechen sollte: Das ist nicht böse, aber es bringt Hindernisse (in der Erkenntnis) der lauteren Wahrheit. Diese Leute, das sind alles gute Leute, die ihre Werke lauter tun (so daß Gott sie durch sie tut) und das Ihre nicht daran suchen, und doch tun sie dies mit Eigenschaft, mit Zeit und mit Zahl, mit Davor und mit Danach.[26] In diesen Werken haben sie ein Hindernis, das sie nicht zur allerbesten Wahrheit gelangen läßt, daß sie nämlich frei und ledig sein sollten, wie unser Herr Jesus Christus frei und ledig ist und sich allezeit neu und ohne Unterlaß und zeitlos von seinem himmlischen Vater empfängt und sich in demselben Jetzt ohne Unterlaß vollkommen zurückgebiert in dankbarem Lob in die väterliche Hoheit in gleicher Würde.

Wenn Abschnitte in dieser Predigt Verständnisschwierigkeiten bereiten, so gehört dieser dazu. Außer dem Handeln mit Gott über gute Werke, für die Gott etwas tun soll, gibt es noch ein Hindernis, ist noch etwas, was Gott daran hindert, im Tempel der Seele zu wohnen. In der Allegorisie-

---

[26] Eckhart bezieht sich hier auf die Kategorien des Aristoteles und versteht – meiner Ansicht nach – unter Eigenschaft die „qualitas" = Beschaffenheit.

rung der Tauben, die nicht herausgeschafft werden, aber weggestellt werden müssen, wird davon gesprochen. Was Eckhart hier aufzählt, sind die Charakteristika des Denkens in Raum und Zeit, des Umgangs mit der empirischen, konkreten Welt. Zwischen diesem Umgang mit den Dingen der empirischen Welt und der Freiheit, dem Ledigsein des göttlichen Sohnes, den der Vater ohne Unterlaß und „zeitlos" gebiert (= zeugt) und den der Sohn ohne Unterlaß widergebiert, ist ein Graben. Verbleibt einer in seinem empirischen Denken, so wird er nicht zu *dem* Zugang finden, das sich in der Freiheit und Zeitlosigkeit Gottes ohne Unterlaß ereignet. Will der Mensch in dieses göttliche Geschehen hineingenommen werden, so muß er zuvor in das große Schweigen eintreten und mit der „Produktion von Gedanken" aufhören.

So sollte der Mensch sein, der die allerhöchste Wahrheit empfangen wollte und darin leben möchte ohne Vor und ohne Nach, ohne Behinderung durch all die Werke, all die Bilder, die er je verstanden hat, nämlich: ledig und frei in diesem Jetzt aufs neue göttliche Gabe empfangend und sie zurückgebärend ohne Behinderung in diesem selben Licht mit dankbarem Lob in unserm Herrn Jesus Christus. So wären die Tauben weg, nämlich Hindernisse und Eigenschaft aller der Werke, die dennoch gut sind, weil in ihnen der Mensch nicht das Seine sucht. Deshalb sprach unser Herr voller Güte: „Tut das hin, tut das weg!", als ob er sprechen wollte: Es ist gut, doch es bringt Hindernisse.

Mir scheint, unsere Interpretation wird durch das, was Eckhart nachfolgend sagt, gestützt. Es ist gut, zu denken und zu erkennen, und es handelt sich um Werke, die der Mensch tun darf. Strebt er allerdings nach der allerhöchsten Wahrheit, will er heraus aus dem zeitlichen Vor und Nach, und will er die Hindernisse der Werke, auch die Hindernisse der Bilder und Begriffe, mit denen unser Denken umgeht, überwinden, so bleibt nur der Weg, *vollkommen ledig zu sein,* nämlich die Gegenstände dieser Welt wegzulegen, wie die Tauben im Tempel hingestellt wurden. Die Richtigkeit dieser mystischen Forderung ist allerdings nicht zu beweisen. Sie muß erprobt werden. Die Erfahrung der „Leere" muß zeigen, ob da eine höchste Wahrheit geschenkt wird, die im Umgang mit den Bildern unseres Denkens in Raum und Zeit nicht erlangt werden kann.

Wenn also dieser Tempel so ledig wird von allen Hindernissen ...[27], so sieht er so schön aus und leuchtet so lauter und klar über alles hinaus, das Gott geschaffen hat, und durch alles hindurch, das Gott geschaffen hat, daß ihm nichts entgegenleuchten kann als der ungeschaffene Gott allein. Und es ist wirklich wahr: diesem Tempel ist auch niemand gleich als der ungeschaffene Gott allein. Alles, das sich unter den Engeln befindet, das gleicht diesem Tempel überhaupt nicht. Selbst die höchsten Engel haben viel Gleichheit mit diesem Tempel der edlen Seele und sind ihm doch nicht gänzlich gleich ...[28] Doch ist ihnen eine Grenze gesetzt, darüber kommen sie nicht hinaus. Die Seele kann sehr wohl weiterkommen. Wäre eine Seele dem obersten Engel gleich, die Seele eines Menschen, der noch in der Zeit lebt, der Mensch könnte trotzdem in seinem freien Vermögen unendlich höher kommen, über den Engel hinaus, in jedem Jetzt von neuem, ohne Zahl, das ist ohne Weise, und über die Weise der Engel und aller geschaffenen Vernunft hinaus.

Hier werden von der Gottähnlichkeit (Gleichheit) des Menschen Aussagen gemacht, die unerhört weit gehen, schwer zu verstehen sind und auch über das hinausgehen, was die Theologie sonst den Menschen zuerkennt. Kein Wunder, daß es Eckhart die Sprache verschlägt, nämlich daß der Text

---

[27] Das von Quint in seinen kritischen Text aufgenommene „das ist eigenschaft und unbekanntheit" hat er einem verwirrend vielfältigen handschriftlichen Befund entnommen. Es zu übersetzen bringt keinen guten Sinn.

[28] Dem im kritischen Text folgenden Satz kann ich keinen Sinn abgewinnnen: „Daß sie der Seele auf gewisse Weise gleichen, das ist ohne Erkenntnis und ohne Liebe." Was sollte das bedeuten?

schwer zu lesen und schwer zu übersetzen ist. Eckhart muß sich in seiner Predigt auch schwer getan haben, dies auszusprechen. Von der Licht-Metapher, die wiederum gebraucht wird, um die Schönheit des Menschen zu bezeichnen, der von allen Hindernissen befreit ist, gelangt Eckhart dazu festzustellen, daß diesem Leuchten nur Gott entgegenleuchtet. Dem Tempel der Seele, nämlich dem Innersten, dem Göttlichen an der Seele, wie andernorts gesagt wird: dem Seelenfunken oder Seelengrund gleicht nichts unter den Engeln; aber auch die höchsten Engel haben nur eine gewisse Ähnlichkeit damit. Daß solches gesagt wird, entspringt der Tatsache, daß dem Menschen die Grenze nicht gezogen ist, in das große Jetzt ohne Zahl einzutreten und ohne Weise zu sein, einfach zu sein, was er ist, wie es Eckhart an anderer Stelle sagt. Der Verlust aller Eigenschaft und aller Weise, die für geschaffenes Sein, selbst der höchsten Engel, so meint Eckhart, charakteristisch ist, das geht über alles Erkennen und Vorstellen weit hinaus. Hier ist der Mensch durch Gottes Gnade auf die höchste Stufe gehoben, sei es plötzlich und für kurze Zeit schon in diesem Leben, sei es (als Verheißung) nach seinem Tod.

Aber von „noch leben" und von Tod ist ja (im Unterschied zu Marguerite) bei Eckhart nicht die Rede. Diese Differenz scheint (ähnlich wie im Psalm 73) in der mystischen Erfahrung überwunden. Wer in das Leuchten Gottes hineingekommen ist (in dem er alles gelassen hat, auch noch das Denken in Bildern und Begriffen), wer alle Weise des Existierens verloren hat, der ist in die Zeitlosigkeit und Zahllosigkeit des ewigen Jetzt Gottes aufgenommen. Zweifellos kann die „Ungereimtheit" solchen Redens von niemandem verstanden werden, der es nicht selbst erfahren hat. Dann ist es aber auch nicht zulässig, solche Aussagen als Ergebnis hoher Spekulation zu bezeichnen. Sie werden vielmehr erst dann sinnvoll und erträglich, wenn hinter ihnen das größte Geschenk steht, das Gott dem Menschen überhaupt machen kann, die Einheit mit seinem göttlichen Leben. Diese Einheit wird von der Mystik erfahren und begegnet, wie wir gesehen haben, in den verschiedenen Kulturen und erhält dort die verschiedensten Bezeichnungen. Es ist auch legitim, von einer Finsternis und einem Nichts zu sprechen, aber Eckhart gebraucht die Bildlichkeit des Lichts und die Worte „Jetzt" und „ohne Zahl". Er gibt Zeugnis von etwas, und sein Zeugnis ist nichts anderes als ein ausgestreckter Arm, der auf etwas verweist.

Und Gott ist allein frei und ungeschaffen, und darum gleicht er ihr (der Seele) allein nach der Freiheit und nicht nach der Ungeschaffenheit, denn sie ist geschaffen. Wenn nun die Seele in das ungemischte Licht kommt, so schlägt sie zurück in das Nichts ihres Nichts, so fern von dem geschaffenen Sein, daß sie aus eigener Kraft nicht in ihr geschaffenes Sein zurückkommen kann. Und Gott mit seiner Ungeschaffenheit „steht darunter" unter ihrem Nichts des Nichts und erhält die Seele in seinem Sein des Seins. Die Seele hat gewagt, zunichte zu werden und kann von sich selbst aus zu sich selbst nicht zurückgelangen, so fern ist sie sich entgangen, und bevor Gott unter ihr „darunter gestanden" ist. Das muß notwendig so sein.

Zunächst wehrt Eckhart dem Mißverständnis, als seien Gott und die Seele dasselbe: er ist ungeschaffen, sie ist geschaffen; jedoch hat er ihr seine Freiheit geschenkt. Göttliche Freiheit erhalten, das bedeutet allerdings die menschliche Existenzweise verlieren. Die Seele ist in ein vollständiges Nichts gefallen (wörtlich: in das Nichts des Nichts), und wäre Gott jetzt nicht die eine „Substanz" *(darunter stehen)* ihres Seins, so gäbe es keinen Rückweg mehr zu einem Sein der Seele. Das ist der Vorgang des Zunichte-Werdens und Erfüllt-Werdens, der Vorgang der großen Befreiung, so, wie ihn Eckhart erfahren hat.

Die Übersetzung dieses Abschnitts ist nicht befriedigend zu leisten. Will man nicht glätten und dadurch Eckharts Sprache einebnen, so kommt die ganze Rauheit eines „gesprochenen" Mittelhochdeutsch im sperrigen Satzbau zum Vorschein, der darauf hinweist, daß hier Unerhörtes = Noch-nie-Gehörtes formuliert wird. Im übersetzten Teil ist das letzte „und" eigentlich falsch. Hier werden Gedanken durch „und" verbunden, die wir gern in eine klare Beziehung zueinander gebracht sähen. Eckhart tut dies aber nicht; er denkt wohl über eine reine „Möglichkeit" nach: Was wäre, wenn Gott nicht „darunter steht", unter der zunichte gewordenen Seele? Antwort: Dann kehrte sie nicht ins Sein zurück. *Da* Gott aber sofort unter dem Sein der zunichte gewordenen Seele steht, tritt kein Verlust ein. Die Realität heißt: Wer sich selbst verliert, wird alsbald von Gott gefunden.

Als ich vorher sagte: „Jesus ging in den Tempel und trieb aus, die da kauften und verkauften, und fing an zu den andern zu sagen: Tut dies hin!" – ja, seht, nun habe ich das Wort: „Jesus ging herein und fing an zu sprechen: ‚Tut dies hin!' und sie taten es hin." Seht, da war niemand mehr als Jesus allein, und er fing an, in dem Tempel zu reden. Seht, das sollt ihr wahrhaft wissen: Wenn jemand anders in dem Tempel, das ist in der Seele, reden will, als allein Jesus, so schweigt Jesus, als wäre er nicht dort zu Hause, und er ist auch nicht in der Seele zu Hause, wenn sie fremde Gäste hat, mit denen sie redet. Soll aber Jesus in der Seele reden, so muß sie allein sein und muß selber schweigen, damit sie Jesus hören kann. Ja, so geht er herein und beginnt zu sprechen. Was spricht der Herr Jesus? Er sagt, daß er ist. Wer ist er denn? Er ist ein Wort des Vaters. In demselben Wort spricht der Vater sich selber und alle göttliche Natur und alles, was Gott ist, so wie er es erkennt; und er erkennt es, wie es ist. Und da er vollkommen ist in seinem Erkennen und in seinem Vermögen, deshalb ist er auch vollkommen in seinem Sprechen. Wenn er das Wort spricht, da spricht er sich und alle Dinge in eine andere Person hinein und gibt ihr dieselbe Natur, die er selber hat, und spricht alle vernunftbegabten Geister in demselben Wort aus, demselben Wort gleich, dem Bild nachgebildet, so wie es in ihm selber ist, jedoch nicht gleich in aller Weise eben diesem Wort, sofern es herausleuchtet, und insofern ein jegliches (Ding) bei sich selbst ist. Vielmehr: sie haben die Möglichkeit empfangen, Gleichheit zu empfangen aus der Gnade desselben Wortes; und dasselbe Wort, wie es in sich selbst ist, dies hat der Vater alles gesprochen, das Wort und alles, was in dem Wort ist.

Der Text ist äußerst schwierig zu interpretieren, weil er (wohl zum erstenmal) in deutscher Sprache eine theologische Spekulation vorstellt, die zwei Lehren ineinander sieht: 1. Der Sohn wird vom Vater gezeugt (gesprochen), und diese Zeugung des Sohns ist die Voraussetzung für alle Schöpfung, insbesondere für die vernunftbegabte Schöpfung der Engel und des Menschen. Insofern beginnt die Existenz der Seele in dem Moment, wenn Gott sein „Wort" spricht. 2. Platons Ideenlehre spielt in diese Überlegung hinein. Alles, was existiert, so wie wir es erkennen, ist nur ein Schattendasein. Hinter diesem Schatten steht das Leuchten der Ideen als der eigentlichen Wirklichkeit. Das, was da herausleuchtet (und nach Platon nur schattenhaft existiert), hat natürlich nicht den Rang dessen, was in der ersten Wirklichkeit verbleibt.

Dieses Sprechen des Worts, das sich in der Dreifaltigkeit ereignet, diese, wie die Theologen sagen, innertrinitarische „Prozession", vollzieht sich nun auch in gewisser Weise in dem Tempel der Seele. Ist Gott (Jesus) allein in diesem Tempel, so beginnt er zu sprechen, und analog zu dem Sprechen des Worts, in dem der Vater den Sohn zeugt, spricht er gar nichts anderes als „was er ist". Das bedeutet, daß im Tempel der Seele, nämlich im Grund der Seele, Gott selber so gegenwärtig ist, wie er ist, vorausgesetzt, die Seele hat keine anderen Gäste, anders gesagt: sie ist vollkommen frei und ledig von allen Dingen.

Der Vater hat dieses (Wort) gesprochen, aber was spricht denn Jesus in der Seele? Ich habe es schon gesagt: Der Vater spricht das Wort und spricht in dem Wort (alles aus) und anderes (spricht er) nicht, und Jesus spricht in der Seele. Das ist die Weise seines Sprechens, daß er sich selber offenbart, alles, was der Vater in ihm gesprochen hat, und zwar auf die Art und Weise, wie der Geist empfänglich ist. Er offenbart väterliche Herrschaft in dem Geist (in dem er spricht) in einer gleichen Gewalt ohne Maß. Wenn nun der Geist diese Gewalt empfängt im Sohn und durch den Sohn, so ereignet sich jeder Vorgang in ihm gewaltig. Infolgedessen wird er gleich und gewaltig in allen Tugenden und in aller vollkommenen Lauterkeit, so daß ihn weder Lieb noch Leid noch alles, was Gott in der Zeit geschaffen hat, dies alles kann den Menschen nicht zerstören, wenn er nämlich gewaltig als in einer göttlichen Kraft in dem verbleibt (was Gott gesprochen hat). Gegenüber dieser Kraft sind alle Dinge klein und unvermögend.

Der Gedanke des vorigen Abschnitts wird in diesem Abschnitt verdeutlicht und weitergeführt. Es kommt zum Vorschein, daß etwas Gewaltiges, etwas Maßloses sich ereignet, wenn Jesus in der Seele spricht. Da wird nicht nur etwas gesprochen, sondern es erfolgt eine Umgestaltung: der Geist des Menschen wird gewaltig, in allem, was in ihm vorgeht. Er wird vollkommen lauter, und nichts Geschaffenes kann ihm etwas anhaben. Eckhart vollzieht hier mystische Gedanken, die vor ihm Paulus niedergeschrieben hat: „Denn ich bin gewiß, daß weder Tod noch Leben, weder Engel noch Gewalten, weder Gegenwärtiges noch Zukünftiges, noch irgendwelche Mächte, weder Höhe noch Tiefe, noch irgendein anderes Wesen, uns scheiden kann von der Liebe Gottes, die da ist in Christus Jesus unserm Herrn" (Röm 8,38 f.). – Nur eines ist dafür erforderlich: daß der Mensch in der göttlichen Kraft verbleibt, nämlich die neue, ihm geschenkte Seinsfülle nicht verläßt, und die Tauben empirischen Denkens nicht wieder aufhebt.

Zum andern Mal offenbart sich Jesus in der Seele mit einer Weisheit ohne Maß, die er selber ist, in welcher Weisheit sich der Vater selber erkennt mit aller seiner väterlichen Herrschaft und eben das Wort, das auch die Weisheit selber ist, und alles, was darinnen ist, eben so, daß dies alles nur eines ist. Wenn also diese Weisheit mit der Seele vereint wird, so ist ihr (der Seele) aller Zweifel, aller Irrtum und alle Finsternis ganz und gar weggenommen. Sie ist in ein lauteres, klares Licht versetzt, das Gott selber ist, wie der Prophet sagt: „Herr, in deinem Licht erkennen wir das Licht" (Ps 36,10). Da (geschieht es) in der Seele, daß Gott durch Gott erkannt wird; so erkennt sie durch diese Weisheit sich selbst und alle Dinge, und eben diese Weisheit erkennt sie durch sie selbst, und mit derselben Weisheit erkennt sie die väterliche Herrschaft in fruchtbarer Zeugungskraft und das wesenhafte Sein (Gottes), so wie es einfältig eines ist ohne irgendeinen Unterschied.

Die Anwesenheit Jesu im Tempel der Seele wird jetzt als ein Vorgang der Erkenntis und der Weisheit dargestellt. In der Seele geschieht es, daß Gott sich in Gott erkennt, und an dieser göttlichen Selbsterkenntnis wird die Seele beteiligt. Wer Gott in solcher Weisheit erkennt, der erkennt alle Dinge aus ihrem Wesen heraus. Geht Eckhart hier nicht zu weit? Er legt ein Psalmwort zugrunde und nennt den Psalmensänger einen Propheten, nämlich einen Menschen, der den Auftrag hat, Gottes Wort zu bezeugen. – Freilich ist das ungeheuer Positive dieser Aussagen nur die eine Seite des Paradoxes. An anderer Stelle spricht Eckhart davon, daß in der vollkommenen Finsternis der Nähe Gottes Gott und die Seele namenlos und unsagbar werden.

Jesus offenbart sich auch mit einer Süße und einem Reichtum ohne Maß, die aus der Kraft des Heiligen Geistes hervorquellen und überquellen und hineinfließen mit einem vollkommenen Reichtum und einer Süße, die überströmt in alle empfänglichen Herzen. Wenn also sich Jesus mit diesem Reichtum und an dieser Süße offenbart und eins wird mit der Seele, eben mit diesem Reichtum und dieser Süße, so fließt die Seele in sich selber und aus sich selber und über sich selber und über alle Dinge, weil Gottes Gnade mit Gewalt und ohne Mittler in ihr wirkt, in ihren ersten Ursprung zurück. Dann ist der äußere Mensch seinem inneren Menschen gehorsam bis zu seinem Tod, und dann ist er in stetem Frieden allezeit im Dienste Gottes. Daß Jesus auch in uns komme und alle Hindernisse hinauswerfe und wegstelle und uns eines mache, so wie er eines ist mit dem Vater und mit dem Heiligen Geist, ein Gott, daß wir so eins werden mit ihm und ewig bleiben, das helfe uns Gott. Amen.

Am Schlusse schwieriger Gedanken, richtiger: nachdem der fast unmögliche Versuch unternommen worden ist, unsagbare Erfahrung auszusprechen, werden die Aussagen ganz einfach. Die Offenbarung Jesu in der Seele wird gepriesen. Dabei bedient sich Eckhart des Mittels, die Worte „Süße" und „Reichtum" viermal zu gebrauchen und mit der Metapher des Fließens und Überfließens und Zurückfließens seine Mystik des Grundes der menschlichen Seele zu vollenden. Die Seele fließt dorthin zurück, von wo sie ausgeflossen ist, zu ihrem Ursprung oder ersten Anfang, der Gott selber ist. Der vorletzte Satz legt die Vermutung nahe, daß solches Zurückkehren zum Ursprung sich schon in diesem Leben „vorereignet", denn dadurch wird ja bewirkt, daß „der äußere Mensch dem inneren Menschen gehorsam ist bis zu seinem Tod". Das eindeutige Zeichen für dieses göttliche Geschenk ist der „stete Friede". Daß es sich um etwas handelt, das nicht der Mensch machen kann, sondern das durch das Hereinkommen Jesu in die Seele geschieht, sagt die Bitte, mit der Meister Eckhart seine Predigt schließt, keine Bitte, die Eckhart für sich selbst spricht, sondern das „uns" macht deutlich, daß dies allen seinen Zuhörern geschenkt werden kann und soll.

Was mag eine solche Predigt dem Hörer des vierzehnten Jahrhunderts bedeutet haben? Wird er sie verstanden haben? Und wie ergeht es uns? Eckhart befindet sich in einem Dilemma, auf das er selber öfter hingewiesen hat. Es ist ihm unerschütterlich gewiß, daß es sich so verhält, wie er es erfahren hat. Es handelt sich um eine „Wahrheit, die aus dem Herzen Gottes gekommen ist ohne Vermittlung". Ein Wahrheitsbeweis kann nicht angetreten werden, weil hier gilt, daß Gleiches nur von Gleichen erkannt werden kann. Plotin sagt: „Wer es gesehen hat, weiß, wovon ich rede."[29] Das Bild vom Herzen Gottes, in dem der Mensch unmittelbar erkennen darf, was die wesentliche Wahrheit ist, begegnet in Predigt 1 umgekehrt: Da ist es Gott, der durch Jesus in den Tempel der Seele einzieht, sich dort selbst erkennt und die Erkenntnis Gottes und des Wesens aller Dinge im Menschen selbst vollzieht, so daß der Mensch zu seinem Ursprung in Gott zurückkehrt, welche Rückkehr, wie Eckhart sagt, freilich größer und reicher ist als der Ausgang.

Man sollte von einem solchen Zeugnis unseres größten Mystikers sich nicht deprimieren lassen. Der Grund, daß Eckhart überhaupt Zeugnis ablegt, daß er versucht, Unsagbares zu sagen, ist ja gerade als Ermutigung gedacht. Seine Hörer sollen wissen, wofür sie bestimmt sind, die Sehnsucht danach soll sie erfassen, und sie sollen bereit werden, sich selber aufzugeben, ohne daß sie abtötende Askese zu betreiben hätten, damit auch ihnen „der Friede des Friedens über allem Frieden" (Reden der Unterweisung) geschenkt wird.

Daß man sich auf ein solches Geschenk vorbereiten kann und muß, dies zu bezeugen ist Aufgabe des Mystikers, denn hier gibt es nichts, was einer eifersüchtig für sich selbst behalten könnte.

Wer mit Gott eins geworden ist, hat ja die Einheit mit allem, auch mit jedem Menschen, der ihm brüderlich/schwesterlich anvertraut ist. Deshalb ist es auch nicht eine Folge der großen Erfahrung, daß einer sich auf sich selbst zurückzieht und „privatistisch innerlich" wird. Sondern jetzt ist er gerade erst befähigt und ermächtigt, sich radikal hinzugeben, tätig zu werden oder – wie man heute gern sagt – in Aktion zu sein und im Übersteigen der Kontemplation die geschenkte Einheit mit Gott ungetrennt und unvermischt

---

[29] Zitiert nach W. Beierwaltes, Reflexion und Einung, a. a. O., 31 f.

zu haben. Die Existenz von Menschen solcher Erfahrung bringt ein ganzes Land in Ordnung, wenn das nötig wäre, und ohne daß solche Menschen darum wissen und es wollen (Marguerite Porete).

5.3 Nikolaus von Kues – Schweigen vor Gott[30]

Die von Johannes XXII. als teilweise häretisch verurteilte Lehre des Meister Eckhart fand in der Mitte des auf Eckhart folgenden Jahrhunderts ihren Verteidiger und ‚rechtgläubigen' Interpreten in Nikolaus von Kues.[31] Er wurde als Sohn eines Schiffers 1401 in Kues an der Mosel geboren, studierte zuerst kanonisches Recht (Promotion in Padua 1423), danach Theologie (ab 1425 in Köln). Über verschiedene Ämter (Pfarrer, Dekan, Probst) gelangt er als theologischer Berater zum Konzil von Basel. Im Streit zwischen Konzil und Papst Eugen IV. wechselt er (zögerlich) auf die päpstliche Seite und engagiert sich für die Union mit den Griechen, für ein Ernstnehmen der Muslime und für eine Reform der Kirche. Seit 1448 ist er Kardinal, seit 1450 Bischof von Brixen. Ab 1458 wirkt er in hohen Ämtern in Rom oder im Auftrag des Papstes in Deutschland. 1464 in Todi verstorben, wird er in seiner römischen Titularkirche San Pietro in Vincoli (über dem Colloseum) beigesetzt. Die zahlreichen Besucher der Kirche kommen, um Michelangelos Moses zu bewundern. Nach der bescheidenen Grabplatte des Kusaners muß man sich durchfragen oder -suchen.

---

[30] Neufassung meines Beitrags in Festschrift Lassalle: munen musô. Ungegenständliche Meditation, Mainz 1978.

[31] Rudolf Haubst, Nikolaus von Kues als Interpret und Verteidiger Meister Eckharts, in: U. Kern (Hrsg.), Freiheit und Gelassenheit. Meister Eckhart heute, Mainz 1980, 78–86. – Neuerdings (und abschließend): dslb., Streifzüge in die cusanische Theologie, Münster 1991 (s. Die Funktion der negativen Theologie bei Ps. Dionysius, Meister Eckhart und N. v. K., 101–110).

Seine Hauptschrift, die drei Bücher „De docta ignorantia" (1440), Vom belehrten Nichtwissen, oder, wie Josef Stallmach übersetzt: „Von der Weisheit des Nichtwissens"[32], enthält die berühmte Lehre von der *coincidentia oppositorum*, dem „In-eins-Fall der Gegensätze" in Gott. Schon dieser Begriff zeigt an, daß wir es bei Nikolaus von Kues (N. v. K.) mit einem Theologen im Gefolge der negativen Theologie des Dionysius (Pseudo-)Areopagita und der *negatio negationis* des Eckhart zu tun haben: der „Verneinung der Verneinung", welche die Verneinung wiederum aufhebt.

Für den Mystiker N. v. K., als welchen wir ihn bezeichnen dürfen, ist die Schrift „De visione Dei" (Vom Sehen/Gesehenwerden Gottes) von besonderer Bedeutung, die er 1453 fertigstellte und den Benediktinern vom Tegernsee widmete. Damals in der Zeit der *vera icon* (Turiner Grabtuch?), von welcher Bezeichnung sich wohl auch die Kreuzweg-Station des „Schweißtuchs der Veronica" herleitet, in dem Jesus sein Antlitz abdrückte, war die Blütezeit der abendländischen Christusikonen. Eine solche Ikone übersendet N. v. K. den Tegernseern. Sie ist so gemalt, daß die Augen mit dem Betrachter mitgehen, der seinen Standort wechselt. Die Mönche sollen das Bild an der Nordwand (des Kreuzgangs?) aufhängen und feststellen: Der Bruder, der im Osten steht, wird angeblickt, der im Westen und der im Süden ebenfalls. Und wer sich von Osten nach Westen begibt, mit dem geht der Blick der „Ikone Gottes" mit. Das Ineinander von „Ikone des Herrn (Jesus)" und „Ikone Gottes" (der ja Jesus ist) findet sich schon 2 Kor 3,18 u. 4,4. Von dem aufgehängten Bild wird jeder so angeblickt, als blicke der Herr allein auf ihn, und doch gilt dasselbe von allen, die sich vor und seitlich der Ikone aufgestellt

---

[32] Ineinsfall der Gegensätze und Weisheit des Nichtwissens, Münster 1989.

haben. Jeder wird allein angeblickt, und dennoch werden alle zugleich angeblickt.

Wie alle wahren Mystiker zeigt N. v. K. eine sinnenhafte (= ästhetische) Begabung, speziell im Verhältnis zum gemalten Bild und im Gebrauch der Bilder der Sprache, und vertraut zugleich auf den *intellectus*, die „Vernunft", oder – wie Haubst übersetzt – „das Einsehen". Die Vernunft ist die höchste Begabung des Menschen. Sie führt ihn an die Grenze, wo nichts mehr eingesehen werden kann, weil völlige Dunkelheit herrscht.

Mit dem Abt von Tegernsee, Caspar Aindorffer, und dem Prior, Bernhard von Waging, unterhielt N. v. K. rege Kontakte. Am 1./2. Juni 1452 weilte er dort zu Besuch; auch gingen Briefe zwischen ihm und dem Abt, sowie dem Prior, hin und her.[33] Vansteenberghe referiert in seiner Untersuchung, was die Grundfrage der Mönche von Tegernsee war: Kann man sich durch den reinen Affekt, ohne die Vernunft, zu Gott erheben, über jene Einung hinaus, die schon durch die *synderesis* (nämlich: das ‚Urgewissen') bewirkt wird? Am 22. September 1452 schreibt N. v. K. nach Tegernsee, daß es einen reinen Affekt, getrennt von aller Erkenntnis, nicht geben kann. Der Affekt wird von der Liebe geführt; die Liebe richtet sich stets auf das Gute; ohne daß das Gute in gewisser Weise erkannt ist, kann es auch nicht geliebt werden. Die Erkenntnis des absoluten Guten, die zur Liebe dieses Guten führt, erfolgt auf dem Weg über das „belehrte Nichtwissen" *(docta ignorantia)*.

Wir sehen, daß die Schrift *De visione Dei* dem Vetrauen einer an bedeutenden Wissenschaftlern reichen Mönchsgemeinde auf die theologische Qualität und die praktische Bedeutsamkeit des Denkens des N. v. K. entsprungen ist.

---

[33] Diese Briefe sind veröffentlicht von E. Vansteenberghe, Autour de la docte ignorance: Beiträge zur Geschichte der Philosophie des Mittelalters, Bd. XIV, Heft 2–4, Münster 1915, 187–221.

N. v. K. führt sie den Weg, den er andernorts umschrieben hat: „*Mystica theologia ducit ad vacationem et silentium*". (Die mystische Theologie führt zur Leerheit und zum Schweigen).[34] Der Weg des N. v. K. ist also nicht ein arationaler Weg, noch gelangt er über die Vernunft dazu, Gott zu erkennen. Vielmehr gilt: „Nahrung gibt der Vernunft weder, was sie erkennt, ... noch was sie gänzlich nicht erkennt, sondern was sie im Nichterkennen erkennt."[35] Die folgenden Abschnitte suchen den mystischen Ansatz des N. v. K. einsichtig zu machen.

Textanalytische Bemerkungen

Was ein Buch sagen will, ist aus seiner Sprache zu erheben. Innerhalb der Sprache eines theologischen Buches ist zunächst auf den Wortschatz zu achten. Gehäuft auftretende Begriffe und Gattungen von Begriffen verdienen besondere Beachtung. Aus ihnen kann die Thematik eines Textes erkannt werden, die sich meist aus Teilthemen aufbaut.[36] Unser Text hat ein reiches, aber im ganzen Buch konsequent durchgehaltenes Vokabular. Bestimmte tragende Begriffe lassen sich unschwer erheben. Das Buch ist aus einem Guß, seine Teilthemen bauen das Ganze übersichtlich und durchschaubar auf, entfalten eine immer größere Intensität. Die stete Rückkehr zur gleichen Thematik, wobei ein gewisser, oft nur geringer Erkenntniszuwachs neue Formulierungen schon bekannter Aussagen ohne Themenwechsel möglich macht, läßt an das Johannesevangelium, besonders die Abschiedsreden, oder an den ersten Johannesbrief denken. Der Nachweis ist an dieser Stelle nicht zu führen. Spra-

---

[34] Apologia doctae ignorantiae, N. 10 (h II, S. 7, Z. 26–28 u. S. 8, Z. 5f.). (vgl. Vansteenberghe, a. a. O., S. 14).
[35] De visione Dei, 16.
[36] Zur Textanalyse als theologischer Methode vgl. Alex Stock, *Umgang mit theologischen Texten* (Zürich und Köln 1974).

che hat auch eine bestimmte syntaktische Struktur, aus der sich ihre größere Form aufbaut.

Zur Sprache werden kurze Beobachtungen vorgelegt. Das Buch handelt vom „Sehen Gottes". Die Wortgruppe „sehen" stellt die Basis der Aussagen her: *videre, videri, visio, visus*. Die Eigenart dieses Sehens und Gesehenwerdens zu benennen, hieße das Buch vollständig interpretieren, denn genau davon handelt es. An dieser Stelle soll nur in den Blick kommen, daß „Gott" „sieht" und „gesehen wird", und daß der Autor und seine Leser/Hörer von Gott „gesehen werden" und ihn zu „sehen" trachten. Da hierüber keine eindeutigen Verstandesaussagen möglich sind, haben wir es mit einem mystischen Begriff zu tun; für den modernen Theologen steht Kontemplation in Nähe zur Begriffsfamilie des Sehens. Auch Gott – das griechische *theos* wird von Nikolaus (in der ihm bekannten Etymologie) von „schauen" *(theaomai)* her erklärt –: Gott sieht, und wir werden von ihm gesehen, das ist die erste, fundamentale Einsicht. Was aber sehe ‚ich'? „Licht" und „Finsternis", „Dunkelheit" *(lumen, obscuritas, caligo)*, die „Sonne" *(sol)*, Gesichter *(facies)*. Wird auch Gott gesehen? Gelänge das, so sähe ich alles, denn er ist das „Urbild" *(exemplar)* von allem. Aber das Urbild zeigt sich mir nur im „Abbild" oder in der „Ähnlichkeit" *(similitudo)*. Die Kategorie des „Abbildes" oder „Ebenbildes" spielt im Text eine tragende Rolle: beginnend mit dem „Bild" *(imago)* der gemalten „Tafel", die Nikolaus den Lesern übersendet und auf die er stets neu zurückkommt, bis hin zu „Jesus", dem „Christus", dem „Sohn", dem „Wort", der „Gesicht" *(facies)* Gottes ist, „Ikone" Gottes *(icona)*, wahre *similitudo* und *imago*. Da durch ihn Gott sichtbar *(visibilis)* und verstehbar *(intelligibilis)* wird, ist er der „Mittler" überhaupt *(mediator)*.

„Verstehen" und „Wissen" bauen sich für Nikolaus hierarchisch auf: vegetatives, sensitives, rationales (= verstandesmäßiges) und „vernünftiges" Sein und Erkennen bilden „Stufen" *(gradus)*. Die „Vernunft" *(intellectus)* wird von Gott selbst *(primus movens)* bewegt, so wie die Geister, die als Beweger hinter dem Lauf der Gestirne stehen, von ihm bewegt werden (hierin ist Nikolaus Aristoteliker!). Aber zahllose Stufen höher steht das „absolute" Erkennen Gottes, das in Jesus der Menschennatur geschenkt wurde. „Vernunft" *(intellectus)*, „Wissen" *(scire, scientia)*, „Begriff" *(conceptus)*, „Name" *(nomen)* stehen nicht auf der Seite des „Absoluten" *(absolutus)*, sondern des „Eingeschränkten" *(contractus)*. Dieser Gegensatz *(oppositum)* ist die Grundlage, die Basis des ganzen dialektischen Denksystems des N. v. K., das vor allem in *De docta ignorantia* (Vom belehrten Nichtwissen) entfaltet wird. „Verstehen durch Nichtverstehen", „nichtwissendes Wissen" bemerkt, daß in Gott, dem „Absoluten", dem „Unbegrenzten" *(infinitum)* ein „Ineins-Fallen der Gegensätze" statt hat *(coincidentia oppositorum)*. Dadurch ist Gott auch die *complicatio* von allem, das heißt, alles ist in ihm „eingefaßt" oder „eingefaltet" in höchster „Einfachheit" *(simplicitas)* und „Einheit" *(unitas)*. In der Schöpfung wird es in die „eingeschränkte" Seinsweise der „Kreatur" „entfaltet". Dieses Thema artikuliert sich in immer neuen Gegensatzpaaren. Es beginnt mit dem „Sehen". Wenn ein Mensch *dieses* sieht, kann er *anderes* nicht „sehen", noch „bemerken". Nicht so das „absolute Sehen" Gottes, das jeden Einzelnen ganz sieht und in gleicher Weise alles zumal *(omnia simul)*. Mit dem Sehen sind alle göttlichen Attribute mitgemeint: „Reden" *(loqui)*, „Wirken" *(operari)*, „Schaffen" *(creare)* und vieles andere mehr, vor allem aber auch „Lieben" *(amare)*.

Wenn nun das Erkennen nur dazu gelangt, sich als „Nicht-Erkennen" zu etablieren, wenn „Enthüllung/Offenbarung" *(revelatio)* und „Glaube" *(fides)* nur verdeutlichen, daß Gott „unendlich/unbegrenzt" *(infinitus)*, „verborgen" *(absconditus)*, „unzugänglich *(inaccessibilis)* ist, dann wird deutlich, daß ihn eine unübersteigbare „Mauer" *(murus)* von unserem Denken trennt. Hinter dieser Mauer wohnt er im „Paradies", im „Garten der Wonnen" *(hortus deliciarum)*. An dessen Eingang steht die Wache des Engels: hier wie öfter ist N. v. K. auf biblische Schöpfungsgeschichte bezogen, nämlich auf die des Jahwisten (Gen 2 und 3), während sein Bezug zur Schöpfungslehre der Priesterschrift durch den Begriff des „Ebenbildes" *(imago, similitudo)* und den tragenden theologischen Begriff des „Wortes" *(verbum)* gestiftet ist; dieser letzte Begriff schlägt natürlich auch von Johannes und Paulus die Brücke zur Mystik des N. v. K.

Wenn schon „Begriffe" *(conceptus)*, „Namen" *(nomina)*, „Verstehen" *(intelligere, scire)* diesseits der Mauer des Paradieses verbleiben *(citra murum)*, wie gelangt man zum ersehnten „Übersteigen" oder „Überspringen" *(transsilire)* in den Bereich „jenseits der Mauer" *(ultra murum)*, wo der Unzugängliche wohnt? „In der Mauer" oder „an der Mauer" *(in muro)* befindet sich, wer in die „Dunkelheit" *(caligo)* des „denkenden Nichtdenkens" und des „nichtverstehenden Verstehens" eintritt. Blind und in völliger Dunkelheit naht er sich dem „Gesicht der Sonne", deren „absolutes Licht" gerade als „heiligste Dunkelheit" *(sacratissima caligo)* zu verehren ist. Das ist der Vorgang, subjektiv betrachtet.

Objektiv, nämlich durch Gottes Heilsökonomie vermittelt, wird solches möglich, weil Gott dreieinig *(trinus)* ist, ohne seine „absolute Einfachheit" *(simplicitas absoluta)* zu verlieren. Im Sohn *(filius)* wird er „verstehbar" *(intelligibilis)* und „liebbar" *(amabilis)*. Die absolute Sohnschaft *(filiatio absoluta)* legt alle Sohnschaft aller Menschen grund. Daß Gottes Geist als „Vereinung" *(nexus)* von Liebendem *(amans)* und Liebenswertem *(amabilis)* die bewegende Kraft *(virtus motiva)* ist, die solches „wirkungsvoll" *(efficienter)* leistet, ist wenigstens anzumerken.

Vom „Lieben" her wird ebenfalls eine Begriffsfamilie entfaltet, aufgrund derer bildhafte Aussagen über die subjektive Seite der Anwesenheit des begnadeten Menschen im (himmlischen) Paradies möglich werden: dort wird „genossen" *(frui)* und „verkostet" *(degustare, gustus)*, „genährt" *(nutrire)*, und zwar wird die Frucht vom Baum des Lebens (welcher Christus ist) verkostet oder die „Speise" des Lebens *(cibus)*, der Wahrheit, des Worts, nämlich: „Süße" *(dulcedo)* und „Wonne" *(deliciae)*. All dies ist ein Liebenkönnen, weil selber Geliebt-Sein. Und es ist unvorstellbar, unsagbar und unbegreiflich – reines Geschenk für die Geliebten/Liebenden. Der *gustus* dieser Frucht ist für N. v. K. mehr als „Offenbarung" und „Glaube". Immer wenn Nikolaus an diese Grenze des Aussagens stößt und die Hoffnung auf Teilhabe an Gottes Glück für den glücklichen Menschen *(felix, felicitas)* andeutet, spricht er in der platonisch-augustinischen Begrifflichkeit von „anrühren" *(attingere)*.

Augustinisches Denken ist ihm auch durch Anselm von Canterbury vermittelt, dessen Formel des Gottesbeweises im „Proslogion" (Gott als der Größte, dessen Größeres nicht einmal gedacht werden kann) in seinem Buch häufig wiederkehrt: *id, quo maius cogitari nequit* oder *is, quo maior cogitari non potest* – Größeres kann nicht gedacht werden. Für Nikolaus heißt das allerdings, daß das Denken an sein Ende gelangt ist und dem „Schweigen" *(silentium)* und Geliebtsein/Lieben Platz macht. Es handelt sich, wie schon gesagt, um mystische Theologie, die ihren Zirkel *(circulus)* bemerkt (sie geht immer von dem aus, was sie zu erkennen sucht) und den „Zirkel" der Mauer des Paradieses zu überspringen trachtet, was nur in der Dunkelheit des Nichtverstehens geschehen kann, nämlich: geschenkt wird.

Unsere Bemerkungen zur Form fallen sehr summarisch aus:

1. Das Reden in Gegensätzen, durch das ein „eingeschränktes" Verständnis der Aussagen immer wieder aufgebrochen wird, ist überaus charakteristisch für den Stil dieses

Buches (wie den Stil des Autors überhaupt). Dabei wird genaueste Unterscheidung geübt, bis im In-eins-Fallen der Gegensätze das Dunkel des Nichtverstehens hereinbricht. Vor allem der Trinitätsglaube und die Christologie des N. v. K. stellen für das Weitertasten im „Dunkel" eine Art Übersprache oder „Nicht-Sprache" zur Verfügung. Gott wird hier eben nicht „auf den Begriff gebracht". Wer, zum Beispiel, von der Dreieinheit reden will, muß „*unum, unum, unum*" sagen, statt „dreimal eines" *(ter unum)* zu sagen.

2. Durch die Kategorien des Bildes und der Ähnlichkeit *(analogia)* geleitet, geht Nikolaus immer wieder von Konkreta aus, die das Gemeinte verbildlichen oder verähnlichen können: Das Bild des Gartens wurde schon genannt; auch der Baum begegnet wiederholt (in Gott; im Denken des Menschen und so weiter). Gott wohnt in der menschlichen Natur wie in einem Haus; Jesus ist wie die Kerze im Zimmer, die alle Wände hell macht; die „Sonne" läutert „das Gold" in der Erde; Bär und Honig sind nicht zu trennen, so wie die Seele und die Sehnsucht nach dem Garten der Wonnen. Der predigende N. v. K. wendet sich an die ganze Gemeinde und doch an jeden Einzelnen, wie Gott die Einzelnen und das Universum lehrt, bewirkt, sieht und liebt. Vor allem ist es das „Bild des Allessehenden", jenes Kunstwerk der Gotik, dessen Augen mit dem Betrachter mitgehen, auf das als Veranschaulichung stets neu zurückgegriffen wird. Diese Rede in Bildern und Ähnlichkeiten ist stilistisch einfach und sehr einprägsam.

3. Besonders charakteristisch ist (wie in den „Bekenntnissen" des Augustinus) der Überschlag des Denkens (das ein Erkennen durch Nichterkennen ist!) in die Sprache der Anbetung und des Dankes. Die Rede von Gott und Jesus in der dritten Person wechselt in die zweite Person, wird zur Anrede, dadurch vorbereitet, daß die vorausgehenden Erwägungen nur zum Teil von einem Subjekt in der dritten Person gedacht werden oder passivisch konstruiert sind. Es

drängt den Autor zum „Ich-Stil„: *ich* verstehe, sehe, begreife, begreife nicht und so weiter. Vom „Bekennen" ist es nur ein kleiner Schritt zum Lobpreis und zum Dank. Durch diese sprachliche Eigenheit (aber auch in den tragenden Begriffen und in direkter Zitation) steht das Buch „Vom Sehen Gottes" den Psalmen nahe, besonders einigen Psalmen aus der Gattung der Hymnen und der Weisheitslieder. Am Corpus der Paulusbriefe beeindruckt N. v. K. weniger die denkerische, streitbare Auseinandersetzung von Galater und Römer oder die pastorale Bemühung von 1 und 2 Korinther, sondern es lockt ihn die Gnosis und die Mystik des Kolosser- und Epheserbriefs, welchen beiden Briefen Nikolaus sich nähert, wenn sein Preisen überschwenglich wird. Allerdings ist seine Nüchternheit größer als die der gnostisch-antignostischen neutesamentlichen Spätliteratur. Die größte Nähe hat er als Theologe vielleicht zum ersten Johannesbrief, dem Brief der feiernden Gemeinde, einem zugleich mystischen und praktischen Wort, so wie das Buch „Vom Sehen Gottes" in praktischer Absicht als Anleitung zur Mystik geschrieben ist. Die Kurzformel der ganzen Theologie des Buchs steht in Parallele zu den Aussagen über Lieben und Glauben in 1 Joh 4,7–5,3. Sie findet sich im Kapitel 24: Es gibt keine „kürzere und wirkungsvollere Lehre" als die Jesu: „Nichts anderes redest du ein *(persuades)*, als zu glauben; nichts anderes schreibst du vor, als zu lieben. Was ist einfacher, als Gott zu glauben? Was ist süßer, als ihn zu lieben?"

Überblick über den Inhalt des Buches

N. v. K. übersendet den Tegernseer Mönchen eine Tafel, auf der Gott als der alles Suchende gemalt ist.[37] Dieses Bild sollen die Mönche aufhängen. Sie werden, vor ihm hin-

---

[37] *De visione*, Praef.

und hergehend, feststellen, daß sich jeder von ihnen einzeln und alle zugleich angeblickt finden: Am Beginn der „Praxis der Frömmigkeit" *(praxis devotionis)* findet sich der Lernende vor Gott gestellt, der ihn und alles in den Blick faßt. Die theologische Bedeutung dieser Erfahrung wird dreifach erhoben:

1. Ist Gott schon auf dem Bild ein alles Sehender, so gilt das um so mehr für sein „wahres Sehen"[38]. Von dem auf einzelnes „eingeschränkten" Blick erkennt die „Abstraktion", daß er seinem „Wesen" nach ein von den einschränkenden Bedingungen losgelöstes Sehen beinhaltet, auch wenn das dem konkreten Sehen nicht gelingt. Gottes „uneingeschränktes oder absolutes Sehen" ist „unvergleichlich vollkommener" *(improportionabiliter perfectior)* als der Begriff des Sehens, hinter dem seinerseits das Sehen des Bildes *(iconae)* noch zurückbleibt.[39]

2. Das absolute Sehen enthält alles, was das eingeschränkte Sehen sieht, und eingeschränktes Sehen geschieht kraft des absoluten Sehens, das in ihm gegenwärtig ist. „Jede Einschränkung ist im Absoluten (eingefaltet), denn das absolute Sehen ist die Einschränkung der Einschränkungen" *(contractio contractionum)*[40].

3. In Gott fallen alle verschiedenartigen Aussagen zur Einheit und Identität in eins. „Gottes Haben ist sein Sein; und Bewegen ist Stehen, Laufen ist Ruhen und so von den übrigen Attributen."[41] „So kann man die ganze Theologie als kreishaft bezeichnen *(in circulo posita dicitur)*, denn das eine (göttliche) Attribut wird vom andern bestätigt."

Der so belehrte „Bruder" trete nun als „Kontemplator" vor die „Ikone Gottes". Die sinnenhafte Erfahrung des allerorten Angeblicktseins wird ihn zum Bekenntnis führen, daß Got-

---

[38] Vgl. den Gottesbeweis im *Proslogion* des Anselm von Canterbury.
[39] *De visione* 1.
[40] Ebd. 2.
[41] Ebd. 3.

tes Vorsehung ihn umfängt. Diskursives Denken schlägt um in Anbetung: „Herr, dein Sehen ist Lieben"[42]. Dein Blick läßt mich niemals aus den Augen; „möge ich – soweit möglich – ständig deiner fähiger werden *(plus capax tui)*". Dies hängt von *similitudo* = Ähnlichkeit ab: „Im Maße der Ähnlichkeit werde ich der Wahrheit fähig sein." Die ganze „Mühe" des Mystikers besteht darin, „aufmerksam allein auf dich hinzublicken und das Auge des Geistes niemals abzuwenden, weil du mich in beständigem Sehen umfängst." „Ewiges Leben" ist nichts anderes, als daß mich „Gott unaufhörlich in größter Liebe bis ins Innerste anblickt".

Nikolaus erwägt die umfassende Bedeutung des Sehens Gottes: es schenkt, „daß du von mir gesehen wirst, du verborgener Gott"[43], es ist zugleich „Erbarmen", „Bewegen", „Wirken". Wer sich Gott zuwendet – wo auch immer –, findet ihn schon vor. Die Kontemplation geschieht in Gottes Allgegenwart.

Das 6. Kapitel („Vom Sehen des Gesichts") geht der wichtigen und schwierigen Erwägung nach, was *ich* sehe, wenn ich auf den Blick Gottes hinschaue. Gottes Gesicht *(facies)* ist „Urbild" *(exemplar)* aller Gesichter, die sein „Ebenbild" *(similitudo)* sind. Gottes Gesicht ist das „wahre" oder „absolute" Gesicht. So gilt: „Jedes Gesicht, das in dein Gesicht blicken kann, sieht nichts, was anders wäre oder von sich selbst verschieden, denn es sieht seine (eigene) Wahrheit". Und Gott so sehen (und sich in seinem Gesicht finden) ist „nichts anderes als von Gott liebend angeblickt weden". Da „der Mensch nur menschlich urteilen kann", nämlich durch das „Glas" der „Einschränkung" blickt, sieht jeder Gottes Gesicht unter seiner eigenen Einschränkung: „unwillig", „froh", „jugendlich", „mannhaft", „greisenhaft"[44].

---

[42] Ebd. 4.
[43] Ebd. 5.
[44] Ebd. 6. Ein Absolutsetzen solcher menschennotwendigen Einschrän-

Gottes Gesicht ist „so vollkommen eines jedweden (Gesicht), als ob es keines einzigen andern wäre", eine „wunderbare", aber auch zur Demut mahnende Einsicht!

Wer in „dem Sehen des Gesichts" fortschreiten will, muß den Begriff *(conceptus)* des Gesichts Gottes lassen, muß „Wissen und Begriff überspringen" – die bedeutsame Formel begegnet hier zum erstenmal – muß eintreten „in ein gewisses ‚geheimes und verborgenes' Schweigen, wo nichts sich findet von Wissen und Begriff"[45]. „Das Dunkel selbst enthüllt, daß da ein Gesicht ist über alle Verhüllung hinaus *(Ipsa autem caligo revelat ibi esse faciem supra omnia velamenta)*." Man „muß das Licht überspringen". Dessen Auge in der Finsternis ist, „wenn er dann weiß, daß er im Dunkel ist, weiß er, daß er zum Gesicht der Sonne hinzugetreten ist ... je größer die Dunkelheit, um so wahrer rührt er *(attingit)* in der Dunkelheit an dein unsichtbares Licht"[46]. – Das Folgende kann diese tiefgründige Einsicht nur noch entfalten, nicht sie überbieten.

In Gottes Gesicht sieht der Schauende alles, wird ihm alles geschenkt. Er ist ganz bei Gott „im Schweigen der Kontemplation", und so ganz er selbst: ich soll ganz „mir selbst gehören *(mei ipsius esse)*", um so ganz Gott zu gehören und umgekehrt. So gehorcht meine *ratio* (der Verstand) Gott, der *ratio rationum*, der „sein Wort in mich hineinzusprechen nicht aufhört"[47]. Gottes Blick nährt.[48] In ihm als dem

---

kungen führt zu den bekannten theologischen Mängeln und institutionellen Fehlleistungen.

[45] In Docta ignorantia, I, 10, wird verlangt, daß man „die Vielheit der Kreise und Sphären ausspeien" müsse.

[46] Dies alles in De visione, 6. Hier, wie an allen andern Stellen, erwies es sich als nötig, den lateinischen Text neu zu übersetzen; die textkritischen Verbesserungen, die in dem mir zur Verfügung gestellten Exemplar des Cusanus-Instituts Mainz enthalten sind, erwiesen sich als äußerst nützlich. Inzwischen hat Helmut Pfeiffer eine neue Übersetzung vorgelegt, als Heft 3 von: N. v. K. Textauswahl in deutscher Übersetzung, Trier 1985.

[47] Ebd. 7. Hier ist offenbar von einem „Wort" die Rede, das in einem eige-

Urbild *(exemplar)* sieht man alles: „nicht Bewegung ist außer dir, noch Ruhe"⁴⁹.

In der Anrede der Danksagung wird bekannt: „... es gibt keinen Weg, dir zu nahen, als jenen, den alle Menschen, auch die gelehrtesten Philosophen, für gänzlich unbegehbar und unmöglich halten ..., du läßt dich nirgendwo sehen, als wo die Unmöglichkeit den Weg versperrt." Solche „Unmöglichkeit" *(impossibilitas)*, die sich als „Notwendigkeit" *(necessitas)* erweist, läßt „den Ort finden, wo du enthüllt dich finden läßt, umgeben vom Ineinsfall der Widersprüche *(cinctum contradictoriorum coincidentia)*"⁵⁰.

„An der Pforte des Ineinsfalls der Gegensätze, die ein Engel bewacht, in den Eingang zum Paradies gestellt, fange ich an, dich, Herr, zu sehen"⁵¹. In diesem „Ineinsfall" in Gott, der „die allereinfachste Ewigkeit selbst" ist, finden sich alle Kreaturen eingeschlossen: „dein Begreifen faltet alle und jeden einzelnen ein *(conceptus tuus ... omnia et singula complicat)*"⁵², in ihm fallen sie „*tunc et nunc* in eines in den Kreis der Paradiesesmauer".

Unsere Begriffe sind wohl zu unterscheiden von Gottes *conceptus*, nämlich: Gottes „Wort". Letzteres gewährt den Eingang und Ausgang aus dem Paradies, Eingang, wenn ich

---

nen Sinn, nämlich stärker subjektbezogen verstanden werden soll, als die dogmatische Theologie das „Wort der Schrift" bedenkt.

⁴⁸ Ebd. 8.
⁴⁹ Ebd. 9.
⁵⁰ Ebd.
⁵¹ Ebd. 10.
⁵² Zum wichtigen Begriff der *complicatio* (Einfaltung, Einrollung, Einfassung) vgl. *Doct. ign.* III, 2. Auf den christologischen Sinn der Kategorie verweist Rudolf Haubst, *Vom Sinn der Menschwerdung, ‚Cur Deus homo'* (München 1969) 158–164: „Christologische Leitgedanken des N. v. K.". „Eingerollt" ist Christus in Gott, in Christus die Menschheit, im Menschen das Universum."

auf die *complicatio* (Einfaltung) hinblicke, Ausgang, wenn ich die *explicatio* (Ausfaltung) ins Auge fasse."[53]

Im *Deus absolutus* fällt alles in eins: Die „Mauer ist alles und nichts zugleich"; „Ursache und Wirkung fallen in eines", „Schaffen und Geschaffenwerden". Gott teilt sein Sein mit *(communicare)* und bleibt doch „*absolutus et infinitus, neque creans neque creabilis* – losgelöst und unendlich, weder schaffend noch schaffbar"[54]. Wer so denkt, fängt an, „dich unverhüllt zu sehen und den Garten der Wonne zu betreten. Denn du bist keinesfalls ein etwas, was ausgesagt oder begriffen werden kann *(quod dici aut concipi potest)*, sondern in Unendlichkeit bist du über all solches absolut übererhaben. Du bist also nicht Schöpfer, sondern unendlich mehr als Schöpfer, da ja ohne dich nichts wird noch werden kann. Dir sei Ruhm und Ehre durch unendliche Ewigkeiten"[55].

Im folgenden Kapitel 13 „Wie Gott als absolute Unendlichkeit erscheint" finden sich Aussagen, die unter unserm Aspekt besonders bedeutsam sind, weil sie die Unmöglichkeit, Gott zu nennen, für ihn Begriffe zu gebrauchen, überhaupt zu wissen, wer er ist, mit großer Klarheit aussprechen. Die ersten beiden Abschnitte lauten[56]:

„Herr Gott, Helfer derer, die dich suchen, ich sehe dich im Paradiesesgarten, und ich weiß nicht, was ich sehe, weil ich nichts Sichtbares sehe. Und das weiß ich allein: ich weiß, daß ich nicht weiß, was ich sehe, und daß ich es niemals wissen kann. Und ich weiß nicht, dich zu nennen, weil ich nicht weiß, was du bist. Und

---

[53] *De visione*, 11.
[54] Ebd. 12.
[55] Ebd. – Vgl. R. Haubst, *Am Nichtteilnehmbaren teilhaben*: Alte Fragen und neue Wege des Denkens, Festschrift f. J. Stallmach (Bonn 1977) 12–22.
[56] *De visione*, 13. Der lateinische Text ist hier denkbar schlicht und eindrucksvoll formuliert. Die stilistische Anschmiegung an die Heilige Schrift, besonders des Alten Testaments, wird durch den „und"-Beginn vieler Sätze markiert: ein absichtlicher Hebraismus des N. v. K.

wenn mir jemand sagte, du würdest mit diesem oder jenem Namen genannt, so weiß ich daraus allein, daß er einen Namen gebraucht *(eo ipso, quod nominat, scio)*, daß es nicht dein Name ist. Denn eine Grenze jeder Art von Bezeichnung durch Namen ist die Mauer, jenseits deren ich dich sehe.

Und wenn jemand einen Begriff prägte, durch den du begriffen werden könntest, so weiß ich, daß jener Begriff kein Begriff von dir ist. Denn jeder Begriff findet seine Grenze an der Mauer des Paradieses. Und wenn jemand etwas im Abbild ausdrückte und sagte, dem gemäß seist du zu begreifen, so weiß ich ähnlich, daß diese Ähnlichkeit dir nicht gemäß ist. Auch wenn jemand Vernunfteinsicht von dir kundtäte, um einen Weg zu weisen, daß du verstanden würdest – noch weit ist er von dir entfernt. Von allem bist du durch die höchste Mauer getrennt. Die Mauer trennt von dir alles ab, was gesagt oder gedacht werden kann, denn du bist absolut von allem, was unter irgendeinen Begriff fallen kann."

Welcher Weg führt dann zu Gott? Bleibt da nicht nur noch Unbestimmtheit und Verwirrung *(indeterminatum et confusum)*? „Es muß also die Vernunft ohne Kenntnis sein *(intellectum ignorantem)* und in den Schatten gestellt, wenn sie dich sehen will. Was aber ist, mein Gott, Vernunft und Unkenntnis, wenn nicht belehrte Unkenntnis *(docta ignorantia)*?" So kann nur hinzutreten, wer weiß, daß er ein „Ignorant" Gottes ist, wer weiß, „daß man von dir nichts wissen kann, außer es werde das Nicht-Wißbare gewußt, das Nicht-Sichtbare gesehen, zum Unzugänglichen hinzugetreten".

Anschließend zeigt N. v. K., daß sich die Widersprüchlichkeit im Widerspruch auflöst: „... der Gegensatz der Gegensätze ist Gegensatz ohne Gegensatz, wie das Ende der Enden unendliches Ziel *(finis infinitus)* ist." Gottes Unendlichkeit „ist alles, weil nichts von allem". „Kein Name kann der Unendlichkeit beigelegt werden." „Unendliche Güte ist nicht Güte, sondern Unendlichkeit. Unendliche Größe ist nicht Größe, sondern Unendlichkeit und so von allem." Gott, die „absolute Unendlichkeit", sei stets gepriesen.[57]

Das Kapitel 14 zeigt, wie es möglich ist, daß Gott als *complicatio* (In-Sich-Fassung) alles faßt, ohne daß dies seiner Einfachheit und Einigkeit widerspräche. – In der Rückkehr zum „gemalten Gesicht" wird nun die „Gestalt der Unendlichkeit" gesehen.[58] In ihm findet jeder sich selbst abgebildet; er ist „der lebendige Spiegel der Ewigkeit", in dem man die Wahrheit als „das Urbild von allem und von jedem einzelnen, das ist oder sein kann", erblickt. Wir finden N. v. K. hier in der augustinisch-platonischen Tradition des Denkens beheimatet.

Die „heiligste Unkenntnis deiner Größe" wird dem kostbaren Schatz im Acker verglichen. „Um so mehr rühre ich an dich *(attingo te)*, je unfaßlicher ich dich, meinen Gott, auffasse." „Nahrung gibt der Vernunft weder was sie erkennt, ... noch was sie gänzlich nicht erkennt, sondern was sie im Nichterkennen erkennt *(quod non intelligendo intelligit)*." Das ist unendliche Speise für unersättlichen Hunger.[59] Das hier zitierte Kapitel 16 soll vollständig übersetzt werden.

Exkurs – Übersetzung von Kapitel 16: Sehnsucht ohne Ende

„Wenn Gott nicht unendlich wäre, dann fände auch die Sehnsucht in ihm nicht ihr Ende"
Nicht läßt das Feuer von der Glut, noch die Liebe von der Sehnsucht, die ja hingetragen wird zu dir, Gott: du bist die Gestalt *(forma)*, nach der man sich gänzlich sehnen kann, und jene Wahrheit, die in aller Sehnsucht ersehnt wird.

---
[57] Ebd. 13.
[58] Ebd. 15.
[59] Ebd. 16.

Weil ich begonnen habe, aus deiner honigfließenden Gabe deine nicht zu erfassende Süße zu kosten, die ich mit umso größerem Dank empfange, je unendlicher sie sich zeigt, deshalb sehe ich, daß du, Gott, darum allen Kreaturen unbekannt bist, damit sie in diesem heiligsten Nichtwissen größere Stille hätten, gleich als hätten sie einen Schatz, der nicht zu zählen und nicht auszuschöpfen ist. Denn viel größere Freude erfüllt den, der einen solchen Schatz findet, von dem er weiß, daß er überhaupt nicht zu zählen und gänzlich unendlich ist, als den, der findet, was er zählen kann und was endlich ist. Darum ist dieses heiligste Nichtwissen deiner Größe die höchstersehnte Speise meiner Vernunft, vor allem, wenn ich solchen Schatz in *meinem* Acker finde, so daß der Schatz mir gehört.

O Quelle des Reichtums! Du willst, daß ich dich als meinen Besitz ergreife, und unbegreiflich und unendlich bleiben, weil du ein Schatz der Wonnen bist, deren Ende sich keiner herbeiwünscht. Wie könnte der Wunsch herbeiwünschen, nicht zu sein? Mag denn der Wille herbeiwünschen zu sein, mag er herbeiwünschen, nicht zu sein, der Wunsch selbst kann nicht zur Ruhe kommen, sondern wird ins Unendliche hineingetragen. Du steigst herab, Herr, daß du erfaßt wirst, doch ohne Zahl und ohne Ende, und wenn du nicht ohne Ende bliebest, dann wärest du nicht das Ende (Ziel; *finis*) der Sehnsucht. Du bist also ohne Ende *(finis)*, auf daß du das Ende *(finis)* aller Sehnsucht seist. Vernünftige Sehnsucht wird ja nicht auf das hingetragen, was größer oder ersehnenswerter sein kann. Alles aber diesseits des Unendlichen kann größer sein. Das Ende *(finis)* der Sehnsucht ist also ohne Ende *(infinitus)*.

Du, Gott, bist also die Unendlichkeit selbst: nur sie ersehne ich in aller Sehnsucht; dem Wissen um jene Unendlichkeit kann ich mich ja nur so weit nähern, daß ich weiß, sie sei unendlich. Je mehr ich also dich, meinen Gott, erfasse als Unfaßlichen, umso mehr rühre ich an dich *(attingo te)*, weil ich mehr ans Ende *(finem)* meiner Sehnsucht rühre *(attingo)*.

Was alles mir also begegnet, das danach drängt, dich als erfaßbar zu erweisen, das verwerfe ich, weil es verführt. Meine Sehnsucht, in der du leuchtest, führt mich zu dir, weil sie alles verwirft, was endlich ist und erfaßt werden kann, worin sie ja nicht Ruhe findet, weil sie (nur) durch dich geführt wird zu dir. Du aber bist Anfang ohne Anfang *(principium)* und Ende ohne Ende *(finis)*; und das ist unendlich *(infinitus)*. Daß also ich, ein Menschlein, nicht zufrieden gestellt würde von dir, meinem Gott, wenn ich wüßte, du wärest erfaßbar, das ist, weil ich durch dich geführt werde zu dir, dem Unfaßbaren und Unendlichen.

Ich sehe dich, mein Gott, wie in einem Hingerissensein des Geistes; denn wenn Sehen nicht durch Sehen Sättigung findet, noch Gehör durch Gehör, dann noch weniger Vernunft durch Vernunft (Einsicht). Nicht also das, was sie einsieht *(intelligit)*, sättigt die Vernunft (Einsicht) oder ist ihr Ende *(finis)*. Auch kann nicht das sättigen, was sie überhaupt nicht einsieht *(intelligit)*, sondern allein das, was sie durch Nicht-Einsehen einsieht *(non intelligendo intelligit)*. Das Einsehbare *(intelligibile)* nämlich, das sie erkennt *(cognoscit)*, ist keine Sättigung, noch ist *das* Einsehbare *(intelligibile)* Sättigung, daß sie überhaupt nicht erkennt *(non cognoscit)*. Sondern das Einsehbare *(intelligibile)*, das sie als Einsehbares *(intelligibile)* gerade so erkennt *(cognoscit)*, daß es niemals vollkommen eingesehen *(intelligi)* werden kann, das allein kann sättigen. So wie einen, der unersättlichen Hunger hat, eine kleine Speise nicht sättigt, die er wegschlucken kann, noch eine Speise, die bei ihm nicht ankommt, sondern allein jene Speise, die bei ihm ankommt und, sei's denn, ständig weggeschluckt wird, obwohl sie niemals vollkommen weggeschluckt werden kann; denn sie ist so, daß sie beim Wegschlucken nicht weniger wird, weil sie unendlich ist.

Bemerkungen zum Text Kapitel 16

Dieses Kapitel hat wenige tragende Begriffe, die allerdings fast Satz für Satz wiederkehren. Das kann den modernen Leser ermüden und das Verständnis erschweren, ist aber – zusammen mit der negativen Theologie des Dionysius: den ständigen Verneinungen – Charakteristikum mystischer Sprache, wie sie uns schon bei Porete und Eckhart begegnete und wie sie sich in indischen, chinesischen und japanischen mystischen Texten belegen läßt. Der Mystiker ist in seiner Sehnsucht *(desiderium)* und seiner Vernunft (oder: Einsicht) präsent. Die Sehnsucht findet ihre Grenze erst im unendlichen Gott, der – wie bei Porete – unter dem Bild der Speise benannt wird, die ohne Ende nährt, weil sie nicht aufgegessen werden kann, so wie das „lebendige Wasser", das der Jesus des Johannesevangeliums der Samariterin am Jakobsbrunnen verheißt, macht, daß man niemals mehr dürstet, denn es wird in dem, der es trinkt, zu „einer Wasserquelle, die fortsprudelt ins ewige Leben" (Joh 4,13f.).

Sehnsucht geht weiter bis zu der Grenze, die selber grenzenlos = unendlich ist. Auch wenn die Vernunft (Einsicht), der *intellectus*, einsehen möchte, wo und was die Grenze ist, so sieht er es weder ein, indem er es erkennt, noch indem er es überhaupt nicht erkennt, sondern indem er es „durch Nichteinsehen einsieht". Die übervernünftige Vernunft oder nichtvernünftige Vernunft (ein mystisches Paradoxon) ist das Geführtwerden durch Gott. Nur so gelangt man an das Ende ohne Ende, die grenzenlose Grenze. Nur so wird man gespeist mit einer Speise, die dadurch sättigt, daß sie beim Essen und Schlucken nicht weniger wird.

Wir finden bei N. v. K. die sprachlichen und sachlichen Elemente, die uns bei Porete und Eckhart auffielen. Der Kusaner hatte das Glück der besseren Zeit. Nach den Konzilien von Konstanz und Basel wandte sich Papst Eugen IV. der Frage der Union mit den Griechen und der Reform der

Kirche zu. Zwar lag er im Streit mit Basel und hatte zunächst nur eine Minderheit hinter sich. Mit der Zeit aber setzte er sich und das von ihm nach Ferrara einberufene, später nach Florenz verlegte Konzil durch. Der Kusaner hatte Gründe, sich rechtzeitig von Basel abzuwenden und nach Ferrara zu gehen. So wurde er Kardinal und Bischof und wirkte nach Kräften für Einheit und Reform (ohne bleibenden Erfolg), auf diese Art vor Angriffen Konservativer sicher, wie des dreimaligen Heidelberger Rektors Johannes Wenck, der N. v. K. zusammen mit Eckhart den Begarden zuordnete und heftig befehdete.[60]

Daß N. v. K. in der Mitte des Kapitels zweimal das platonisch-neuplatonische „anrühren" gebraucht, will beachtet werden. Hier wird von einem Ereignis jenseits der Vernunfteinsicht gesprochen. An der Grenze der Unfaßlichkeit Gottes ist nichts mehr „einzusehen". Dort stößt auch die Sehnsucht an ihre Grenze. Das Anrühren wird geschenkt, wo der Mensch am Ende ist.

Die zweite Hälfte des Buches

Als theologischer Systematiker geht Nikolaus im folgenden zur mystischen Theologie des Dreieinen weiter. Sie ist ein höchster Fall des Ineinsfalls *(coincidentia)*. Die Möglichkeiten des Verstandes überschreiten diese Mauer nicht. „Was (das Auge) sieht, kann es weder sagen, noch verstehen." Es in Worten auszudrücken, machte es „eher kleiner als größer". Nikolaus deutet ein Einswerden mit Gottes Geheimnis an, das jenseits von *revelatio* und *fides* liegt: „Die Offenbarung aber rührt nicht *(non attingit)* an den Geschmack *(gustus)*. Das Ohr des Glaubens rührt nicht an die köstliche Süße." Solches hat Gott „denen bereitet, die ihn lieben". „Ich aber weiß es nicht, und es genügt mir deine

---
[60] Vgl. Haubst, Streifzüge ..., v.a. 134 ff.

Gnade (Paulus!)..., die feste Hoffnung, daß ich, von dir geführt, dazu gelange, dich zu genießen"[61]. Weil Gott dreieinig ist, gewährt er Verstehen, schenkt er Sohnschaft.[62] So ist Dreieinigkeit Bedingung unserer Glückseligkeit.

In den folgenden Kapiteln wird gezeigt, daß in Jesus alle Aussagen der mystischen Theologie über Gott ihre volle Konkretion gefunden haben: *„filius est medium omnium –* der Sohn vermittelt alles (Göttliche)"[63]. Er ist „der liebenswerte Gott *(deus amabilis)*", der „absolute Mittler *(mediator absolutus)*". Die Lehre von der *visio Dei* vollendet sich in der Christologie von der *visio Jesu.* Weil Jesus der „Menschensohn" ist, ist durch den Sohn als *mediator absolutus* die Menschennatur mit Gott verbunden in absoluter Einheit. Noch einmal wird auf die Formel des Anselm zurückgegriffen: *„unio non potest esse maior –* nicht größer kann die Einheit sein".

In Jesus gelangt das Maximitätsprinzip des Nikolaus zur höchsten Anwendung.[64] Denn die Einheit der Menschennatur mit Gott in Jesus ist „die größte *(maxima)*..., weil sie nicht größer sein kann. Doch ist sie nicht die schlichthin größte *(simpliciter maxima)* und unendliche", denn das gilt nur von der göttlichen Einheit des Dreieinen selbst.[65]

Das Menschliche an Jesus macht ihn zum „Abbild göttlichen Wesens", das uns den Erkenntniszugang eröffnet. Auch Jesus, „Wahrheit zugleich und Bild", ist „innerhalb des Paradieses"[66]. Über ihn erhalten wir – in der „Demut" – Zugang zum Paradies, wo er uns „als Baum des Lebens" speist.[67] Es gibt keinen Weg zum Vater, außer durch Jesus.

---

[61] Ebd. 17.
[62] Ebd. 18.
[63] Ebd. 19.
[64] Vgl. R. Haubst, Die Christologie des N. v. K., 150f., 209f.
[65] De visione, 20.
[66] Ebd.
[67] Ebd. 21.

Gott hat in Jesus die Menschheit an sich gezogen und vermag nun alles an sich zu ziehen. Mit Jesus eins, wird der Glaubende selig als „der Belebte im Belebenden" *(vivificatus in vivificante)*. Im Kapitel 22 wird bedacht, wie das Sehen Jesu ins Gesicht und Auge des Menschen, dem er begegnete, das Innerste anrührte. Er sah (wegen des ihm eigenen absoluten Sehens Gottes) nicht nur das Äußere, sondern das Wesen des Menschen. Die menschliche Vernunft bleibt von den Sinnenbildern abhängig. Die göttliche Kraft des Sehens Jesu ist hingegen vollkommen unabhängig. Sein Erkennen ist in seiner Menschheit „wie eine Kerze im Zimmer ..., die das ganze Haus erleuchtet, je nach der Entfernung mehr oder weniger".

In Jesus als Urbild der Erleuchtung, dem „Quell des Lichts", wird das „Wort Gottes gesehen, das ist die Wahrheit, die jede Vernunft erleuchtet". Für Nikolaus gibt es keine Erleuchtung ohne Jesus!

Zum Verhältnis von Kontemplation und Tod macht Kapitel 23 Aussagen. Augustinus kannte einen Priester, der (in der Versenkung) „den belebenden Geist zurückzog und wie tot schien". Das ist, wie wenn „die Kerze ihre Strahlen in das Zentrum ihres Lichts zurücknähme ..., ohne sich vom Zimmer (das sie erleuchtet hat) zu trennen". In diesem Bild wird das Geheimnis des Todes Jesu in der Versenkung des Kontemplierenden abgebildet: Der getötete Jesus erscheint leblos und lebt doch; es erscheint seine wunderbare Macht zwischen Tod und Auferstehung, Belebung wegzunehmen (und also zu sterben) und sie zu geben (und also aufzuerstehen). Tod und Auferstehung sind für den Mystiker Nikolaus relativ im Hinblick auf die Verfügungsgewalt Gottes in Jesus.

Dieser Jesus läßt uns „das Wort des Lebens kosten", von dem niemand mehr lassen kann, wie der Bär nicht den Honig läßt. Der Tod kann das Band der Liebe nicht brechen. „Durch den Tod deines Leibes hast du gezeigt, daß die

Wahrheit das Leben des vernünftigen Geistes ist"[68]. Die Vernunft muß „aufmerksamst auf jene innere Lehre des höchsten Meisters hören". Hörend wird der Mensch vollendet; das Wort wirkt von innen: „‚In deinem Lichte sehe ich das Licht‘ (Ps 35,10) meines Lebens" – man beachte die kleine, aber wichtige Hinzufügung zum Psalmenzitat: „meines Lebens". Das Wort Gottes wird innen gefunden, man muß es „nicht außen suchen". „Das Wort mehrt den Glauben, indem es ihm sein Licht mitteilt." Nur Glauben ist gefordert und Lieben – eine, wie Nikolaus sagt, angenehme und leichte Sache, das „sanfte Joch", von dem Jesus spricht (Mt 11,30). In Jesus stiftet Gott nun auch die Vollendung. „Angetraut hat er sich diese (Menschen-)Natur, in welcher zu ruhen er erwählt hat als in einem Haus"; das bedeutet: Gottes Wahrheit wird nur in der vernünftigen Natur als solcher erfaßt![69] Im folgenden postuliert Nikolaus einen mystischen Altruismus. Wer Gott bestmöglich anrühren will *(attingere)*, muß anderen enthüllen, was er selbst geschaut hat. „Es offenbaren sich wechselseitig ihre Geheimnisse die Geister, die voll Liebe sind." Alles Irdische und Himmlische dient nur dem Fortschritt im Erkennen. Es gibt „keine andere Aufgabe ..., als dich zu suchen und zu enthüllen, was sie von dir erfahren".

Das Letzte freilich ist wie eine Anwendung von Gewalt: „Du reißt mich weg, so daß ich über mir selbst bin und vorausblicke auf den Ort der Herrlichkeit, wohin du mich einlädtst." „Kein Geheimnis behältst du (für dich) ... Alles gewährst du mir, dem ganz Erbärmlichen, den du aus nichts

---

[68] Ebd. 24. Gemäß seinem Maximitätsprinzip zeigt N. v. K. in subtilen Gedankengängen, wie über Vegetatives, Sensitives, Imaginatives, über schlußfolgernd denkendes und vernünftiges Vermögen (welches letzteres nur noch vom ersten Beweger abhängt) hinaus Vollkommenheit für den Geist nur erreichbar ist, „wenn er sich im Glauben dem Worte Gottes unterwirft".
[69] Ebd. 25.

geschaffen hast." So kann der Beter die Welt lassen, „von dir gezogen, daß ich angezogen (von dir) von dieser Welt gelöst werde und dir verbunden werde, dem losgelösten Gott *(Deo absoluto)* in der Ewigkeit herrlichen Lebens. Amen".

Analogien zwischen der Mystik des Nikolaus von Kues und des Zazen

Die Gedanken des N. v. K. mußten (in aller Kürze) in ihrem Kontext dargestellt werden, damit sie Basis eines verständigen Gesprächs über die „ungegenständliche Kontemplation" sein können. Nikolaus wollte der Versöhnung der Religionen dienen, besonders der Versöhnung mit dem Islam, indem er aufwies: „Er (Christus) ist das anmutvolle Antlitz, ,in dem alle Völker Ruhe finden' und ,gesegnet werden' (Gen 12,12)"[70]. Wer Jesus nicht kennt, kann das „wahre Glück" nicht erlangen.[71] Eine von Jesus abgelöste Meditation liegt N. v. K. fern. Aber das Wie seines mystischen Wegs zeigt große Ähnlichkeit zum *munen musô*[72].

Einzelne Elemente, die im Vorausgehenden im Kontext zitiert wurden, sind nun diesem „anderen Denken" zu vergleichen:

– Theologisches Denken ist ein Zirkel: es ruht in sich, entfaltet keinen Erkenntnisfortschritt, geht in sein Eigenes zurück.

– Der Glaubende soll leer werden von sich selbst, immer offener für Gott. Gottes Wort ist innere Nahrung, man braucht nichts mehr „von draußen".

– Kontemplation ist eine Aussonderung. Ich verbleibe

---

[70] *Cribratio Alkorani*, I, 19, zitiert nach R. Haubst, a. a. O., S. 130.
[71] De visione, 21.
[72] Munen musô = nicht Gedanke, nicht Begriff; nämlich Vollzug der ungegenständlichen Meditation (nach dem Chinesischen: „nicht Erinnern, nicht Zukunft-Planen").

darin, nur aufmerksam auf Gott zu blicken, weil ich von ihm angeblickt werde.

– Diese Kontemplation geschieht ohne Namen und Begriffe; sie schreitet nicht denkend voran, sondern verbleibt in „geheimem und verborgenem Schweigen, ohne Wissen und Begriff"[73]. Begriffe sind weit entfernt von Gott: „jeder Begriff von Gesicht ist minder als dein Gesicht, Herr"[74].

– Es kommt darauf an, dorthin zu gehen, wo man sich als schon immer angeblickt vorfindet; vor dem „absoluten Gesicht" nicht mehr zu denken, sondern zu schweigen; im Dunkel zu verweilen; sich der Sonne zu nähern, ohne zu sehen – das ist Zazen im Sinne des N. v. K. Für dieses christliche Zazen wäre besonders das Kapitel 6 unserer Schrift als theologische Richtschnur geeignet.

– Daß Gott nur gesehen wird, wo die Unmöglichkeit den Weg versperrt, und daß solche Unmöglichkeit als Notwendigkeit erkannt wird, ist eine Argumentation, die Nähe zum Nichtdenken des *koan* zu haben scheint.

– Die Rede von der Mauer, vom Ineinsfall der Widersprüche oder Gegensätze, zum Beispiel von „Ursache und Ziel", das „alles und nichts zugleich" ist der Weg negativer Theologie von Christen, der sich mit Aussagen über das *kensho* (= die Wesensschau oder Erleuchtung) und seine Wirkungen am ehesten vergleichen läßt. Ergebnisse eines Denkens des Nichtdenkens, das mit Gott und Jesus auf das Äußerste ernst macht, begegnen einem Denken des Nichtdenkens im Buddhismus, das, von außen und töricht gewürdigt, für atheistisch gehalten wird, in Wirklichkeit aber mit der äußersten Diskretion beginnt, die in der negativen Theologie, ausgehend von einer Fülle von Aussagen, erst gewonnen wird. Man bedenke, daß Atheismus in der Sicht

---

[73] Ebd. 6. Nikolaus von Kues steht natürlich in der Tradition des Dionysius Areopagita, wie des Meister Eckhart.
[74] Ebd. 21.

der Heiligen Schrift eine Praxis ist, nicht eine Theorie oder ein System von Aussagen oder von Nichtaussagen. – Wie kann man den Läuterungsweg des Zazen als atheistische Praxis verstehen?

– Eine Aussage des Kapitels 13 befindet sich in vollkommener formaler Analogie zu einem Wort des Rinzai, das sich bei Daisetz Teitaro Suzuki zitiert findet (s.o.). Bei Nikolaus heißt es: „... ich weiß nicht, dich zu nennen, weil ich nicht weiß, was du bist." Dies ist gesprochen – wohlgemerkt – aus der paradiesischen Erfahrung größter Nähe, der die tiefe Stille, das *zanmai* (sanskrit: zamâdhi) des Zen, entspricht. Rinzai sagt: „Ich begegne (ihm) und kenne (ihn) doch nicht, ich spreche (mit ihm) und weiß doch (seinen) Namen nicht"[75].

Das Nicht-Kennen und Nicht-Nennen als Zeichen höchster Nähe und größter, diskreter Weisheit ist ein Signum jedes Wegs der Mystik (und des tiefsten Denkens!), der sich seinem Ziel genaht hat. Im europäischen Raum findet sich dieses Nicht-Nennen zuerst in einem großartigen Wort des Heraklit von Ephesus: „Eines, das allein Weise, das genannt werden nicht will und doch will mit dem Namen des Zeus"[76]. Das ist den göttergläubigen Zeitgenossen des Heraklit gewiß als Atheismus erschienen. Sind diejenigen weiser, die die Übung der Meditation des Schweigens ohne Gedanken und Begriffe als „Verrat" bezeichnen?

– Das Ziel der Kontemplation wird „geschenkt", nicht erreicht. Der Preis dafür ist „Demut", Preisgabe des „Hochmuts". Das Denken geht seinen Weg zuende. Nikolaus kennt kein arationales Schweigen, denn er ist ein großer Denker und gibt der Vernunft *(intellectus)* den höchstmög-

---

[75] Zitiert bei D. T. Suzuki: *Zen-Buddhismus und Psychoanalyse* (hrsg. v. E. Fromm, D. T. Suzuki, R. de Martino (*Zen Buddhism and Psychoanalysis*, 1960); [deutsch: Frankfurt 1972, 59].
[76] Zitiert nach: H. Diels, *Die Fragmente der Vorsokratiker*. Heraklit, Fragment Nr. 32.

lichen Rang. Aber sein Denken geht in die Stille ein, wird „gestilltes Denken" angesichts einer Größe, die durch Denken und Reden nur verkleinert würde: eine Demut, die sich bereits im Psalter ausspricht (s.o.).

– Nirvana heißt „erloschenes Feuer". Es sollte nicht mit dem aristotelisch-thomasischen Nichts verwechselt werden.

In Kapitel 23 vergleicht N. v. K. den Mystiker und den gekreuzigten und gestorbenen Jesus mit „der Kerze, die ihre Strahlen in ihr Zentrum zurücknimmt". So vom Leib getrennt, ist die belebende Seele von diesem doch nicht „schlichthin getrennt" *(simpliciter separata)*. In Tod und Auferstehung Jesu zeigt sich die göttliche Macht, Unsterblichkeit ‚anzuziehen', freilich nicht zu einem Leben, von dem sich Aussagen machen ließen „außerhalb der Mauer". Auch über den „Glückseligen", den *felix*, muß in der Form des „Ineinsfalls der Widersprüche" gesprochen werden.[77] „Bewegung in der Ewigkeit ist Ruhe"[78]. Es wäre besser, die Hoffnung auf Auferstehung nicht in falscher Polemik gegen andere Arten der Hoffnung zu zerreden, sondern sie in ihrem umwerfend radikalen Anspruch aufrechtzuerhalten!

In dem charakteristischen Gebrauch der aus platonisch-augustinischer Tradition übernommenen Vokabel „anrühren – *attingere*" schwingen Elemente mit, die das Zen in der Lehre vom *zanmai* benennt: „in der Dunkelheit das unsichtbare Licht anrühren"[79].

Eines ist jedoch „als Unterscheidendes" zu beachten: Das Schweigen und die Dunkelheit des N. v. K. sind kein Verlust der Anrede, des dankenden Preisens und der Bitte. Gleich Augustinus geht bei N. v. K. das Denken in das Beten über. Der Gott und Herr des N. v. K. will mit „du" ange-

---

[77] *De visione*, 21. „De felice verificantur contradictoria, sicut de te Jesu..."
[78] Ebd. 8.
[79] Ebd. 6.

sprochen werden. Da aber Gott „keinen Namen" hat und „Begriffe" ihn nicht erreichen, steht auch das „du" in der unähnlichen Ähnlichkeit der Analogie. Das Besondere der Mystik ist „Schweigen". Dieses Schweigen geschieht in der gläubigen Einheit des Sohns mit dem Vater, die Gottes Geist wirkt, womit freilich wieder „Konzepte" genannt sind, die der Läuterung des „Ineinsfalls der Gegensätze" bedürfen.

5.4 Johannes Scheffler (Angelus Silesius) – Der lesende und dichtende Mystiker

Bemerkungen zu Leben und Wirken

Johannes Scheffler wird zu den größten Dichtern des deutschen Barock gezählt. Das allein wäre kein Grund, ihn hier in Kürze vorzustellen. Aber das Größte, was er gedichtet hat, ist Mystik, genauer: rezitierte, zueigen gemachte Mystik des deutschen Mittelalters und der beginnenden Neuzeit, das Niederdeutsch (heute sagen viele lieber: das Niederländisch) des Jan van Ruysbroeck inbegriffen. Daß er sich so hervorragend dichterisch zu äußern vermochte, verdankt er dem Rhetorikunterricht am Elisabethgymnasium in Breslau, den Christoph Köler erteilte.

Die dichterische Form, in die Johannes später seine Mystik gießen wird, ist der zweizeilige Alexandriner. Die Hebungen (Betonungen) folgen jeweils einer unbetonten Silbe und das sechsmal je Zeile, so daß jede Zeile zwölf und jeder Vers vierundzwanzig Silben hat. Diese Art des Rhythmus ist der griechischen Tragödie nah. Sie hat etwas Ernstes und Feierliches, ergibt einen schweren Klang.

Nicht nur vom Inhalt, auch vom Klang her kann man gut verstehen, daß diese Verse anstelle von Sutren rezitiert werden, wenn Zenlehrer in Deutschland ihren Sesshins für Christen den Namen Kontemplationskurse geben.

Der Vater verließ Polen „vermutlich seines lutherischen Glaubens wegen"[80], den er dort nicht mehr ausüben durfte. Er heiratete in Breslau eine Deutsche. Im ersten Jahr der Ehe (1624) wurde ein Sohn geboren, den man Johannes taufte. Nach Abschluß des Gymnasiums studiert Johannes Scheffler in Straßburg Medizin und Staatsrecht. Ab September 1644 ist er in Leyden immatrikuliert, wo er jedenfalls Gelegenheit hatte, die Sprache des Ruysbroeck zu erlernen. 1647 immatrikuliert er sich in Padua und promoviert dort ein Jahr später in Medizin und Philosophie. Padua hatte nicht nur eine der damals berühmtesten Universitäten, sondern es bringt (wie Straßburg auch: die Stadt Taulers!) die Möglichkeit, die katholische Kirche kennenzulernen. Die Gegenreformation in Breslau findet erst nach dem Dreißigjährigen Krieg statt, und an ihr ist Johannes Scheffler engagiert beteiligt.

Vorher jedoch ist er von 1649 bis 1653 Hofmedicus am streng lutherischen württembergischen Hof in Oels. Dort möchte er eine Sammlung von mystischen Texten der alten, vorreformatorischen Kirche herausgeben, erhält aber von der orthodox-lutherischen Zensur nicht die Druckerlaubnis. Da die von Scheffler angelegte Sammlung nie gedruckt wurde, muß man aus den eigenen Epigrammen rückschließen. Die paradoxe Form, das Mit-Gott-Einswerden, die negative Theologie des Nicht-Wissens, das Abweisen des „Nun und Hier", verweisen auf einen Mystiker in der Tradition des Dionysius (Pseudo)Areopagita. Manches ist wörtlich bei Eckhart zu belegen. Da Eckharts Schriften

---

[80] Wir benutzen für dieses Kapitel die „kritische Ausgabe" von „Cherubinischer Wandersmann", hrsg. von Louise Gnädinger, Stuttgart 1984 (Reclams Universal-Bibliothek Nr. 8006(5). 359–414 stellt die Herausgeberin „Leben und Werk" des Mystikers vor und führt in seine „Epigrammsammlung" ein.

damals noch nicht als solche zugänglich waren, ist Tauler, Eckharts Schüler und Ordensmitbruder der Straßburger Jahre, als Quelle zu vermuten, ebenfalls, aber weniger Ruysbroeck, der ein entschiedener Eckhart-Gegner war. Auch die „Theologia deutsch" ist eckhartisch beeinflußt.

In der Vorrede zum Cherubinischen Wandersmann beruft sich denn Scheffler auch wiederholt auf „Thaulerus". Was die Einheit „der Geister" mit Gott angeht, verweist er auch auf Rusbroch (Ruysbroeck). Auch S. Bernard (der heilige Bernhard von Clairvaux) und Bonaventura werden erwähnt. Dionysius der Kartäuser (auch er ein Flame, begraben in Roermond; eine Zeitlang Begleiter des Nikolaus von Kues) kommt mit seinem Exodus-Kommentar zu Wort [81]: Im Abgrund von Licht und Feuer der Gottheit „verbrennt" die „Seele" und wird „verschluckt". Das eigene Wesen wird nicht weggenommen, aber „Gotte ... gnädiglich vergleichet" (= gleich gestaltet), wie denn Paulus sagt: „Wer dem Herren anhängt, ist ein Geist mit ihm." Ein weiterer Flame wird aufgeführt: Heinrich Herp (Scheffler nennt ihn „Harphio")[82], der im 15. Jahrhundert (vorwiegend in Mechelen wirkend) in der Spur des Ruysbroeck einen „Spiegel der Volcomenheit" verfaßt hat. Die „Theologia deutsch" wird erwähnt. Bei den Jesuiten, mit denen er in Breslau in der Gegenreformation zusammenwirkte, dürfte er Maximilian Sandaeo S.J. schätzen gelernt haben, dessen „Clavis Theologiae Mysticae" er überaus rühmt.[83] Eigenartigerweise zitiert er Heinrich Seuse nicht.

Die Textsammlung, deretwegen Scheffler sich bei der lutherischen Orthodoxie mißliebig machte, den württembergischen Hof verließ und nach Breslau zurückkehrte, hatte nur deutsche Texte, dürfte sich also vorwiegend auf Tauler

---

[81] Ebd., 20 (Dion. Cart., in Exod., Art. 42); vgl. Lex. f. Theol. u. Kirche (LThK), Band 3, 406 f. „Dionysius der Kartäuser".

[82] LThK, Band 5, 191 f. „Heinrich Herp(ius)".

[83] Vorwort, 22.

und Ruysbroeck, Dionysius den Kartäuser, Heinrich Herp und die „Theologia deutsch" gestützt haben. Letztere ist „ein aszetisch-mystischer Traktat eckhartischer Grundrichtung"[84].

„Am 12. Juni 1653" – bald nachdem er Württemberg verlassen hat – vollzieht „Scheffler öffentlich seine Konversion zur katholischen Kirche" (ebd., 361). Von dem „Ersten Buch" des „Cherubinischer Wandersmann" sagt er selbst, daß er es „in vier Tagen verfertigt hat". Der Autor muß sich um die Zeit seiner Konversion wie in einem Rausch befunden haben. Es handelt sich immerhin um 302 Epigramme, von denen einige vierzeilig sind. Aus diesem „ersten Buch" zitieren wir einige besonders eindrucksvolle Epigramme, unter Angabe der Nummer und Beibehaltung der Orthographie der kritischen Ausgabe. Es muß noch erwähnt werden, daß Scheffler bei seiner Konversion (und bedingungsweisen Taufe?) den Namen Johannes Angelus annahm und fortan als „Angelus Silesius" (Angelus aus Schlesien) figuriert. Wenige Jahre später wird er in Görlitz zum Priester geweiht – ein Zeichen dafür, daß seine Epigramme im Geist Eckharts, Taulers, Ruysbroecks in der gegenreformatorischen katholischen Kirche nicht mißfielen, sondern als ausreichende theologische Basis für die Ordination galten. Anderseits hat sich Scheffler auch durch kontroverstheologische Publikationen von großer Schärfe gegenreformationstheologisch qualifiziert. Alois M. Haas schreibt über ihn: „Sein Vermögen ... und seine unnachsichtige Leidenschaft, das einmal als richtig Erkannte religiös auf Biegen und Brechen vor der Gesellschaft zu verantworten, rücken ihn ein in die Reihe jener Menschen, die in und durch ihr Schrifttum ihre religiöse Existenz kompromißlos zu decken versucht haben."[85]

---

[84] LThK, Band 10, 61f. (Autor: R. Haubst). Die Entstehung wird auf ca. 1430 angesetzt und dem Heidelberger Theologen Johannes de Francfordia zugewiesen.

[85] *Sermo mysticus.* Studien zu Theologie und Sprache der deutschen My-

Zweifellos vertragen sich mystische Einheit mit Gott, Sich-Preisgeben und Stillwerden nicht mit Haß gegen Andersgläubige. Aber das hat es leider auch sonst gegeben, zum Beispiel bei Bernhard von Clairvaux, der nicht nur innigste Liebesmystik grundgelegt hat, sondern zugleich ein widerlicher Judenhasser und verblendeter Kreuzzugsideologe war.

Ausgewählte Epigramme[86]

19 Wie seelig ist der Mensch, der weder will noch weiß!
Der GOtt (versteh mich recht) nicht gibet Lob noch Preiß.
25 GOtt ist ein lauter nichts, Ihn rührt kein Nun noch Hier:
Je mehr du nach Ihm greiffst, je mehr entwird Er dir.
42 GOtt gründt sich ohne grund, und mist sich ohne maß:
Bistu ein Geist mit ihm, Mensch so verstu das.
43 Ich Lieb ein eintzig Ding, und weiß nicht was es ist:
Und weil ich es nicht weiß, drumb hab ich es erkist (= erwählt).
72 GOtt wohnt in einem Licht, zu dem die bahn gebricht:
Wer es nicht selber wird, der siht ihn Ewig nicht.
73 Eh ich noch etwas ward, da war ich GOttes Leben:
Drumb hat er auch für mich sich gantz und gar gegeben.
82 Halt an wo lauffstu hin, der Himmel ist in dir:
Suchstu GOtt anders wo, du fehlst Ihn für und für.
100 GOtt ist so vil an mir, als mir an Ihm gelegen,
Sein wesen helff ich Ihm, wie Er das meine hegen.
111 Die zarte GOttheit ist ein nichts und übernichts:
Wer nichts in allem sicht, Mensch glaube, dieser sichts.

---

stik, Freiburg 1979: „Angelus Silesius. Die Welt – ein wunderschönes Nichts", 378–391, hier: 385. Bei Haas kann man sich auch über das sonstige poetische Schaffen Schefflers informieren. Wir beschränken uns auf sein Hauptwerk, das allein mystischen Rang besitzt.

[86] Auch Haas zitiert ausgewählte Epigramme, vorwiegend aus dem 1. Buch. Aber meine Auswahl stimmt mit der seinen nicht in einem Stück überein – ein Hinweis darauf, welche Rolle das „Vorverständnis" für die Aufmerksamkeit beim Lesen spielt.

178 Daß dir im Sonne sehn vergehet das Gesicht,
   Sind deine Augen schuld, und nicht das grosse Licht
199 Geh hin, wo du nicht kanst: sih, wo du sihest nicht:
   Hör wo nichts schallt und klingt, so bistu wo GOtt spricht. [87]
276 GOtt ist mein letztes End: Wenn ich sein Anfang bin,
   So weset er auß mir, und ich vergeh in Ihn.
285 In GOtt wird nichts erkandt: Er ist ein Einig Ein.
   Was man in Ihm erkennt, das muß man selber seyn.
294 Wir beten es gescheh mein Herr und GOtt dein wille:
   Und sih, Er hat nicht will': Er ist ein Ewge stille.
   (Versteh einen zufälligen willen: denn was GOtt wil, das wil
   Er wesentlich)
299 Das Wort schallt mehr in dir, als in deß andern Munde:
   So du ihm schweigen kanst, so hörst du es zur Stunde.

Gedanken zu den Epigrammen

Von der Härte und Kargheit des Versmaßes war schon die Rede. Sie kommt noch deutlicher zum Vorschein, wenn man die Hebungen nur schwach hervorhebt und (versuchsweise) auf einem Ton spricht, wie es die Benediktiner bei der Psalmenrezitation machen (Tonus rectus). Hier soll ja gerade nicht mit Emphase etwas behauptet werden, sondern positive Erkenntnis, die behauptet werden könnte, wird völlig zurückgenommen.

Der Angelus Silesius redet in Paradoxen und Antithesen. Richtig verstanden, besser: richtig *nicht* verstanden werden sie nur, wenn die gegenteilige, der vorhergehenden scheinbar widersprechende Aussage alsbald mitgehört wird. Hier wird Paradoxie, deren sich Meister Eckhart gern, aber keineswegs ununterbrochen bedient, zum System. Eckhartisch ist das „nicht wollen, nicht wissen" (19), die Negierung des „nun und hier" *(hic et nunc)* (25), das „Einswerden" mit Gott (42), das „es selber werden", um es zu verstehen (72).

---

[87] Die kritische Ausgabe druckt „Gott", vermutlich ein Druckfehler.

Nach Eckhart „habe ich in Gott geruht und geschlafen, ehe ich aus ihm ausfloß" (73), Gott ist „im Seelengrund" anwesend; er spricht im „leeren Tempel" der Seele (82). Die Verschränkung relationaler Art zwischen Gott und Mensch ist für das Verständnis Eckharts unerläßlich: „Gott und ich sind eins: er wirkt und ich werde" (100). In 111, 178, 199 finden sich Gedanken, die Nikolaus von Kues in *De visione Dei* ausgesprochen hat. Da ihn Scheffler nicht nennt, müssen sie über einen seiner andern Autoren auf ihn gekommen sein (Dionysius der Kartäuser?). Die oben benannte Relation zwischen Gott und ich ist in vielen Epigrammen zu bemerken. Ihre Grundform lautet: Wäre kein vernünftiges Geschöpf, das da ruft ‚Gott', so wäre Gott (als Schöpfer) nicht. Die Seele will in Gott vergehen (Eckhart sagt: zu ihm durchbrechen), wie 276 es ausdrückt und er „weset ... aus mir". Die Gotteserkenntnis (wenn man dieses Wort überhaupt zu Recht gebrauchen darf) gelingt nur darüber, zu sein, was man erkennen will (285). In 294 gelingt dem Angelus Silesius eine Formulierung, die der Mystik aller Religionen kongenial ist. 299 erinnert mich an die sufitische Formulierung, daß im Gebet Gott mit sich selber redet.

Mir scheint, diese Alexandriner sind nicht zum zügigen Lesen geeignet, sondern wollen, für den, der das erträgt, zur Nahrung werden, indem sie nach Art der ägyptischen Väter immer wieder rezitiert und wiedergekäut werden.

Vielleicht ereignet sich dann, was Angelus im „Beschluß" sagt (6. Buch, 263):

> Freund es ist auch genug. Im fall du mehr wilt lesen,
> So geh und werde selbst die Schrifft und selbst das Wesen.

Dem Leser die Freiheit zu lassen, *seinen* Weg zu gehen, ist auch das Letzte, was in diesem Buch zu leisten ist. Diesem Buch kam es darauf an, einen Weg in Form von „Schritten" aufzuweisen. Das Gebet ist unerläßlich für jeden, der glaubt und im Glauben lebendig bleiben will. – Meditation wird uns in vielerlei Formen angeboten. Innerhalb der Meditationsmoden darf die ursprüngliche Form der Schriftmeditation der ersten Mönche nicht übersehen werden. Sie ist, wie uns Taizé zeigt, eine aktuelle Meditation und vermag junge Menschen von heute zu überzeugen. – Das Eintreten ins Schweigen werden nur wenige vollziehen wollen, auch nicht in der Art, daß sie *Zeiten* des Schweigens einhalten. Aber dieses Buch wollte darüber informieren, daß und wie Schweigen geübt werden kann. – Gegenüber aktionistischer oder politischer Interpretation von Mystik, die doch nichts anderes leistet, als Mystik mißzuverstehen, und für die Mystik im Grunde überflüssig ist, sollte darauf hingewiesen werden, daß Mystik und Schweigen unlöslich verbunden sind.

Was einer tut, das muß er selbst entscheiden. Jeder hat „seine Weise" (Eckhart). Für Simone Weil war keine andere Art des Gebets möglich, als täglich mit gesammelter Aufmerksamkeit das „Vaterunser" zu sprechen und alsbald von neuem zu beginnen, wenn sie dabei auch nur ein Wort unaufmerksam sprach. Sie bezeugt, daß diese geringe Übung große Wirkung hatte. Lassen wir uns dazu motivieren, weniges in regelmäßiger Ordnung und mit ganzer Aufmerksamkeit zu üben, dann sind wir schon auf dem Weg der Spiritualität.